Construindo as trilhas para a inclusão

CB010802

Dados Internacionais de Catalogação na Publicação (CIP)
(Câmara Brasileira do Livro, SP, Brasil)

Construindo as trilhas para a inclusão / Márcio Gomes, (organizador). 2. ed. – Petrópolis, RJ : Vozes, 2012. – (Coleção Educação Inclusiva)

Vários autores

Bibliografia.

8ª reimpressão, 2025.

ISBN 978-85-326-3847-2

1. Educação – Brasil 2. Educação – Finalidades e objetivos 3. Educação inclusiva 4. Integração escolar 5. Pedagogia I. Gomes, Márcio. II. Série.

09-02416   CDD-379.260981

Índices para catálogo sistemático:

1. Brasil : Inclusão escolar : Políticas públicas :
Educação   379.260981

Construindo as trilhas para a inclusão

Márcio Gomes
(org.)

José Pacheco
Secundino Correia
Vitor da Fonseca
Rosita Edler Carvalho
Isabel Parolin
Monica Luczinski
Zenita Guenther
Adriana Laplane
Cecília Batista
Adriane Kroeff
Ana Maria Silveira
Síglia Höher
Cleonice Bosa
Hugo Otto Beyer

EDITORA
VOZES

Petrópolis

© 2009, Editora Vozes Ltda.
Rua Frei Luís, 100
25689-900 Petrópolis, RJ
www.vozes.com.br
Brasil

SAPIENS
Centro de Formação e Pesquisa
www.sapiens-pe.com.br

O SAPIENS é um centro de formação e pesquisa do Recife, criado por educadores com larga experiência na área pedagógica e em eventos educacionais.

Tem como objetivo desenvolver pesquisas, assessoria pedagógica, realizar e organizar cursos de formação e pós-graduação, produzir seminários e congressos educacionais de caráter nacional e internacional, de médio e grande porte, que venham a contribuir de forma significativa para a melhoria da formação dos educadores.

Tudo isso faz do SAPIENS uma das grandes referências na área da Educação em todo o país.

Editoração: Maria da Conceição B. de Sousa
Diagramação: AG.SR Desenv. Gráfico
Capa: Marta Braiman

ISBN 978-85-326-3847-2

Este livro foi composto e impresso pela Editora Vozes Ltda.

A tristeza vem quando me deparo com a realidade das nossas escolas. Pergunto-me por que será que muitos professores resistem tanto a uma pedagogia diferenciada, que gere inclusão, quando, para mim e para tantos outros professores, a sua pertinência é tão óbvia.

Prof. José Pacheco
Criador do projeto da Escola da Ponte/Portugal

Quantos alunos foram tidos como crianças deficientes pela sociedade e hoje repousam na eternidade como grandes gênios da nossa civilização. Por outro lado, por quantos outros prováveis futuros gênios fomos responsáveis pelas suas mortes, antes mesmo de "nascerem", pois não acreditamos neles e não estendemos as mãos para ajudá-los a encontrarem os seus próprios caminhos.

Prof. Márcio Gomes
Diretor do Sapiens – Centro de Formação e Pesquisa

Dedicatória

Aos meus filhos, muito especiais,
Alessander Gabriel e Jorge Luís, por me
ensinarem a cada dia que não existe
UTOPIA.

À minha esposa, Roberta Núbia, que
sempre esteve ao meu lado, incentivando
nos momentos mais difíceis e ajudando a
superar as dificuldades.

Agradecimentos

Aos amigos e também coautores deste livro, os meus agradecimentos, pois sem vocês não seria possível transformar este sonho em realidade.

Sumário

Prefácio

Quando recebi o convite do meu amigo, Márcio Gomes, organizador deste livro, para escrever o prefácio do mesmo, senti-me, além de honrada, tomada por uma forte emoção, por duas razões bastante significativas. A primeira é, sem dúvida, a importância desta obra para todos nós, educadores, comprometidos com a causa da inclusão escolar, e a segunda, por entender que este convite expressa o reconhecimento no valor do trabalho educacional que venho realizando há quase 25 anos, enquanto orientadora de um projeto político-pedagógico pautado no respeito às diferenças e comprometido com a criação das condições necessárias para que todos os alunos, sem qualquer distinção, encontrem na escola o seu verdadeiro lugar para aprender.

Foi-me por demais instigante e prazeroso ler, de um fôlego só, *Construindo as trilhas para a inclusão*, estabelecendo um enriquecedor diálogo com as valiosas ideias dos renomados autores, todos eles, educadores destacados nas suas áreas específicas de pesquisa e atuação, muitos dos quais marcaram a minha trajetória profissional e com quem tive o prazer de conviver e aprender. Não julgo suficiente, enquanto educadores, estarmos comprometidos ideologicamente com transformações; precisamos ir além, e vivê-las concretamente na nossa ação educativa cotidiana, extraindo dessas vivências, referenciais práticos, que necessitam ser continuamente atualizados, à luz do conhecimento científico, em permanente expansão, e das inovações educacionais e tecnológicas. Portanto, acredito que as proposições teórico-práticas contidas nesta publicação, oportunizarão aos educadores, a ressignificação do seu fazer pedagógico, a partir das relações que poderão estabelecer entre ele e as ideias aqui socializadas.

Tratarei, a seguir, de tecer breves comentários a respeito de cada capítulo, com o firme propósito de provocar nos potenciais leitores, um desejo, ainda maior, de absorver as enormes contribuições que esta produção conjunta, certamente, dará à melhoria da prática educativa, numa perspectiva de atendimento à adversidade.

No capítulo 1, "O berço das desigualdades", o Prof. José Pacheco, notável criador do projeto educacional, referência mundial em educação transformadora – Fazer da Ponte, da Escola da Ponte, de Portugal, com a paixão e compromisso político que lhe são peculiares, coloca-nos diante do desafio de interrogar as práticas escolares dominantes e hegemônicas, lamentavelmente, ainda excludentes, alertando-nos para a necessidade de procedermos a uma urgente reorganização do trabalho escolar, de modo a podermos atender à diversidade de ritmos que os alunos apresentam para aprender, fazendo com que a escola possa vir a cumprir o seu legítimo papel emancipador/humanizador e torne-se, de fato, um "berço de oportunidades".

O capítulo 2, "A escola inclusiva como a que remove barreiras para a aprendizagem e para a participação de todos", foi escrito pela sensível educadora e incansável batalhadora em defesa da Escola para TODOS, Rosita Edler de Carvalho, com inspiração na vivência de um Curso de Pós-Graduação ministrado por ela, em 2006, no Recife, em virtude da relevância das reflexões ali realizadas.

Creio ser de suma importância destacar a crítica feita pela autora a uma abordagem unicasual da problemática das necessidades educacionais especiais, cujo foco recai sobre o aluno, com ênfase nas suas características pessoais, desconsiderando a influência do conjunto de variáveis que se dinamizam em torno dele, definindo seus reais limites e possibilidades para aprender, privilegiadamente, os ambientes social e escolar.

Rosita também destaca o valor das relações dialógicas e da cooperação mútua entre todos que compõem uma comunidade de aprendizagem, na construção da escola inclusiva, aquela que, no meu entender, ao rever paradigmas psicológicos, didáticos, socioculturais e administrativos, pode assegurar a todos os seus alunos as melhores condições de desenvolvimento e aprendizagem.

No capítulo 3, "As bases neurológicas da aprendizagem" e no 5, "Dificuldades de aprendizagem não verbais", Vitor da Fonseca, cujo legado à Educação Especial o situa como uma grande referência mundial, aborda as relações entre a neuropsicologia, a psicologia e a educação. Entendo que a compreensão dessas relações é essencial para se realizar um diagnóstico mais preciso das dificuldades de aprendizagem e para se definir melhores formas de intervenção, com vistas à otimização da aprendizagem e, consequentemente, a um melhor desenvolvimento neuronal do cérebro, sensível às influências da educação e da cultura, segundo o autor.

A necessidade de um diagnóstico multidisciplinar para a detecção de dificuldades de aprendizagem é também destacada pela psicóloga brasileira, Monica Luczinski, especialista em dificuldades de aprendizagem e autora do capítulo 4 desta obra, "Dislexia e inclusão". Para ela, é fundamental que tanto os professores quanto os familiares apurem um olhar sensível para as reais dificuldades de leitura e escrita dos alunos/filhos disléxicos, podendo melhor compreendê-las e, consequentemente, ajudá-los a superá-las, através do estabelecimento de um vínculo afetivo com os mesmos, do reforço da sua autoestima, geralmente bastante comprometida, em função do recorrente insucesso escolar e, também, por meio do uso de mais adequadas intervenções pedagógicas. Nesse sentido, a autora reforça a necessidade dos professores investirem continuamente na atualização do seu conhecimento científico, para poderem lançar mão das inovações decorrentes das mais recentes pesquisas na área, entre elas, as relativas às tecnologias chamadas "Imagem Funcional Cerebral" e as neuropedagógicas específicas, que atualmente têm viabilizado uma melhor identificação da área cerebral responsável pela formação da palavra e a construção de efetivos programas de leitura, com bases científicas comprovadas.

As deficiências auditiva e visual, temas do capítulo 6 e 7 deste livro, respectivamente, são analisadas por suas autoras, especialistas nas áreas, com uma consistente produção científica, Adriane Maria Santos Kroeff e Adriana Lia Friszman de Laplane, numa abordagem sociocultural, que trata do ser humano em desenvolvimento e defende que este não se reduz ao biológico, atribuindo à vida social e à cultura um papel central no mesmo. Este novo olhar para a deficiência é bastante otimista em relação às possibilidades de desenvolvimento das pessoas surdas e cegas, por deslocar a atenção da ideia de defeito ou lesão, que impede ou limita o desenvolvimento, para centrá-la no ambiente e com os objetos de conhecimento.

Nesse enfoque, os indivíduos com tais deficiências não são vistos como portadores de patologias de ordem médica a serem eliminadas, mas sim como pessoas, com marcas que repercutem nas suas relações sociais e no seu desenvolvimento afetivo e cognitivo, porém com limites a serem superados e potencialidades a serem desenvolvidas. Portanto, a atenção dos educadores deve se voltar para a qualidade do ensino que lhes é oferecido.

Um ensino orientado à luz dos enfoques socioculturais é o que se norteia em experiências pedagógicas que se contrapõem à homogeneização típica do dispositivo escolar, privilegiando um respeito à diversidade e as autoras nos brindam, nos seus artigos, com exemplos de intervenção pedagógica desta natureza.

O capítulo 8 do livro, "Autismo e inclusão: possibilidades e limites", escrito pelas psicólogas Cleonice Alves Bosa e Síglia Pimentel Höher, reconhecidas estudiosas do assunto, trata de um tema dos mais complexos dentro da psicopatologia infantil, por implicar em um transtorno das capacidades de relação afetiva do indivíduo, que afeta, sobremaneira, a comunicação e a linguagem, com sérias repercussões. Tal transtorno vem mobilizando, desde a sua descoberta, por Leo Kanner, em 1943, sentimentos distintos em pais e professores na relação com filhos/alunos autistas, desde a impotência para ajudá-los até o comprometimento observado, a partir dos anos oitenta, em proporcionar-lhes novas e mais eficientes formas de se vincularem às pessoas e, a partir dessa intersubjetividade, desenvolverem os símbolos, a linguagem, as capacidades de comunicação, requisitos indispensáveis à aprendizagem. Concordo com as autoras quando afirmam que um sujeito só pode aprender e crescer se houver uma aposta permanente em sua educabilidade e em se tratando da inclusão escolar de autistas, elas nos alertam para a importância de ampliarmos nosso conhecimento sobre as particularidades no desenvolvimento destes indivíduos e nos indicam ações pedagógicas que respeitem e potencializem este jeito de ser, pensar e atuar no mundo.

No capítulo 9, "Paralisia cerebral", Ana Maria dos Santos Silveira, fisioterapeuta e especialista na questão, e a fonoaudióloga Adriane Maria Santos Kroeff, também autora do capítulo 6, nos apresentam, de forma clara, as consequências de um grave comprometimento motor da aprendizagem de um indivíduo, que muitas vezes tem seu verdadeiro potencial mascarado por distúrbios associados, como déficits visuais, auditivos, cognitivos, de linguagem, de fala, de percepção intelectual, que se constituem em fatores determinantes no seu prognóstico evolutivo. Destacam, no entanto, as autoras que o uso da tecnologia vem favorecendo, cada vez mais, o processo de inclusão do Paralisado Cerebral, o que representa, sem dúvida, um novo e promissor recurso no qual devemos pautar nossas intervenções psicopedagógicas junto a esses sujeitos.

Nos meus estudos mais recentes, em busca de novas alternativas para minimizar as dificuldades com as quais os alunos com NEE se deparam para aprender, tenho podido comprovar que a articulação da educação com a tecnologia constitui-se, de fato, na atualidade, em um excelente caminho para se favorecer a inclusão desses alunos na escola e na sociedade, por priorizar o plano da possibilidade, diferentemente de caminhos já percorridos, os quais eram e, infelizmente, ainda são, muito obstaculizados pelos limites reais apresentados por essas pessoas.

Essa contribuição das novas tecnologias e uma pedagogia diferenciada, é muito bem abordada, no capítulo 12, "Tecnologias para a inclusão da pessoa com habilidades diferentes", pelo mestre em Sistemas e Tecnologias da Informação na Educação, Secundino Correia, de quem tive o privilégio de ser aluna. Para o autor, ajudas técnicas para todos e software inclusivo são o desafio desta e das próximas décadas.

O capítulo 10 é dedicado à temática das altas habilidades, bem menos contemplada e discutida no contexto escolar, creio que pelo fato de que lidar com a diversidade na sala de aula exige tanto dos professores em termos pessoais e profissionais, que diante da complexidade das demandas que têm que dar conta, a maioria opta por dedicar uma maior atenção aos alunos que apresentam maiores dificuldades para aprender, acreditando que os alunos mais bem dotados e talentosos podem se educar e se desenvolver sozinhos. Tal limite, apesar de compreensível, precisa ser superado e valiosas sugestões para isso nos são apresentadas pela doutora em Educação e fundadora do Cedet – Centro para o Desenvolvimento do Potencial e Talento, em Minas Gerais, Brasil, Zenita C. Guenther, uma estudiosa da área há mais de 30 anos, no seu texto, "Alunos dotados e talentosos: outra face da inclusão escolar".

No capítulo 11, "Aspectos orgânicos, sociais e pedagógicos da Síndrome de Down: Focando o déficit ou o potencial?", Hugo Otto Beyer dá ênfase à responsabilidade da sociedade como um todo em colaborar para que as pessoas com Síndrome de Down possam escolarizar-se o mais plenamente possível e caminhar rumo a uma autonomia pessoal e social significativa. Com a competência de um profundo conhecedor dos fatores implicados na Deficiência Mental e, particularmente, na Síndrome de Down, o autor se propõe no seu texto a contribuir para a ampliação do conhecimento dos leitores sobre essas questões e aborda o desenvolvimento dos indivíduos com essa Síndrome, desde o seu nascimento, tecendo considerações sobre a estimulação precoce dos bebês, até a idade adulta. Nesse percurso, o autor passa pelos anos pré-escolares, período por excelência para a aprendizagem de habilidades sociais e para o desenvolvimento da linguagem e do pensamento; trata da progressiva construção da autonomia nos anos escolares, em que se fazem necessárias adaptações curriculares em função dos reais limites e possibilidades de cada aluno Down e, finalmente, ao referir-se à adolescência, período de maior turbulência para o indivíduo, quer ele tenha NEE ou não, dá enfoque a temáticas, como sexualidade e integração social.

O décimo terceiro e último capítulo deste livro, "Aprender e ensinar/família e escola: uma inclusão necessária", de autoria da psicopedagoga Isabel Cristina Hierro Parolin, com larga experiência na reeducação de crianças e adolescentes com dificuldades de aprendizagem, trata da essencial questão da participação e corresponsabilidade da família, atuando cooperativa e consensualmente junto à escola, em prol da inclusão escolar dos seus filhos, e destaca um ponto central com o qual concordo integralmente: o clima emocional, o tom e a temperatura em que acontece o encontro entre o aprendiz e o ensinante é que iluminará o cenário em que as aprendizagens se deflagram, quer seja em casa ou na escola.

Por entender que os professores são, de fato, os maiores responsáveis por ampliar ou minimizar a diferença entre o aluno e a escola e que necessitam de toda uma complexa e eficiente rede de suportes teórico-práticos para desenvolverem novas e emergentes competências para o desafiador trabalho com a adversidade, parabenizo a equipe de autores desta obra, pela sensibilidade com que priorizaram, na abordagem de suas ideias, a importância do papel desses admiráveis profissionais do ensino, oferecendo-lhes atualizados e preciosos referenciais, para que cada um possa vir a construir as suas próprias e mais seguras "trilhas" para a inclusão.

Recife, 30 de junho de 2008

Rejane Maia

É diretora pedagógica do Colégio Apoio do Recife, no qual adquiriu uma experiência de 25 anos com inclusão escolar. É mestre em Psicologia do Desenvolvimento pela Universidade de Madri e Faculdade Latino-americana de Ciências Sociais da Argentina, pós-graduada em Construtivismo e Educação pelas mesmas instituições e graduada em Pedagogia.

Introdução

Nos últimos 20 anos tenho tido a grata satisfação de trabalhar com várias escolas inclusivas com as quais aprendi a respeitar e acreditar no potencial de crianças portadoras de necessidades educativas especiais. Para mim, quando entrei pela primeira vez em uma sala de aula, ainda sem experiência como professor e muito menos em lidar com crianças com estes tipos de necessidades, foi um grande desafio, que por alguns momentos não acreditava ser capaz de superar. O tempo, os colegas de trabalho e as equipes pedagógicas com as quais trabalhei foram muito importantes neste processo de aprendizagem. O convívio com os alunos, entretanto, foi determinante na minha formação.

Ao longo dos anos pude perceber que, apesar das dificuldades específicas que cada criança enfrentava, existiam potenciais reprimidos que precisavam ser estimulados, como um caminho para aumentar a autoestima destes alunos, dando-lhes condições de sentirem-se capazes como todas as outras crianças ditas normais pela sociedade.

Hoje, passados vinte anos do dia em que entrei pela primeira vez em uma sala de aula, pergunto-me como podemos rotular um aluno como incapaz apenas pelo seu baixo potencial em determinadas áreas, quando existem outras que podem se sobressair e proporcionar ao indivíduo o direito de alcançar a realização e o sucesso profissional. Como podemos pensar que existe apenas uma inteligência e esta pode ser medida a partir do potencial linguístico e matemático, quando há várias outras áreas da nossa inteligência que podem ser estimuladas e assim superarem aquelas menos favorecidas? Como acharmo-nos no direito de ensinar de forma homogênea sem levar em conta as diferenças, se vivemos em um mundo no qual todos nós somos diferentes? Como acreditarmos que todos aprendem da mesma forma se a organização das estruturas cognitivas de cada criança tem características tão distintas? Não será muito egoísmo da nossa parte pensarmos desta forma?

No início da minha vida como educador, quando ainda não se falava sobre as inteligências múltiplas e pouco se abordava sobre o desenvolvimento de competências, algumas escolas brasileiras já acreditavam que era possível estimular potenciais reprimidos ou em processo de hibernação, paralelamente, ao trabalho com as dificuldades de aprendizagem na tentativa de superá-las e/ou de minimizá-las. No entanto, passados vinte anos, apesar do enfoque dado à inclusão e de leis terem sido criadas, as ações neste sentido são incipientes e mesmo estas, na maioria das vezes, ao serem realizadas, limitam-se à simples inclusão física em sala de aula. Reconheço que muitas escolas têm uma prática inclusiva, de forma consciente e responsável, mas também é verdade que estas fazem parte de uma minoria e que muito ainda precisamos caminhar neste sentido.

Quantos alunos foram tidos como crianças "deficientes" pela sociedade que hoje repousam na eternidade como grandes gênios da civilização. Por outro lado, quantos futuros gênios a sociedade foi responsável pelas suas mortes antes mesmo de "nascerem", graças à descrença da existência de potencialidades, como também pela falta de compromisso para ajudar estas crianças a encontrarem os seus próprios caminhos.

Por que será que ainda existe tanta resistência por parte de professores, de equipes pedagógicas e até de diretores de escolas em lidar com esta questão. Será o custo com a inclusão? Será o aumento da carga de trabalho por parte dos professores e da equipe pedagógica? Ou será a falta de conhecimento necessário sobre as principais dificuldades e síndromes relacionadas à aprendizagem e como lidar com elas? Nego-me a acreditar que a razão possa ser qualquer outra que não a falta de conhecimento, caso contrário de nada adiantaria continuar lutando pela melhoria da qualidade do ensino em nosso país, em especial no Nordeste.

Sendo assim, enquanto diretor do Sapiens – Centro de Formação e Pesquisa do Recife, procurei reunir grandes autores nacionais e internacionais que pudessem contribuir de fato com a prática dos educadores em sala de aula, além dos psicopedagogos, dos psicólogos, dos fonoaudiólogos, entre outros, de forma que conhecimentos fundamentais sobre as principais dificuldades e síndromes vivenciadas na escola possam ser discutidos e fundamentados, favorecendo a construção.

Tenho certeza que este livro traz uma grande contribuição para a prática educativa e clínica, cujo espectro vai muito além da simples reflexão e sensibilização, que também julgo importante. Mergulha nos principais problemas existentes na escola, seja com suporte teórico ou prático, seja com crianças com dificuldades de aprendizagem ou síndromes, ajudando os profissionais que lidam com estas questões a enfrentarem este desafio.

É importante também ressaltar a satisfação de contar neste livro com a colaboração de alguns dos maiores especialistas do país e do mundo na área. Primeiro, pela amizade que construí com muitos deles durante anos de convivência, enquanto professores de cursos de formação e pós-graduação promovidos pelo Sapiens, aprendendo a respeitá-los e admirá-los pela significativa contribuição que têm dado para a educação. Segundo, pela confiança depositada em mim e no Sapiens, acreditando que as suas ideias, conhecimentos e orientações serão difundidos para milhares de educadores de todo o Brasil, de Norte a Sul de um país tão heterogêneo em relação à cultura e às condições econômicas, mas em contrapartida tão homogêneo ao se tratar de problemas que envolvem a inclusão.

Tenho a certeza que esta obra atenderá as expectativas dos leitores, sejam eles educadores ou profissionais da área clínica, contribuindo assim para a formação de cidadãos a partir da verdadeira inclusão, pois esta é a única na qual acredito, o resto é demagogia.

Márcio Gomes

marciogomes@sapiens-pe.com.br
www.sapiens-pe.com.br

1
Berços da desigualdade

José Pacheco*

Releio o *Berço das desigualdades*. A cada voltar de página deste livro do Sebastião Salgado, novas imagens confirmam o título. As palavras do Cristóvão são tão concisas quanto discretas, e não reduzem o impacto das fotografias que legendam. Porque o olhar penetrante das crianças "desiguais", que se sucedem nas fotografias, invade-nos e faz-nos crer que, somente por humana presunção, acreditaremos viver o tempo da História. Na verdade, habitamos ainda a Proto-História do Homem. No tempo que nos coube em sorte viver, os homens dirimem os seus conflitos pelas armas, matam em nome de um credo, usurpam territórios em nome da paz, edificam tribunais e prisões em nome da justiça. As frágeis e absurdas instituições do nosso tempo são reflexos de uma humanização precária, e a instituição Escola, concebida como berço de oportunidades, ainda é "berço de desigualdades".

O espaço público da Educação ultrapassou a exiguidade das paredes da sala de aula, mas muitos ainda não se aperceberam dessa mutação. Por seu turno, as medidas políticas que visam reformar a instituição são centradas em vícios institucionais jamais questionados, e são sempre medidas avulsas. Sucedem-se decretos e despachos, decorrentes das conclusões de gongóricos relatórios produzidos por inúteis grupos de estudo. Acumulam-se nos ministérios e nas universidades

---

* Mestrado em Educação pela Universidade do Porto/Portugal. Foi professor, coordenador e o grande criador do Projeto Fazer a Ponte, referência mundial em educação.

dispendiosos "estudos", que não logram ir além de óbvias e ressequi-
das "recomendações".

Somemos à ineficácia dos políticos e das políticas o papel nefasto
dos *opinion makers*, que, impunemente, vertem nos jornais a sua
ignorância e ficaremos com a noção da dimensão do absurdo que nos
rodeia – bem nos avisava a Hannah Arendt: tudo quanto é real ou au-
têntico é atacado pela força esmagadora da "tagarelice" que irresisti-
velmente emana do domínio público, determinando cada aspecto da
vida quotidiana, antecipando e aniquilando o sentido ou o sem-sen-
tido de tudo.

Vivemos num mundo de diferentes culturas, mas as medidas políticas aplicam-se, indiferenciadamente, a todos os países. As realidades
são condicionadas por influências transnacionais, num projeto de mo-
dernidade ainda por cumprir. Aferimos o estado do nosso sistema educativo através de estudos comparativos, como se fosse possível reduzir
a realidade a cifras, ou comparar o que é, diametralmente, diferente. As
Leis de Bases demonstram unanimidade, quando preconizam que se
deve assegurar uma formação geral comum a todos, proporcionar aos
alunos experiências que favoreçam a sua maturidade física e socioafetiva e criar condições de promoção do sucesso escolar e educativo a todos os alunos. Porém, convivemos com o "insucesso educativo" como
se a expressão não fosse, em si mesma, paradoxal. Como pode a palavra "educativo" ser adjetivo da palavra insucesso?

Jovens portadores de desigualdades acorrem às escolas, por via
de um processo de massificação. Tratando os "desiguais" como se
fossem iguais, "em pé de igualdade", como geralmente acontece, não
apenas mantemos a desigualdade, como a aumentamos. Não fora a
dedicação e o anônimo esforço de muitos e bons profissionais da educação, há muito, o neoliberalismo teria extinto a instituição Escola,
como empresa falida.

Ainda há quem resista, e quem me confidencie vivências que confirmam processos de exclusão:

> A tristeza vem quando me deparo com a realidade das nos-
> sas escolas. Pergunto-me por que será que muitos profes-
> sores resistem tanto a uma pedagogia diferenciada, que
> gere inclusão, quando, para mim e para tantos outros pro-
> fessores, a sua pertinência é tão óbvia.

Esta mesma voz relatou-me realidades que custam digerir: Na "fila dos burros", onde vegetam os "desiguais", não há quem saiba ler o "quadro da belezura", onde os caladinhos escrevem os seus nomes, no fim de cada aula. Existe o "quadro da feiúra", onde escrevem os seus nomes aqueles que não conseguem completar as suas tarefas escolares no tempo preestabelecido, ou que as terminam antes do tempo... e usam o restante em ameno falatório. Na fila dos "desiguais", o "lixo da escola" – foi a expressão que eu escutei numa escola "igual", há muitos anos – aguarda a hora do intervalo, espera o fim do dia, desespera.

Há mais de meio século, Élise Freinet colocava a seguinte questão: "como será uma aula onde os alunos não farão, todos ao mesmo tempo, o mesmo? Como regular todo o trabalho escolar?" Élise Freinet tinha consciência da obsolescência da organização do trabalho escolar centrada em aulas dadas para um (inexistente) "aluno médio", em tempos iguais para todos. Preocupava-se com a imposição de ritmo único a alunos que denotavam diferentes ritmos. Interrogava-se. Mas nem será necessário reportarmo-nos à França da primeira metade do século XX. Já em 1898, Augusto Coelho afirmava: "a escola é ainda, em geral, formalista, urge transformá-la num centro de vida e movimento". Há mais de um século! E poderíamos recuar até Comenius...

Nos nossos dias, estes nacos de prosa ainda podem ser considerados "literatura de ficção científica". Há uma década atrás, um estudo "descobriu" que a maioria das escolas imputava o insucesso dos alunos apenas à sua origem sociocultural e à falta de formação dos professores. O estudo a que me reporto confirmou o óbvio, isto é, que predomina nas escolas o método expositivo, a disposição dos alunos em filas voltadas para o professor, e que "não é visível a existência de estratégias específicas para potenciar a aprendizagem dos alunos com ritmos mais lentos" (dito em linguagem dura e pura, quem não acompanhar o ritmo do professor, que se desenrasque, que pague a um explicador, ou vá pôr os catraios em escolas especiais).

Concluiu esse estudo que as práticas de ensino vigentes beneficiam alunos que acompanham, sem grandes dificuldades, ritmos intensos de lecionação e que a preocupação maior é a de preparar os alunos para fazer provas e exames.

Quem se preocupa com a impunidade dos que, ano após ano, "põem de lado" e "deixam para trás" os alunos que "não acompanham" o "ritmo da turma"? (Coloco os absurdos entre aspas.)

Quem se preocupa com a impunidade dos que se outorgam "o direito de não querer mudar", quando sabemos que este não querer condena sucessivas gerações de alunos à exclusão e ao abandono?

Provavelmente, os adeptos do pensamento único vão desdenhar do que eu escrevo, recorrendo a uma metafísica da legitimação que assenta no inquestionável princípio que diz que a culpa é do sistema, ou das "teorias das ciências da educação", "teorias" que os habituais detratores não sabem dizer quais sejam, ou onde tenham tradução prática. Num ponto terão razão nos seus comentários: muitas escolas não dão resposta à diferença, porque (coitados!) "os professores não podem ocupar-se do resto da turma, se o deficiente estiver a estorvar"... Não passa pelas cabeças dessas pessoas que haja outros modos de organizar o trabalho escolar?

Não se trata de encaixar um "deficiente" (eu não utilizo esta denominação, mas é assim que os tratam) numa turma, para reduzir o número de alunos dessa turma, ou para produzir caricaturas de inclusão. A "diferença" é normal, não é deficiente. A sociedade é formada por identidades plurais, particularidades, especificidades. Anormal é pautar o trabalho escolar pela igualdade. Deficientes são as práticas escolares que assentam no pressuposto de que somos todos iguais, que homogeneizam o que é diverso, mascarando ou negando as diferenças. A forma como muitas escolas se organizam não permite, efetivamente, dar resposta aos diferentes. E nos diferentes eu incluo os que, não tendo sinais exteriores de "deficiência", completam o ensino fundamental sem aproveitamento e vão engrossar as fileiras dos desqualificados e da mão-de-obra barata. A inclusão é escolar e social.

Para que se concretize a inclusão é indispensável a alteração do modo como muitas escolas estão organizadas. Para que a inclusão passe a ser mais do que um enfeite de teses será preciso interrogar práticas educativas dominantes e hegemônicas. Será preciso reconfigurar as escolas. No passado, como nos nossos dias, há escolas cativas de vícios e ancoradas em práticas obsoletas, geradoras de insucesso. Há mais de um século, como hoje, há professores que se interrogam e tentam melhorar as escolas. Mas há, também, "dadores de aulas" que recusam interrogações e que impedem que as escolas melhorem.

Quando serão postos em prática os princípios de escola inclusiva enunciados, há dez anos, na Conferência de Salamanca? Quando se deixará de centrar o problema no aluno, para o centrar numa gestão diversificada do currículo? Quando cessará a intervenção (esporádica, mas sempre discriminatória) do especialista, num canto da sala de aula, e se integrará o especialista numa equipe de projeto? Quando se concretizará uma efetiva diversificação das aprendizagens, que tenha por referência uma política de direitos humanos, que garanta oportunidades educacionais e de realização pessoal para todos?

Por muito que isso desespere os adeptos do pensamento único, eu sei que é possível concretizar a utopia de uma escola que dê garantias de acesso e de sucesso a todos (e com excelência acadêmica!). E sei (como outros sabem) que isso é possível... e na prática!

Sabemos que há muitos professores conscientes da falência do tradicional modelo de organização e de que urge reconfigurar as escolas. Quantos professores eu conheço capazes de desconstruir estereótipos e de operar essa reconfiguração! Perguntar-se-á, então: O que impede que o façam? Por que não mudam as escolas?

É porque o que está em causa não é a adoção do método A, ou do método B. O que está em causa é a necessidade de as escolas reconfigurarem as suas práticas, para atenderem à diversidade. É urgente ajustar a gestão do espaço e do tempo escolar à medida de cada criança no ofício de aluno. Sem risco de redundância, repito: de cada criança! Não me preocupa poder ser considerado enfático, pois é preciso reafirmar que cada cada deve poder ser cada qual. Cada ser humano é único e irrepetível. "Quando cada cada for cada qual" e os professores deixarem de ensinar a todos como se fossem um só, quase todas as causas do insucesso estarão erradicadas.

Talvez venham a propósito alguns episódios para ilustrar o que digo...

> O Teixeira estava quase a fazer treze anos, mas vegetava na primeira série. Tinha passado de professor para professor, em turmas que nenhum professor desejava. Era conhecido pelo nome de família, pois o nome próprio ninguém parecia conhecer. Entregaram uns papéis ao novo professor, acompanhados de um aviso: "Cuidado com o Teixeira! Dizem que é autista e, além disso, é mal-educado e preguiçoso".

O professor era novo, não possuía a experiência dos mais velhos nem a ciência dos especialistas da "educação especial". Pouco sabia de autismos. Só conhecia a definição pelo dicionário. O Teixeira era autista. Pois. E o que é que o rótulo ajudava? E, se o professor estava sozinho na sua sala, com os seus alunos e mais um autista, sozinhos estavam os colegas das outras salas com os seus alunos. (Que pior forma de autismo que esta, entre professores?) Tinham-lhe ensinado tudo no curso de formação, exceto o saber educar um autista.

"O colega imponha-se, o colega defenda-se!" O professor defendeu-se. Registrou alguns comportamentos: "O Teixeira vive numa profunda tristeza, gosta de estar sozinho". Mas a verificação pouco ajudava. Se procurava aproximar-se, ele fugia-lhe de imediato, como uma gata que tinha lá em casa. Aos treze anos, o Teixeira não sabia ler nem escrever. Ou, se sabia, não o mostrava. Mas precisaria ele, mais que tudo, de saber ler e escrever?

O professor veio a saber mais tarde, pelos livros e por "incidente crítico", que o Teixeira não era, nem nunca tinha sido autista na sua vida. Tinha sido criado entre ovelhas das cinco horas da madrugada ao meio-dia de todos os dias. Tinha vivido entre uma casa vazia e o vazio de uma escola, entre as treze e as dezoito horas de todos os dias. E deitava-se todos os dias com as galinhas. O novo professor concluiu que, com práticas seletivas e rotulações, as escolas geram excluídos que interiorizam a exclusão.

O Zé Antônio era um miúdo franzino e tímido, que contava dez anitos num corpo frágil que aparentava seis ou sete. Fez a quarta série com dez anos. O professor perdeu-lhe o rasto nos atalhos da vida e nas teias do trabalho infantil. Voltou a encontrá-lo aos dezoito, esquálido, minado pela miséria. Leu naqueles olhos despojados do brilho e candura da infância a profunda humilhação de "pedir à Junta um atestado de pobreza por não ter maneira de pagar custas ao tribunal". O Zé Antônio conheceu a prisão, a solidão e o desprezo. Perdeu o direito a nome próprio, ganhou fama de ladrão e drogado. Um dia, enquanto injetava a dose diária, quis a sorte que a Aids lhe penetrasse as veias. O calvário chegava ao fim. O Zé Antônio foi a sepultar.

Sabemos que o brincar e o jogar são característicos de um tempo de expansão do conhecimento de si mesmo, do mundo e dos sistemas de comunicação e que a infância acaba quando alguém reconhece que a sua vida deixou de ser um jogo maravilhoso, ou quando alguém proíbe outro alguém de brincar. Entre a escola – tempo e espaço de lúdico esforço – e a vida se proíbe o brincar e se constrói destinos. Vejamos uma outra história.

> O Bino foi considerado "aluno incapaz de se adaptar à escola". O relatório avisava: "é um aluno que apresenta dificuldades de controle dos impulsos agressivos e manifesta o maior desinteresse pelas aprendizagens escolares", para além de "uma já evidente tendência para a aproximação ao álcool".
>
> Relutante às "aprendizagens escolares", o "Bino Mongoloide" [assim o chamavam, por ser "Down"] aprendeu a vida na busca de mantimento, especializara-se em assaltos a hortas e pomares. Não conheceu pai nem mãe. Consumada a parição, a progenitora abalou para algures, no rasto do presumível pai, ou na fuga de um filho dos outros filhos bem diferente. Nunca mais deu notícia. Uma avó o acolheu num tugúrio de chão de terra batida. Cresceu entre maus-tratos e fomes.
>
> Um dia, "uma senhora bem vestida, bem cheirosa e aprumada" [palavras que o Bino me ditou] espreitou para dentro daquele tugúrio partilhado por animais e gente, e perguntou se a avó se chamava Josefa da Conceição. Disse "ir da parte das autoridades" e que as autoridades tinham mandado uma carta à avó do neto que a escola reclamava.
>
> A avó retorquiu que não senhor, que "não tinha recebido carta coisa nenhuma e que, ainda que tal cousa lhe chegasse, nenhuma serventia teria por das letras nada saber". De nada valeu a ladainha à avó que das letras nada sabia. O Bino transformou-se num degredado de fundo de sala. No dizer da mestra, o moço era coisa ruim e insubmissa e nem com porrada lá ia. O Bino acabou por ser internado num

asilo para órfãos. Com dez anos feitos, foi transferido para uma escola de "última oportunidade".

À semelhança de muitos outros casos de "insucesso" que a essa escola aportaram, o Bino vinha recomendado por psicólogos e acompanhado por um grosso relatório de pedopsiquiatria. Apesar dos dez anos feitos, aparentava não ter mais de seis ou sete marcados pelo raquitismo.

Nos primeiros dias passados naquele novo e estranho mundo de aprender, ainda que o não soubesse, o Bino enfatizava o sentido lúdico da escola – o termo *schola* tem o significado etimológico de ócio... – embora fosse notado na hora do recreio pelo exagero na distribuição de pontapés e cuspo.

Se não cansa por excesso de descrições, detenhamo-nos numa derradeira história "exemplar"!...

O Miro percorreu a via-sacra de várias escolas, até chegar àquela em que o Bino havia sido acolhido, por recomendação de uma técnica de serviço social e de uma psicóloga. O seu calvário acadêmico incluía várias passagens pelo ensino especial e por outros padecimentos.

Um professor aproximou-se do jovem recém-chegado e propôs-lhe que escrevesse as suas primeiras impressões da nova escola.

Não sei, não sou capaz, não faço. E você não me pode obrigar!...

O professor insistiu com jeitinho. Mas...

...Mas eu não sou obrigado a fazer. Você num manda em mim. Você não é meu pai!

O Miro não sabia que só estava carente de firmeza e carinho. O pai não poderia dar-lho porque há muito abandonara a família. A mãe "já não tinha mão nele e que nem pensasse tocar-lhe". Professores – a julgar pelo condicionamento que nele se tinha operado – poucos teria encontrado pelo caminho. O Miro tinha passado sete anos sozinho em casa e outros tantos na escola, e deixara de acreditar ser possível aprender:

– Ó professor, você num sabe que eu, na outra escola, só tinha aulas de Educação Física e Moral?

À quarta tentativa de persuasão, quando lhe pediram que fizesse algo de que ainda se lembrasse, o Miro pediu-lhe que o dispensassem da tortura da escrita e lhe "ditassem umas contas, mas só de dois números", pois apenas se recordava (e mal) das contas de somar e de diminuir.

– Eu sou assim. No hospital disseram à minha mãe que eu sou atrasado da cabeça uns cinco anos.

Decorridos dois meses, o Miro já escrevia algumas frases, já fazia as suas preparações no laboratório das Ciências, até já lia palavras em... inglês!

Poderia contar-vos muitas histórias de crianças "deficientes", assim rotuladas em "escolas normais" e recuperadas numa "escola de última oportunidade": a história da Ana liberta de quatro anos de degredo num fundo de sala, rotulada de burra; a do Francisco, que, chegado à nova escola, desatou aos pontapés nos novos colegas, a cuspir e a insultar, por ser a gramática que secretamente aprendera em três anos de insultos e humilhações; o Eduardo, após meses de privação de recreio, só porque o seu braço doente o impedia de acompanhar a turma na escrita de carreirinhas de letras; o Joaquim, que se gabava de, na outra escola, "ter posto um professor no hospital"; o Pedro, o choro em forma de criança, nos primeiros dias na nova escola, porque, se já sabia ler quando entrou para a antiga, foi forçado a esquecê-lo e a "acompanhar o resto da classe", acumulando cansaços e desgostos que, face ao estado em que chegou, quase diríamos ser possível a uma criança odiar.

Do órfão ao maltratado, chegam encaminhados por instituições de reinserção social, vindos de lugares distantes, com marcas de violência e experiências de indiferença, que é a pior forma de abandono. Antes, estavam sozinhos na escola. Deixaram de estar sozinhos naquela escola dos alunos rejeitados noutros lugares. Dentro dos seus humanos limites, a escola de que vos falo a todos acolhe, a todos ajuda na recuperação da autoestima, do respeito por si próprios.

Todas as escolas deveriam ser espaços produtores de culturas singulares, mas também espaços de comunicação, partilha. Sabemos que não é bem assim. As escolas são, quase sempre, espaços de solidão. O trabalho dos professores é um trabalho solitário e a solidão dos professores é da mesma natureza da solidão dos alunos – professores e alunos estão sozinhos nas escolas.

Cheguei, um dia, a uma escola igual a tantas outras. Contornei o recreio onde algumas crianças se empurravam e gritavam. Fui ao encontro de um grupo de professoras, para saber como viram o Paulo os olhos das que o conheceram.

– Paulo? Paulo quê? Temos muitos...

Explicado de quem se tratava – um antigo aluno, saído há dois ou três anos – uma a uma, disseram:

– Não, nunca ouvi falar!... Têm a certeza de que esse Paulo andou aqui?

Tiveram a amabilidade de chamar a senhora diretora:

– Espere lá! Estou recordada de um Paulo... Só um momento...

Vi-a vasculhar os armários e retirar de um deles um "livro de matrículas".

– Já não é bem do meu tempo. Só me lembro vagamente e o que tenho aqui no livro é apenas a sua primeira matrícula. Passados seis anos, só cá tem escrita uma passagem da segunda para a primeira série. Mais nada.

Pedi que me deixasse consultar as listas de constituição das turmas. Com alguma relutância, acedeu. Se era para uma pesquisa...

Dos oito anos que o Paulo havia frequentado a escola, o seu nome somente constava de duas turmas separadas por um hiato de sete anos. Nunca tivera lugar certo onde se sentar, caderno que não perdesse em poucos dias. O Paulo foi o exemplo típico de "aluno fantasma". Para todos os efeitos, o Paulo nunca existiu.

Escutemos Hannah Arendt: "A educação é o ponto em que se decide que se ama suficientemente o mundo para assumir responsabilidade por ele, e o lugar em que se decide que se ama suficientemente as crianças para não as expulsar do nosso mundo". Com inspiração na Hannah e em outros anunciadores de tempos novos, a escola de que vos venho falando, que acolhe os alunos que outras escolas jogam fora, procurou, nos últimos trinta anos, uma resposta pedagogicamente coerente para lidar com a heterogeneidade. A construção dessa resposta só foi possível num quadro de superação da organização "tradicional", na medida em que esta foi historicamente concebida para lidar com o aluno médio. A ruptura com a organização "tradicional" correspondeu a uma intervenção sistêmica, que abrangeu a escola como um todo, e implicou uma ação coletiva do conjunto dos professores. Hoje, é uma escola onde não há aulas, não há séries, nem ciclos, nem turmas, nem carga horária...

A organização escolar moderna baseou-se na transposição da relação dual entre um professor e um aluno para uma relação dual entre um professor e uma classe. Na escola de que vos falo, a organização é estruturada por uma relação entre uma equipe de professores e um conjunto de alunos, considerados na sua individualidade e que multiplicam entre si, na relação com os espaços e na relação com os professores, uma gama variada de modalidades de interação. Todos os professores trabalham com todos os alunos e estes não têm um lugar fixo para brincar, trabalhar e aprender.

Parte-se do trabalho dos alunos, baseado na construção progressiva da sua autonomia para gerir tempos e espaços, planejar atividades, gerir informação e organizar a sua avaliação, o que pressupõe modalidades de regulação extremamente complexas, baseadas numa grande diversidade de dispositivos que, no seu conjunto, representam uma alternativa à organização por turmas, séries e ciclos.

A aceitação da diversidade exige o desenvolvimento de uma pedagogia diferenciada. A escola de hoje confronta-se com uma grande heterogeneidade social e cultural. Esta realidade implica uma outra concepção de organização escolar, que ultrapasse a via da uniformidade e que reconheça o direito à diferença. É preciso (e urgente!) agir ao nível das práticas pedagógicas, das estruturas e organização das escolas.

É preciso que a pesquisa na área da inclusão examine como os alunos "diferentes" vivem e agem dentro da organização escolar tradicional, para que se compreenda "o porquê" das situações vividas nesses contextos, e o modo como os protagonistas as vivem e percepcionam. Será preciso desconstruir práticas para as reconfigurar à medida da diferença, no pressuposto de que cada ser humano é único e irrepetível.

De acordo com a declaração de Salamanca, os alunos com "necessidades educacionais especiais" devem ter acesso à escola normal, a qual deve acomodá-las dentro de uma pedagogia centrada na criança capaz de atender às suas necessidades. Como resposta à diversidade de alunos, a "educação inclusiva" tornou-se uma política aceita internacionalmente. Tem sido discutida em termos de justiça social, pedagogia, reforma escolar e melhorias nos programas. Contribuiu para um crescente consenso de que todas as crianças têm o direito a ser educadas em escolas predominantes, independentemente de suas deficiências ou de suas necessidades educacionais especiais (UNESCO, 1995). Porém, muitas práticas educativas ainda denotam olhares sobre os "diferentes" alicerçados em oposições como normalidade/anormalidade, completude/incompletude. Refletem homogeneização e naturalização das diferenças mediante representações do que falta nos corpos, nas mentes, nas linguagens... Ver não é coisa natural, mas um ato que precisa ser aprendido.

O educador não deve apresentar justificações genéticas, sociológicas, históricas ou filosóficas, para explicar o insucesso. Porque, para além de reproduzirem insucesso, muitas escolas continuam produzindo exclusão. A teoria dos dotes não poderá continuar sendo álibi do sofrimento de professores e alunos. As causas socioeconômicas ou sociais não são as únicas. Também há causas de origem socioinstitucional. E as escolas somente poderão identificá-las na medida em que os educadores possuam formação que lhes permitam exercer sentido crítico relativamente ao exercício da sua profissão.

Aqui chegados, importa reconhecer o papel fundamental da instituição de formação inicial de professores. As escolas de formação qualificam os professores para oferecer uma educação de qualidade para todos?

Se assumirmos o princípio do isomorfismo na formação – o modo como o professor aprende é o modo como o professor ensina – custa crer que tal aconteça. A matriz universitária mantém-se cativa de modelos de formação em tudo contrárias a uma ideia de inclusão. Em muitas instituições de ensino superior, o termo "inclusão" somente tem servido para enfeite de teses. O multiculturalismo profusamente estudado nas faculdades ainda não logrou ir além do reconhecimento da diversidade em termos folclóricos ou exóticos, não questionou a gênese das diferenças, os estereótipos e preconceitos de uma sociedade desigual e excludente.

Felizmente para os "desiguais", nem todas as universidades e escolas são "iguais". Eu creio no potencial transformador dos seus professores e que a escola há de resgatar o seu papel de "berço de oportunidades". Apenas será necessário que se reelabore a cultura de formação, que cada professor reelabore a sua cultura pessoal e profissional, e que cada escola se reconfigure.

2

A escola inclusiva como a que remove barreiras para a aprendizagem e para a participação de todos

Rosita Edler Carvalho *

1. Introdução

A inclusão educacional escolar tem sido objeto de estudos e de pesquisas. Sobre esse tema muito se escreve gerando-se debates importantes e necessários.

Este trabalho representa mais uma construção teórica a respeito e, talvez, só apresente como originalidade os procedimentos adotados em sua produção. Normalmente os escritores de livros ou de capítulos em livros acadêmicos inspiram-se nos seus estudos, pesquisas e em suas próprias experiências de trabalho, oferecendo aos leitores uma produção original, ainda que a temática seja muito explorada por vários autores.

No caso deste texto, os estudos e pesquisas que tenho realizado e que enriquecem minhas experiências como profissional, também me foram muito úteis. Mas, sua elaboração foi, predominantemente, inspirada na contribuição da turma de alunos que tive a oportunidade de conhecer, como mediadora da aprendizagem, em um curso sobre re-

---

* Doutorado em Educação pela UFRJ, mestrado em Psicologia pela Fundação Getúlio Vargas, pós-graduada em Psicopedagogia e Neuropsicologia, graduada em Pedagogia e Psicologia.

moção de barreiras para a aprendizagem e para a participação na educação inclusiva, ministrado em 2006, no Recife.

Usando uma técnica de dinâmica de grupo a respeito da temática, solicitei que as professoras/alunas do curso analisassem o que sentiam e pensavam sobre a inclusão na escola.

Solicito, sempre, que as reflexões girem em torno de aspectos afetivos (sentir) e racionais (pensar), por acreditar que estão sempre presentes e interligados nas nossas atitudes e ações, em qualquer atividade profissional e em especial na de educadores. E, quando o tema é polêmico e por vezes controvertido, como é o caso da educação inclusiva, com mais razões esses aspectos ou dimensões do fazer pedagógico precisam ser conhecidas e debatidas.

A resposta à indagação que verbalizei e escrevi foi, inicialmente, trabalhada em grupos, compostos por quatro ou cinco participantes. Pude perceber o quanto a "provocação" as afetava, gerando trocas de experiências e de leituras já realizadas, num produtivo exercício de relações dialógicas, manifesto em debates acalorados, pois todas estavam envolvidas com a reflexão e participando, ativamente.

Após cerca de 40 minutos dessa enriquecedora troca e com a concordância das integrantes dos cinco grupos formados, passamos a ouvir as sínteses das reflexões. Eu as escrevia no quadro, como ideias-força e na sequência em que eram apresentadas, respeitando-se o linguajar do grupo, manifesto na voz de uma sua representante, previamente escolhida entre as colegas.

Uma vez concluídas as apresentações dos grupos e, antes de passar para as reflexões com toda a turma, ofereci a oportunidade de fazerem acréscimos, de proporem perguntas entre os grupos e/ou corrigir a minha redação acerca das contribuições de cada grupo. Meu objetivo foi o de estimular a integração entre as participantes para desencadear o debate coletivo.

A etapa seguinte foi a de fazer "as costuras" entre as ideias que estavam registradas, eu como mediadora, contribuindo para as análises, a partir de minhas próprias experiências. Com a colaboração de todas e a partir do conhecimento que circulava no grupo, fomos tecendo as práticas narrativas sobre escolas inclusivas, como as que removem barreiras para a aprendizagem e para a participação de todos, com todos e por toda a vida.

Pareceu-me tão rica a nossa construção que, com a autorização da turma, decidimos que o elenco das ideias produzidas no grupo seria o eixo vertebrador deste artigo. Ele foi escrito por minhas mãos, baseado em minhas experiências, mas composto por várias pessoas, inspiradas em ideias e ideais sobre escolas de boa qualidade para todos, sem que se tenha abandonado a dimensão do real, com as limitações (as barreiras) que muitas vezes aprisionam nossos desejos e inibem nossas ações.

Espero que este texto contribua para que se desencadeiem, cada vez mais, ações includentes, em nossas escolas.

2. As contribuições das professoras/alunas

O que se segue, tal como comentado anteriormente, reproduz na íntegra as sínteses dos grupos (na sequência com que foram apresentadas as ideias) a partir da pergunta disparadora das reflexões – o que sentiam e pensavam sobre a inclusão escolar:

• Estamos "engatinhando".

• A escola precisa de maior clareza.

• Os pais de crianças "normais" mostram-se insatisfeitos com a presença de alunos com deficiências em sala de aula comum e os pais destas crianças nem sempre aceitam os filhos que têm e manifestam sentimentos de rejeição e negação.

• O ser humano aprende qualquer que seja sua dificuldade.

• Os professores sentem-se muito inseguros diante dos desafios e porque há cobranças dos pais, em geral.

• As dificuldades dizem respeito a qualquer criança, em sua aprendizagem e em sua aceitação no convívio com seus pares.

• Algumas vezes consta-se a indiferença diante da diferença.

• A inclusão é uma proposta transformadora de toda a comunidade escolar. Há transformação de paradigma, nos procedimentos de refletir a respeito e na prática pedagógica dos professores.

• Os professores precisam ser preparados para receber e dar suporte.

• Incluir na escola não é tarefa fácil porque as escolas são espaços excludentes.

- Cabe indagar quem são os sujeitos da inclusão na escola.
- É muito difícil, mas é possível, precisamos saber como fazer.
- Seria bom conhecermos as experiências exitosas tanto na rede pública como na privada.
- Há muitas dúvidas em todos os que estão na escola e nas famílias, com destaque para os pais.
- Para entender a educação inclusiva tornam-se indispensáveis discussões coletivas envolvendo professores, gestores, família e representantes da comunidade.
- Há necessidade de maior investimento em recursos financeiros.
- O foco do processo deve ser a aprendizagem do professor e do aluno.
- É necessário o acolhimento dos pais.

3. Fazendo as "costuras" e produzindo narrativas sobre a remoção de barreiras

As "costuras" que fizemos em sala de aula não obedeceram à sequência das ideias registradas no quadro. Procuramos um encadeamento que privilegiasse as questões de natureza conceitual como ponto de partida para, a seguir, analisar as crenças, as políticas e as práticas pedagógicas que inspiram a orientação inclusiva de nossas escolas. Este texto segue esta mesma lógica e todos os aspectos sinalizados pelos grupos estão contemplados, ainda que não apareçam pontuados, como subitens.

Como nosso debate não foi gravado, o que se segue foi redigido a partir dos apontamentos feitos logo após a aula, sem transcrição de falas, embora a "atmosfera" de interesse que nos envolveu a todas em muito tenha contribuído para minhas lembranças do que ouvi e do que falei. A elas acrescentei algumas considerações que me surgiram ao longo da redação deste texto.

Observando-se a questão proposta e as respostas que desencadearam, de imediato consta-se que não foram discriminados pensamentos e sentimentos provocados pela proposta de educação escolar inclusiva, tal como a questão provocativa indicava. O que se pensa a respeito foi a tônica das mensagens dos grupos. Os sentimentos manifestaram-se mais na entonação das falas, nas expressões faciais e corporais das participantes e no sentido conotativo das palavras e frases empregadas, do que na verbalização das emoções provocadas pelas perspectivas de mudanças que a proposta de educação inclusiva acarretará.

Trata-se de uma constatação interessante e que nos leva a indagar o porquê dessa forma camuflada na expressão do sentir. Dizendo de outro modo, cabe o questionamento sobre as barreiras que experimentamos para falar de nossos sentimentos sobre práticas inclusivas. Eles se assemelham a tabus, ficando escondidos como se fosse errado ou "pecado" dizer que se sente medo, rejeição, desmotivação ou alegria e otimismo diante de algo "novo" que vai exigir inúmeras transformações, mas que será melhor para todos.

Essa constatação foi comentada em turma, havendo concordância sobre as dificuldades de dizer, em grupo, o que se sente, por receio dos julgamentos que os colegas (os outros) fazem. O estamos engatinhando e que foi a primeira contribuição traduz não só o desconhecimento de como remover barreiras na escola, como os receios de todas, confirmados pelas inúmeras manifestações de insegurança dos professores e dos pais. Esse é o sentimento que predominou nas falas desse grupo e é o mesmo que se encontra em qualquer grupo: a insegurança que abriga o medo e que pode aprisionar o desejo de ousar.

Quando se vai mais fundo e se pergunta sobre a natureza da insegurança, evidencia-se um certo "recato", pois em vez do tenho medo ou sinto-me desconfortável lidando com pessoas deficientes (que algumas verbalizam), ouve-se que a insegurança se deve ao despreparo acadêmico. De modo sutil e como mecanismo de defesa, a explicação sai do terreno emocional e vai para o racional, aparentemente mais fácil de lidar.

Posteriormente, conversando a respeito com uma psicanalista amiga, pensamos na ferida narcísica, indo a extremos de interpretação dessa barreira, comum em qualquer grupo que pouco fala, sem rodeios, de suas emoções, particularmente daquelas que podem não ser, socialmente, aceitas.

Ferida narcísica é uma expressão cunhada com base no mito de Narciso que inspirou Freud[1], na década de 1920, a escrever sobre pessoas que procuram a si mesmas como objeto amoroso, com retenção da libido pelo ego. Em seus estudos, ele chegou até mesmo a pensar que o narcisismo fazia parte do desenvolvimento natural dos seres humanos, funcionando como um instinto de conservação ou como mecanismo de defesa, mais evidente em condições de perigo.

Narcisistas são pessoas que superestimam suas capacidades, sendo às vezes presunçosas ou arrogantes, desvalorizando qualquer Outro que frustre suas expectativas de perfeição. Nos dias atuais, deparamo-nos com pessoas que vivem num crescente culto ao narcisismo, materializado na preocupação com a estetização de corpo, com a aparência, com a imagem, para o endeusamento do próprio eu. Certamente, essa busca da perfeição pessoal exacerba a diferença em relação ao que é percebido e introjetado como imperfeito, feio e indesejável.

Na análise que fizemos, minha amiga e eu, pareceu-nos que expressar sentimentos acerca da inclusão de pessoas significativamente diferentes (principalmente no caso de serem alunos e alunas em situação de deficiência) é difícil e é penoso porque, inconscientemente, estamos falando dos nossos sentimentos em relação às nossas próprias deficiências e limitações projetadas no Outro, o que afeta a ferida narcísica. Assim, fica preferível deixar de citá-los e/ou camuflá-los.

Fora do terreno da psicanálise, uma outra explicação (e que não exclui a anterior) pode ser a pouca familiaridade que temos de falar sobre nossos sentimentos nas reuniões pedagógicas de que participamos, o que nos leva a omiti-los, mesmo quando somos estimulados a explicitá-los. Recomendar que esse aspecto faça parte, necessariamente, dessas reuniões, não se trata de transformá-las em grupos de terapia, mas de criar espaços nos quais os sentimentos sejam verbalizados porque eles são constitutivos de nossas atitudes e interferem decisivamente no fazer pedagógico. Abrir tais espaços é indispensável, como uma das estratégias de remoção das barreiras atitudinais, as mais sérias.

---

1. FREUD, Sigmund. Sobre o narcisismo: uma introdução. In: *Obras completas psicológicas de Sigmund Freud*. Vol. 14. Rio de Janeiro: Imago, 1987.

Em minhas experiências, como mediadora de grupos de professores, percebi o quanto seus participantes se "soltam" quando podem verbalizar seus sentimentos sem se sentirem ameaçados, mas constando que outros têm as mesmas emoções e dizem de como as elaboraram. Aprendi que não há como convencer os educadores sobre os benefícios do trabalho na diversidade se eles próprios não a vivenciarem.

Retornando ao elenco de aspectos citados pelas professoras/alunas, decidimos começar pela análise de quem são os sujeitos da inclusão, na escola.

Esse item foi considerado dos mais significativos, na medida em que inclusão é o tema da atualidade, porque convivemos com várias e perversas formas de exclusão, objetos de discussão nas várias áreas do saber e do fazer que envolvem relações interpessoais e com o "mundo".

Faz-se urgente e necessário combater este problema enfrentado nas sociedades[2], ainda que dos discursos constem ideais democráticos em defesa dos direitos humanos, em especial no da igualdade de oportunidades para todos. Mas, infelizmente, a prática mostra-nos algo bem diferente em termos de desigualdade e de segregação.

Considero que desencadear os debates por esse aspecto foi produtivo, seja porque nos permitiu examinar a exclusão social, seja porque, ao identificar quem são os sujeitos da inclusão, em especial na educação escolar, desfizemos o sério equívoco de pensar que a proposta diz respeito, apenas, às pessoas em situação de deficiência, até então alunado da educação especial. É nesse grupo de pessoas que todos pensam quando o tema é inclusão na escola, desconsiderados tantos outros alunos, igualmente vítimas de exclusões.

Nas escolas, as pessoas em situação de deficiência são, também, sujeitos da inclusão educacional, pela lamentável história de preconceitos e de segregação de que têm sido vítimas e porque, enquanto grupo, têm maior visibilidade, se comparados a outros grupos ou indivíduos, igualmente penalizados pela lógica das classes, em substi-

---

2. O conceito de sociedade adotado foi extraído do texto de Francisca Nóbrega: O processo coletivo de imaginar (1992). Segundo esta autora sociedade é "instituição ou conjunto de pessoas organizadas conforme um esquema de prescrições e de interdições normatizadoras do desempenho convivencial das pessoas. Toda sociedade é um sistema de normas".

tuição à lógica das relações, tal como tem predominado nas sociedades capitalistas.

Aqui cabe uma importante ressalva, pois pode parecer que ao mencionar – pessoas em situação de deficiência – estou me referindo a um grupo homogêneo, o que não é verdade. Dizendo de outro modo, não é correto nem desejável confundir as características e necessidades de pessoas cegas, com as de surdas, com as que estão em cadeiras de rodas, com as que apresentam deficiências intelectuais, etc. Do mesmo modo, devem-se evitar os estereótipos já que não é acertado considerar, como se fossem iguais, todos os que têm autismo ou paralisia cerebral, à guisa de exemplos, desconsiderando-se as trajetórias de vida de cada um, pessoalmente.

Mantendo a escola como foco das análises, penso que essas afirmativas acarretam inúmeras considerações, na medida em que o processo de inclusão educacional deve envolver todos os alunos que: (a) não têm acesso e ingresso às escolas; (b) lá estão, mas acabam compondo nossas insustentáveis estatísticas de fracasso escolar; (c) sofrem processos discriminatórios por sua etnia, gênero, crença religiosa, condição socioeconômica, além de outras causas e (d) apresentam diversidade biológica significativa que os coloca em desvantagem.

A escola, como espaço excludente que tem sido, aparece como uma constatação de lamentáveis consequências. Examinando as causas, concluímos que são complexas e se devem a vários fatores, alguns de natureza política, outros decorrentes da cultura e ainda outros devido à natureza das práticas pedagógicas que estão em uso. Mas todos representam barreiras para a aprendizagem e para a participação que, espera-se, sejam removidas com a proposta da educação inclusiva.

Sob o enfoque cultural, carregamos no imaginário a percepção de que alunos que apresentam dificuldades, quaisquer que sejam, são alunos-problema, portadores de deficiências estruturais ou funcionais. Quando suas características se distanciam muito dos padrões estabelecidos como normais, pensa-se em anormalidade e em patologia, porque ainda prevalece entre nós o modelo médico de conceituação das deficiências e incapacidades. São percebidos como os únicos e solitários responsáveis por suas dificuldades e costumam ser logo rotulados de "doentes", retardados, disléxicos, hiperativos, desatentos, preguiçosos, imaturos...

Trata-se de uma abordagem unicausal da problemática e, como tal, merecedora de críticas, pelo fato de não ser considerado o conjunto de variáveis que se dinamizam em torno do aprendiz e que, além de suas características pessoais, inclui as pessoas com as quais interage, o ambiente social, o ambiente escolar e o contexto socioeconômico e cultural em que se insere.

Atitudes de rejeição ou de negação das dificuldades enfrentadas por nossos alunos são manifestações de indiferença diante das diferenças, em busca de uma homogeneidade que não existe. A formação inicial da maioria dos professores tem sido calcada sobre essa ideia, como se as diferenças individuais fossem figuras de retórica e como se não houvessem ritmos e estilos de aprendizagem diferentes em cada um dos aprendizes.

A pedagogia tradicional está alicerçada nesse pressuposto, levando os professores a "dar" a mesma aula para todos e a supor, erradamente, que se alguns não a "consomem" é porque têm déficits, deixando-os isentos de qualquer responsabilidade pelo fracasso dos alunos.

A proposta de educação inclusiva como remoção de barreiras para a aprendizagem e para a participação tem como pressuposto que todos são capazes de aprender. Todos.

Professores que assimilaram a inclusão como um valor e como um princípio, tomam essa premissa como básica e em vez de ficarem indiferentes às diferenças tratam de reconhecê-las e de identificar as necessidades de todos e de cada um para ajustar sua prática pedagógica centrando-a na aprendizagem, em vez de no ensino.

O aluno é reconhecido e valorizado como é, passando a ser aceito no convívio do dia a dia da escola e estimulado a aprender e a participar, respeitando-se seus tempos e seus interesses. O ensino como conjunto de procedimentos pedagógicos adotados pelo professor estará, exclusivamente, a serviço da aprendizagem. Adota-se o trabalho em grupo e desenvolve-se o currículo por projetos de trabalho, numa outra concepção de ensinar/aprender.

Sintetizando, quando o eixo do processo educacional escolar é a aprendizagem de qualquer aluno, o esforço do professor vai nessa direção, levando-o a rever suas atitudes diante das diferenças e criando várias estratégias para a acessibilidade curricular de todos os que integram sua turma. Aprender e não-aprender dependem de um conjunto nada trivial de fatores que se interligam, incluindo-se os aspectos pedagógicos e as relações que se estabelecem entre pessoas e com os objetos do saber.

As condições de efetivação da aprendizagem de qualquer pessoa, sem discriminações, envolvem inúmeras variáveis, intrínsecas e extrínsecas ao aprendiz. A complexa trama, decorrente da interação entre essas variáveis, produz inúmeros obstáculos que nem sempre são transponíveis pelos alunos, sozinhos. Há necessidade de oferecer-lhes ajuda e apoio para que superem as barreiras para a aprendizagem e para a participação, de modo que as informações que a escola sistematiza sejam processadas como conhecimentos construídos pelos alunos, em vez de serem mecanicamente memorizadas.

A identificação e as providências cabíveis para a eliminação das barreiras que dificultam a aprendizagem e acabam excluindo muitos estudantes do processo educacional escolar compõem a agenda das discussões sobre o paradigma da educação inclusiva entendida como proposta similar à da universalização da educação – direito do cidadão e dever do Estado, em nosso país.

Segundo Ainscow e Booth[3], a remoção de barreiras para a aprendizagem com a mobilização da escola, de seus professores, da comunidade e dos governos para superá-las, é uma outra leitura da inclusão.

Da presunção inicial de que os "defeitos" dos alunos exigem um diagnóstico (e, segundo sua categorização, de tratamentos específicos com determinados especialistas), a remoção de barreiras para a aprendizagem induz ao exame crítico das relações entre as necessidades dos alunos e as respostas educativas que as escolas lhes oferecem, deslocando o eixo das reflexões do enfoque clínico para o pedagógico. Na verdade, trata-se de identificar as dificuldades existentes na aprendizagem e na "ensinagem" oferecida, ambas fontes de barreiras para o sucesso de qualquer estudante.

A busca de estratégias que permitam remover essas barreiras assim como as arquitetônicas também reflete a verdadeira filosofia da educação inclusiva indo muito além da inserção de alunos nesta ou

---

3. AINSCOW, M. Educação para todos: torná-la uma realidade. In: *Caminhos para escolas inclusivas*. Lisboa: Ministério da Educação, 1997.

naquela sala de aula. A presença física é necessária, mas não é suficiente para afirmarmos que a inclusão está ocorrendo.

Para que as escolas assumam orientação inclusiva, sendo espaços de aprendizagem e de participação, uma série de paradigmas precisam ser transformados, o que não é uma tarefa fácil e vai exigir tempo, espaços de discussões além de uma rede de suportes. Essa rede inclui professores especializados para oferecerem apoio aos colegas, aos alunos e aos familiares. Inclui, também, a colaboração de profissionais como psicólogos, fonoaudiólogos, terapeutas ocupacionais, dentre outros.

Com propriedade as alunas/professoras apontaram como um dos primeiros tópicos que a escola precisa ter maior clareza a respeito do que estamos falando, quando o tema é educação escolar inclusiva. E quando nos referimos à escola, estamos nos reportando a todas as pessoas que lá trabalham, sejam educadores ou não. Algumas vezes deparamo-nos com funcionários do apoio e que apresentam atitudes que favorecem a inclusão na aprendizagem. Outros não.

Comentei o caso de um aluno que se negou a voltar para sala após o intervalo da merenda. Apesar dos insistentes apelos da professora ele se recusou a ir e permaneceu no pátio, alegando que era a hora do dever de matemática e que, como "era burro", mais uma vez erraria tudo e os colegas iriam debochar dele. Depois que todos voltaram para a sala, o aluno ofereceu-se a varrer o refeitório, ajudando o faxineiro da escola. Este, preocupado com a aula que ele estava perdendo, começou a conversar sobre o tamanho do refeitório, sua forma retangular e o número de mesas e cadeiras que comportava. Também conversaram sobre a área do pátio, as medidas de seus lados, levando o aluno ao interesse de medi-los e calcular seu perímetro e área. Nessas circunstâncias, o menino estava exercitando a linguagem matemática, fazendo medidas e elevando seus sentimentos de autoestima positiva. Esse funcionário, agente educativo, como todos os que trabalham em escolas, estava praticando educação inclusiva como remoção de barreiras para a aprendizagem... ainda que em outro cenário.

Essa situação foi objeto de uma das reuniões pedagógicas das quais eu participava, naquela escola, levando-nos a confirmar a importância das relações dialógicas envolvendo toda a comunidade de aprendizagem que a escola é. As trocas de experiências que se estabelecem em grupo costumam produzir resultados mais duradouros do que uma sucessão de cursos que se façam. Estes são percebidos como "preparação dos professores" para a inclusão, considerando os educadores, apenas, em sua dimensão cognitiva, o que revela uma visão reducionista do ser humano, banalizado em sua dimensão afetiva e relacional.

Penso que a ideia de preparação não é a mais pertinente, porque estamos nos referindo a seres humanos que se caracterizam por estabelecerem relações dinâmicas, incessantes e que não são lineares. Não há, portanto, uma "preparação", estabelecida como a melhor ou mais adequada, num receituário a ser seguido.

Essas afirmativas, no entanto, não descaracterizam a necessidade de os educadores serem qualificados para o trabalho na diversidade, o que, se espera, esteja ocorrendo em sua formação inicial e na continuada. Esta, particularmente oportuna para aqueles cuja capacitação esteve centrada no trabalho escolar com grupos homogêneos e tendo, no imaginário, um aluno "padrão", enquanto modelo idealizado de comportamento e de aprendizagem, mas muito distante do aluno concreto que frequenta nossas salas de aula.

A prática pedagógica inclusiva daquele faxineiro inspirou os professores a reverem suas práticas de ensino, levando-os a concluir que eram repasses de informações, a maioria sem o menor sentido para os alunos.

A presença dos pais na escola é outra das características da proposta de educação inclusiva. A escola será um espaço inclusivo se, nela, todos forem atores e autores. Os pais devem compor esse cenário, participando de reuniões nas quais também possam dizer do que sentem e pensam sobre a educação inclusiva.

Em minha experiência, mesmo com a dificuldade de trazê-los à escola, tais encontros não podem ser desconsiderados, devendo-se buscar atrativos que os motivem a comparecer e a participar. Vir à escola para ouvir queixas e reclamações sobre o filho(a) ou para colaborar materialmente não se constitui em atrativo. Ao contrário. Consideram como perda de tempo ouvir o que já sabem e para o quê pouco ou nada podem fazer para mudar.

Pais procedentes das camadas populares são os que mais reagem, porque precisam trabalhar, porque estão separados ou porque não têm com quem deixar os outros filhos. Algumas vezes são analfabetos e se desesperam por não poder ensinar aquilo que eles próprios não aprenderam.

Para atrair, pela primeira vez, alguns pais, vale a pena destacar uma colega para brincar com os filhos que eles precisam trazer para as reuniões. Além das crianças se ocuparem, os pais (mais especificamente as mães) podem ficar mais atentos e motivados para as questões a serem trabalhadas por uma mediadora do grupo. A exibição de filmes sobre a vida nas escolas seguida de debates, a utilização de técnicas de dinâmica de grupo, palestras de pessoas de fora que se disponham a responder perguntas, permitem alcançar os objetivos propostos para as reuniões e debater a proposta de educação inclusiva. E mais, os pais acabam sendo os maiores "propagandistas" estimulando outros pais, mais descrentes, a comparecerem nas reuniões mensais da escola. Embora uma vez por mês seja pouco, é melhor do que não reuni-los.

Quando nos referimos aos pais, estamos nos referindo àqueles cujos filhos(as) estão em situação de deficiência; àqueles cujos filhos apresentam dificuldades de aprendizagem, sem serem deficientes, e àqueles que são pais de crianças ditas normais. Há algumas e importantes diferenças nas reações desses distintos pais.

Os de filhos(as) ditos(as) normais, geralmente temem que eles saiam prejudicados porque o ensino vai ser "mais fraco", porque há crianças com problemas na turma e que vão atrair a atenção das professoras. Os pais de alunos(as) em situação de deficiência se mostram com muitas dúvidas, e, embora desejando que estejam matriculados e frequentando classes comuns, receiam que nessas turmas não sejam atendidos em suas necessidades diferenciadas. Alguns são veementes quanto às suas preferências pelas escolas ou classes especiais. Esta é uma questão polêmica e que requer muito cuidado, evitando-se oposições e imposições. Educação inclusiva é uma aposta que contém uma proposta...

Outro aspecto que aprofundamos foi a inclusão em escolas da rede governamental de ensino e nas escolas da rede particular, frequentadas, predominantemente, por alunos de classes econômicas mais abastadas. Considerando-se que a remoção de barreiras envolve recursos financeiros, para as adaptações arquitetônicas, para a formação continuada dos agentes educativos da escola, para melhorar as condições de trabalho dos professores e para a compra de equipamentos, conclui-se que é uma proposta para a qual o desejo e a crença no potencial humano são propulsoras, mas não bastam. Recursos financeiros são indispensáveis e as experiências exitosas de educação escolar inclusiva envolveram mais verbas, o que me parece justo. Educação de boa qualidade é direito e não favor e custa caro.

Consideradas as ideias-força que nortearam a redação deste texto, finalizo-o sintetizando um elenco de sugestões para a remoção de barreiras para a aprendizagem e para a participação, objetivando tornar nossas escolas inclusivas:

• Toda a comunidade escolar e os pais devem participar das discussões a respeito e assumirem responsabilidades compatíveis com os papéis que desempenham.

• O projeto político-pedagógico deve contemplar as dimensões culturais, políticas e da prática pedagógica, discutindo-se as crenças, a estrutura do poder que circula na escola, as ações comunicativas que se estabelecem e a qualidade da prática pedagógica, centrada na aprendizagem e na participação de todos os alunos e não mais nas metodologias didáticas, como principal interesse dos educadores.

• A operacionalização da inclusão implica em espaços dialógicos que permitam atualizar conhecimentos, trocar experiências e verbalizar sentimentos.

• A inclusão no espaço escolar além das ações de ensino-aprendizagem circunscritas à escola pressupõe mudanças em inúmeros aspectos, dentre os quais: (a) a acessibilidade física e atitudinal; (b) a melhoria da qualidade na formação dos professores (inicial e continuada); (c) revisão do papel político-social da escola, particularmente no mundo "globalizado"; (d) previsão e provisão de recursos humanos, físicos, materiais e financeiros; (e) valorização do magistério; (f) vontade política para reverter as condições de funcionamento das escolas brasileiras e (g) articulação entre as políticas públicas, pois a escola pode muito, mas não pode tudo. Precisamos da parceria da saúde, dos transportes, do trabalho, dentre outras áreas que cuidam dos direitos dos cidadãos.

• Remover barreiras para a aprendizagem e para a participação traduz a filosofia da educação inclusiva na medida em que se tomam todas as providências para que aprender seja prazeroso para alunos e educadores, facilitando-se a acessibilidade em termos físicos, atitudinais, cognitivos e relacionais.

Trata-se de um desafio, mas é possível melhorar as escolas que temos em busca da que queremos. E, felizmente, o processo já começou.

Referências e bibliografia consultada

AINSCOW, M. Educação para todos: torná-la uma realidade. In: *Caminhos para escolas inclusivas*. Lisboa: Ministério da Educação, 1997.

EDLER CARVALHO, R. *Removendo barreiras para a aprendizagem*. 5. ed. Porto Alegre: Mediação, 2006.

_____ *Educação inclusiva*: com os pingos nos "is". 3. ed. Porto Alegre: Mediação, 2005.

FREUD, S. Sobre o narcisismo: uma introdução. In: *Obras completas psicológicas de Sigmund Freud*. Vol. 14. Rio de Janeiro: Imago, 1987.

3
Bases neuropsicológicas da aprendizagem

Vitor da Fonseca *

1. Introdução

Para abordarmos evolutivamente a aprendizagem humana numa perspectiva neuropsicológica integrada teremos de compreender que existe uma vasta e complexa história, filogenética e sociogenética, de ajustamentos adaptativos e culturais por detrás das metamorfoses neurofuncionais ontogenéticas da criança, até ela se tornar num adulto, na verdadeira essência da palavra.

Tal vasta história filogenética e sociogenética (FONSECA, 1989, 1999), encarada como a evolução da espécie humana, modela inexoravelmente a ontogênese, ou seja, o desenvolvimento de uma criança, por isso, só podemos compreender uma, compreendendo as outras duas (SCARR; WEINBERG & LEVINE, 1986).

Na história cultural da humanidade, e das suas inovações mais extraordinárias, há uma história de libertações biológicas (genéticas, anatômicas, morfológicas, fisiológicas e neurológicas) muito significativas, que tentamos algures desenhar nas tendências filogenéticas (FONSECA, 1994), para agora tentarmos compreender as tendências ontogenéticas e as bases neuropsicológicas da aprendizagem na criança.

---

* Doutor em Educação Especial e Reabilitação pela Universidade Técnica de Lisboa/Portugal e Mestre em Dificuldades de Aprendizagem pela Universidade de Northwestern – Evanston, Chicago.

No âmbito da neuropsicologia da aprendizagem, quer em termos filogenéticos e sociogenéticos (paradigma da dupla herança da humanidade), quer em termos ontogenéticos ou disontogenéticos (paradigma das perturbações do desenvolvimento), o que interessa fundamentalmente é o estudo das relações particulares, recíprocas e sistêmicas entre as diversas estruturas e substratos do cérebro e a panóplia de comportamentos.

A aprendizagem, no sentido lato, ilustra uma mudança de comportamento induzida pela experiência pela prática e repetição criativa, donde decorre a dialética da integridade da herança genética e a facilitação ou mediatização da herança cultural (FONSECA, 2004, 2005).

Nesta abordagem, e para clarificar, entendemos o comportamento como uma relação inteligível e sistêmica, entre a situação (conjunto de dados externos oriundos do envolvimento e dos vários ecossistemas), e a ação (elaborada e autorregulada a partir de dados internos emanados do organismo humano).

Nesta perspectiva neuropsicológica, a aprendizagem na espécie humana (filogênese e sociogênese) e na criança (ontogênese) subentende uma relação normal e funcional entre o cérebro e o comportamento, ou no caso de crianças com perturbações de desenvolvimento (ou com necessidades especiais), de modificações de comportamento que podem estar na origem duma neuropatologia.

Tratando-se de comportamento e num sentido lato, ele engloba, obviamente, diversas manifestações tais como: a integração sensorial, a atenção, a percepção, a memória, a praxia, a linguagem (falada, escrita e quantitativa), a cognição, a planificação, a autorregulação, etc., assim como: a inibição, a impulsividade, a agressividade, a interação social e tantas outras dimensões do comportamento e da aprendizagem humanas.

Esta mirada neuropsicológica da aprendizagem na criança (naturalmente distinta da do adulto), inspira-se em muitas outras disciplinas como a psicologia cognitiva, a psicologia experimental, a neurociência, a psicomotricidade, etc., e é influenciada por outros ramos do conhecimento como a fenomenologia, a psicanálise, a psiquiatria, a psicofisiologia, a psicossomática, a neuropatologia, a etologia, a ecologia humana, etc.

Em suma, a neuropsicologia da aprendizagem procura explicar melhor as relações entre o comportamento e os substratos neurológicos, entre a aprendizagem e as unidades funcionais, entre a estrutura (neurologia) e a função (psicologia).

Por via do seu enquadramento epistemológico abrangente, a neuropsicologia interessa especificamente ao meio escolar, quer ao ensino regular, quer especialmente ao ensino especial, melhor dito, à educação inclusiva.

A neuropsicologia da aprendizagem, muito próxima da neuropsicologia desenvolvimental (LUSSIER & FLESSAS, 2001), não é alheia aos debates dicotômicos entre a perspectiva clínica e a experimental, entre a explicação funcional localizacionista e a associacionista, entre a abordagem funcional e a relacional, entre o modelo psicológico e o modelo pedagógico.

Tendo-se desenvolvido depois da neuropsicologia do adulto, a neuropsicologia desenvolvimental, que permite uma melhor compreensão dos processos de aprendizagem da criança, que por definição não é um miniadulto, sugere, em primeiro plano, a distinção entre o cérebro da criança e o cérebro do adulto, entre um ser imaturo à busca duma função de aprendizagem, e um ser maduro, que por traumatismo ou acidente perde tal função.

Deste modo, enquanto na neuropsicologia do adulto se estudam as incapacidades de aprendizagem (agnosias, afasias, apraxias, etc.), na criança, dada a diferente constituição e organização cerebral, estudam-se as dificuldades de aprendizagem (disfasias, dislexias, dispraxias, etc.).

Questões como a maturação e desmaturação, a plasticidade e lateralização, a aprendizagem dita normal e a dita atípica (ou paranormal ou parapatológica, funcional ou disfuncional), interessam à neuropsicologia desenvolvimental, razão pela qual nos esforçamos por introduzir o seu conhecimento no âmbito da educação regular e especial, pois pensamos que ela pode já hoje, como no futuro, responder a muitas das interrogações postas pelas dificuldades escolares.

A criança ao herdar um patrimônio genético variado, sofisticado e recombinado dos seus pais, submete-se aos propósitos evolutivos da aprendizagem, na medida em que só pode construir a sua história única, pessoal, evolutiva e total em termos plenos, se de fato se observar, por um lado, a integridade e a invulnerabilidade do seu organismo, e, por outro, a facilitação envolvimental e cultural materializada nos múltiplos ecossistemas onde está mergulhada, e por onde tem de passar.

Se efetivamente ocorrer uma vulnerabilidade no organismo (desvantagem social, dificuldade ou disfunção psicológica e ou deficiência biológica), interagindo com um envolvimento, por sua vez, não facilitador, a transição filo-ontogenética fica comprometida, dada a complexidade da dialética do desenvolvimento e das inter-relações organismo-envolvimento que presidem a todas as formas de aprendizagem, sendo em primeiro lugar ou mais precocemente as aprendizagens não verbais e não simbólicas, e posteriormente e em segundo lugar as aprendizagens verbais e simbólicas.

O potencial evolutivo da criança é, portanto, o produto da história filogenética da espécie humana, consubstanciado num padrão neuro-evolutivo básico que sugere uma maturação do sistema nervoso central (SNC) que subjaz à evolução dos comportamentos e, obviamente, à hierarquia dos processos de aprendizagem, independentemente de inúmeras variações intraindividuais.

A neuropsicologia, conjuntamente com a psicologia evolutiva e a psicologia cognitiva, procura dar-nos conta, de forma aprofundada e não superficial, das relações entre as funções e os processos cognitivos das aprendizagens com os substratos neurológicos que as sustentam, assim como explicar os efeitos das suas disfunções ou patologias com as dificuldades (globais ou específicas) de aprendizagem. Quer no caso dos *déficits* ou no caso das funções preservadas, o conhecimento neuropsicológico serve para identificar o perfil, ou o estilo cognitivo, das crianças e jovens aprendentes, e desse modo sugerir estratégias psicoeducacionais de intervenção e de reeducação compensatórias mais adequadas às suas necessidades.

Interessa à neuropsicologia explicar as mudanças que ocorrem entre a criança e o adulto, entre a imaturidade, a dismaturidade e a maturidade, pois é disso que se trata quando estudamos o processo de aprendizagem. Por definição filogenética, a criança dispõe, ao contrário das outras espécies, do maior período de infância (FONSECA, 1999), ou seja, do maior período de influência sociogenética, onde decorre a cronologia da sua ontogênese ou da sua disontogênese.

Temos um corpo com determinadas características posturais e práxicas, e um cérebro com determinadas disposições de aprendizagem e de interação social (DAMÁSIO, 1995). Em síntese, a filogênese estabelece habilidades potenciais e limites neurofuncionais à ontogênese, isto é, tendências e propriedades neurofuncionais que fazem parte da natureza humana.

No corpo e no cérebro humanos, durante a ontogênese vão ocorrer, de forma lenta, como vimos, mudanças que ocorrem no interior das suas estruturas intrínsecas, sendo que no cérebro vão emergir mudanças no tempo e no seu espaço, mudanças em áreas sensoriais e motoras primárias, secundárias e terciárias, mudanças no cerebelo, no sistema límbico e no córtex, que ilustram uma dinâmica total, histórica e coerente, de fenômenos maturativos. A sincronização maturacional de vários sistemas neurofuncionais que presidem ao surgimento de novas capacidades de aprendizagem sugere uma integração sistêmica e informacional entre o corpo e o cérebro, entre a motricidade e o psiquismo, em interação com os ecossistemas, que deve operar-se em períodos críticos e em momentos-chave da evolução.

Tais processos, que podem evocar uma constelação sintomatológica que explica os atrasos maturativos e os sinais de desintegração, confirmam na criança o mesmo percurso neuroevolutivo de aprendizagem da espécie humana.

Quer no âmbito filogenético (espécie), quer no ontogenético (criança), a hierarquia da aprendizagem e a evolução cognitiva dos comportamentos no seu todo, tem origem numa linguagem corporal (não verbal), passa por uma linguagem falada e culmina numa linguagem escrita (FONSECA, 2004, 2005).

Tudo isto porque vários substratos neurológicos integrados e preexistentes se combinam e interligam funcionalmente, dando lugar a novos sistemas (expansão emergente, reorganizada e não errática) cujas características inovadoras obedecem a uma cronologia harmoniosa. Deste modo a neuropsicologia, aplicada à aprendizagem, interessa-se pelo sujeito total em evolução, porque as aprendizagens não emergem do nada, elas emergem da maturação cerebral.

A evolução dos comportamentos e da hierarquia das aprendizagens que decorre das não verbais às verbais, da maturação tônica, do controle postural, da coordenação binocular, da praxia fina, da dominância

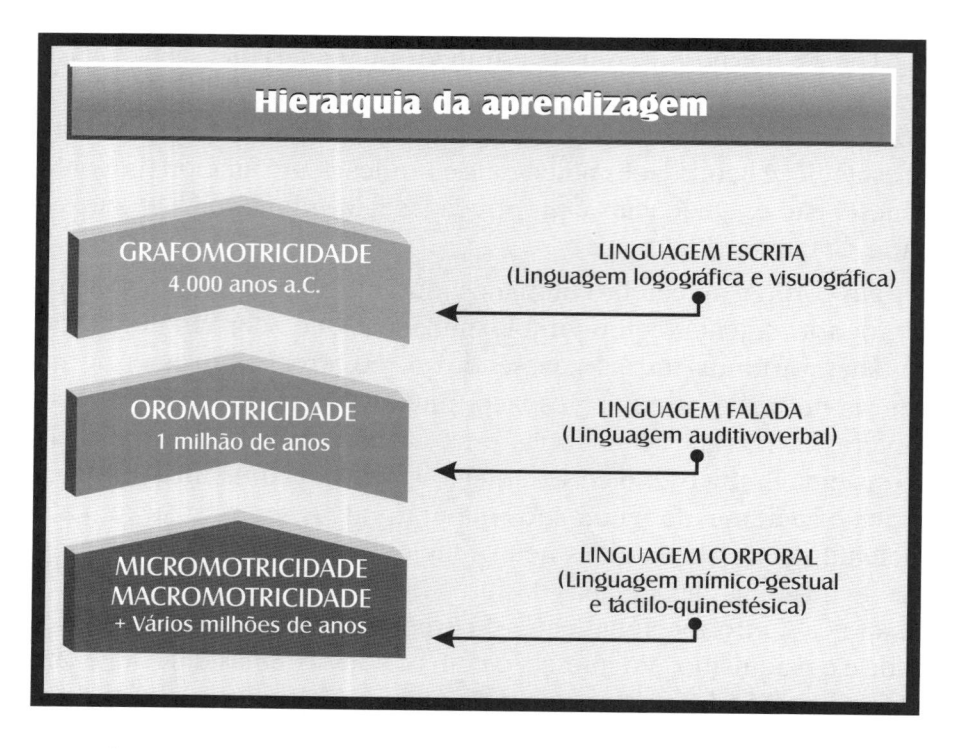

manual, da expressão lúdica, da interação mímico-emocional, da linguagem articulada e doutras competências evolutivas, não emergem de qualquer forma, emergem da maturação cerebral, de múltiplas mudanças nos neurônios, da sua proliferação e migração, da formação de redes conexionais, do desenrolar de planos organizacionais geneticamente determinados, etc., isto é, da ontogênese de uma arquitetura complexa e da regulação cronológica de etapas de desenvolvimento que ocorrem no órgão da civilização e da aprendizagem, que é o cérebro.

A natureza humana, no sentido darwiniano, tem as suas raízes em processos de reprodução genética estáveis e favoráveis, em variações individuais herdadas, em adaptações seletivas e ecossistêmicas prolongadas, que no seu todo definem o tal propósito evolutivo (GOULD, 1977, 1989) que dirige os genes desde o zigoto ao ser humano, estabelecendo consequentemente o conjunto extraordinário e total de adaptações inovadoras que a continuam e perpetuam.

A não ser que algo de inusual ocorra a estas tendências filogenéticas e ontogenéticas, genéticas e envolvimentais, todas as crianças obedecem a esta estratégia dos genes (a "escada epigenética" de

WADDINGTON, 1957, 1966), ou seja, integram-se num mesmo modelo de desenvolvimento, cujo enquadramento evolutivo põe em jogo as múltiplas interações entre o organismo e o meio envolvente.

Para que o desenvolvimento humano se processe harmoniosamente não basta observar-se a integridade do potencial genético da criança, a sua plenitude ontogenética total, exige que paralelamente surjam oportunidades ecológicas e estratégias de aprendizagem mediatizada (VYGOTSKY, 1993; FEUERSTEIN, 1975; FONSECA, 1996, 1997, 2004, 2005) para ela ascender a um conjunto de atributos comportamentais e aprendizagens exclusivas da espécie.

McCall (1981), adotando esta perspectiva ao desenvolvimento mental precoce, com o seu modelo por si designado, "modelo de concha" ou "modelo de colher", advogou que até aos dois anos de idade o desenvolvimento humano é "canalizado" pelo genótipo que restringe geneticamente a criança a um conjunto mais limitado e estreito de consequências no fenótipo.

Uma criança nascida quer na África quer no Brasil, na América do Norte ou na Europa, por exemplo, revela naquele período de desenvolvimento o mesmo padrão neurobiológico de aquisições evolutivas da espécie humana, com diferenças pouco discerníveis (ex.: tônicas, posturais, motoras, sensoriais, comunicativas, cognitivas, etc.), apesar da enorme diversidade de práticas, de cuidados culturais e de estratégias maternais e paternais que a envolvem. Tais benefícios evolutivos são filogeneticamente mais universais e menos diferenciados culturalmente.

Em termos de desenvolvimento precoce, as diferenças individuais são, efetivamente, de menor magnitude e as condições biológicas adversas (ex.: prematuridade, hipóxia, doenças ou outros insultos biológicos associados, etc.) ou socialmente não facilitadoras (ex.: abandono maternal, privação cultural, pobre mediatização, etc.), tendem a produzir efeitos desviantes mais reduzidos e restritos dado o potencial de normalização evolutiva ser mais viável e flexível.

Caem neste período significativas conquistas psicomotoras da espécie como: a emergência dos padrões motores básicos, a aquisição da postura bípede, apreensões óculo-motoras iniciais, a permanência do objeto, a emergência do Eu, a formação das imagens mentais, a apropriação de aquisições cognitivas elementares, etc.

A partir dos dois anos, a concha "abre" para diferentes campos evolutivos (*developmental pathways*) mais dependentes das influências culturais, e, por isso, mais diversificados qualitativamente, onde as experiências e as influências do meio passam a estar mais correlacionadas com o envolvimento.

O desenvolvimento da criança, a partir dessa idade, torna-se bem mais vulnerável "às mudanças dos ventos que sopram" do seu envolvimento sociocultural imediato, onde as diferenças e as variações individuais surgem mais frequentemente, e as condições adversas ou atípicas são de mais difícil recuperação e reabilitação, na medida em que estão em jogo a apropriação de conquistas neurofuncionais mais complexas como por exemplo: praxias mais dissociadas, competências semântico-sintáticas mais diversificadas, processos de simbolização, de conceptualização e de raciocínio lógico bem mais hierarquizados, todos eles decorrentes da maturação cerebral, da fisiologia dos sistemas e subsistemas neuronais.

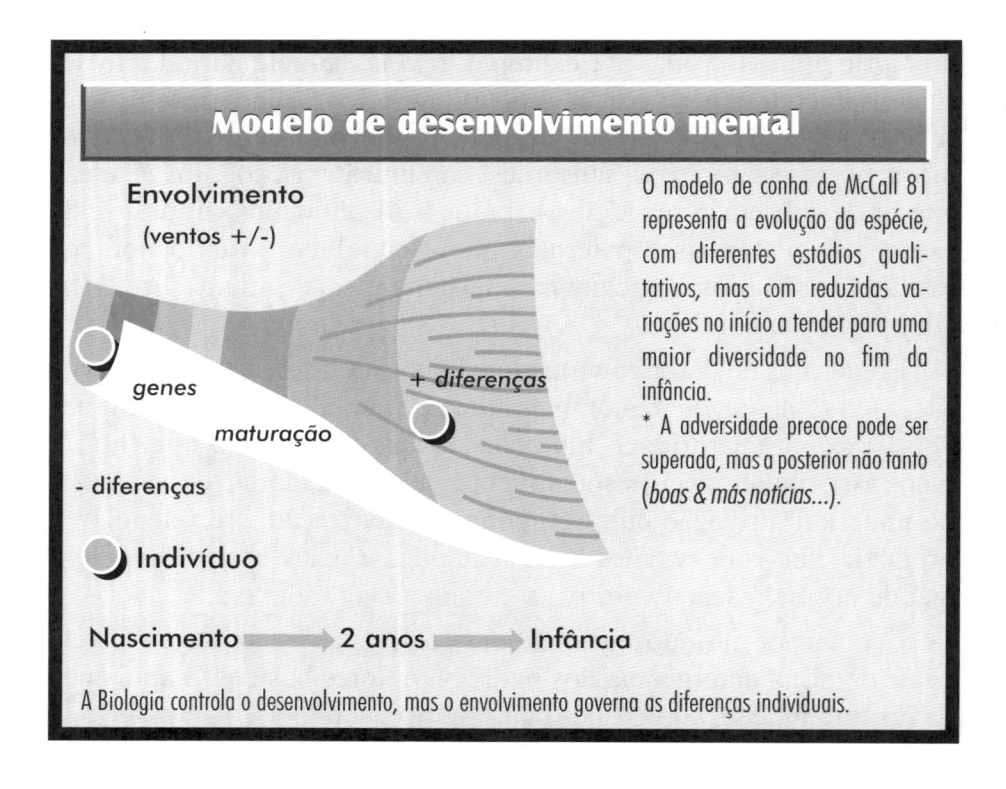

Modelo de desenvolvimento mental

Envolvimento
(ventos +/-)

genes
maturação
+ diferenças

- diferenças

Indivíduo

Nascimento ➤ 2 anos ➤ Infância

O modelo de conha de McCall 81 representa a evolução da espécie, com diferentes estádios qualitativos, mas com reduzidas variações no início a tender para uma maior diversidade no fim da infância.
* A adversidade precoce pode ser superada, mas a posterior não tanto (*boas & más notícias...*).

A Biologia controla o desenvolvimento, mas o envolvimento governa as diferenças individuais.

O modelo de McCall (1981) evoca em termos de desenvolvimento, por um lado, boas notícias, e, por outro, más notícias.

Boas notícias, quando se constata em muitas crianças em risco, uma espontânea recuperação de atrasos de desenvolvimento por superarem uma variedade de *deficits* iniciais, e onde a intervenção precoce pode obter efeitos e ganhos positivos se as circunstâncias adversas forem removidas em tempo útil.

Más notícias, quando se observa precocemente avanços substanciais em várias áreas (ex.: começar a andar aos 9 meses) que não são posteriormente confirmados mesmo em termos de desempenho motor, o que pressupõe que as predições evolutivas feitas nos primeiros meses não possam ser assumidas prospectivamente, como muito precisas ou rigorosas.

Normalmente, todas as crianças adquirem a marcha por volta dos 12 meses, mas umas são mais proficientes e fluentes que outras, e só muito poucas chegam a ser desportistas ou bailarinos de elevado nível, em analogia, muitas crianças acabam por adquirir a fala por volta dos 18-24 meses, mas umas são mais rápidas e formulam melhor as suas ideias que outras, e também só muito poucas chegam a ser escritores ou poetas.

Em síntese, a hereditariedade coloca os seus limites e condiciona o desenvolvimento, ao mesmo tempo que o meio envolvente determina a sua profundidade ou a sua expansão, mas nem sempre é assim, pois o mesmo genótipo debaixo das mesmas condições envolvimentais pode assumir diferentes fenótipos, e diferentes genótipos em diferentes envolvimentos podem resultar no mesmo fenótipo (GINSBURGH, 1966).

Se os genes são essenciais para compreender a evolução da espécie e o desenvolvimento global da criança, o envolvimento ilustrado nos seus vários sistemas ecológicos (BROFENBRENNER, 1977) afeta significativamente a velocidade e o curso do desenvolvimento, apesar do termo ser suscetível a várias interpretações.

Para ilustrar várias posições teóricas sobre a significação do termo envolvimento, Wohlwill (1973) sugere quatro modelos muito interessantes:

• o modelo tipo cama do hospital (em que o indivíduo é concebido como um receptor passivo de estímulos envolvimentais, sobre os quais tem pouco ou nenhum controle, na qual se pode integrar a perspectiva de desenvolvimento dos "behavioristas");

• o modelo parque de diversões (em que o indivíduo é rodeado por um grande conjunto e uma grande variedade de estímulos, onde se lhe assiste o direito de escolha, mas, uma vez escolhida a fonte de estimulação, o indivíduo tem pouco controle sobre o mesmo);

• o modelo prova de natação (modelo que encara o envolvimento como uma oportunidade para atuar, desde o sinal de partida até à meta, onde a experiência do indivíduo está debaixo do seu controle e a água proporciona a oportunidade de nadar, independentemente do comportamento dos outros nadadores e de outros estímulos envolvimentais, na qual se pode resumir a perspectiva de desenvolvimento dos "estruturalistas");

• o modelo partida de tênis (onde as ações dum jogador dependem da contínua interação com o outro e da constante modificação das condições do envolvimento (jogo), o que subentende um permanente fluxo de *feedbacks* perceptivo-motores entre ambos os oponentes, fluxo de dados esse que deve ser integrado nas ações subsequentes de cada um para que sejam eficazes as suas respostas, fazendo do envolvimento uma fonte inesgotável de oportunidades para responder ativamente, uma vez que as respostas de cada jogador alteram a natureza do envolvimento para o outro, na qual se podem integrar as perspectivas interacionistas).

Em resumo, qualquer que seja a perpspectiva evolutiva que encare o desenvolvimento e a aprendizagem humanas, todos estes modelos envolvimentais são válidos. Todavia, o modelo interacionista parece reunir maior virtualidade adaptativa e dinâmica à evolução neurológica, uma vez que cada indivíduo estrutura significativamente as suas próprias experiências no cérebro, ao mesmo tempo que modifica os seus ecossistemas à medida que atua intencional e volitivamente neles. É disso que se trata quando nos concentramos no estudo da neuropsicologia.

Desta circularidade de dados (input ==> integração/elaboração ==> output ==> retroalimentação e reaferência) da qual emerge a noção de que o desenvolvimento do cérebro só poderia ter lugar, nos vertebrados, na espécie e na criança, se as suas experiências oferecessem uma interação ativa com o envolvimento, pressupondo consequentemente uma neurointercomunicação integrada entre o envolvimento, o corpo e o cérebro (DAMÁSIO, 1995).

Só dentro deste complexo neurointerativo se pode conceber o desenvolvimento da humanidade, donde decorrem as componentes essenciais dum envolvimento dito normal, o que subentende de acordo com Fishbein (1977), um conjunto crucial de elementos adaptativos que nascem dum estilo de vida social baseado na caça e no armazenamento e distribuição de alimentos, a que fizemos referência nas tendências filogenéticas (FONSECA, 1994, 1999) e que constituem o cenário ecológico donde emergiu o complexo cérebro humano, das quais podemos destacar:

1) estratégias cooperativas de caça;

2) partilha compartilhada dos produtos da caça, pelos membros dos bandos;

3) fabricação de instrumentos;

4) reciprocidade afetiva entre homens e mulheres e concomitantes cuidados afetivos e precoces das suas crias;

5) comunicação simbólica;

6) surgimento de regras sociais.

Como primatas, classificação que desfrutamos com os macacos e os pongídeos, somos portadores de atributos comportamentais exclusivos como: a vinculação diádica com a mãe e triádica com a família, a postura bípede, a oponibilidade do polegar, a praxia inventiva, a interação não verbal, a linguagem, a capacidade de aprender a aprender, o transporte de significações no espaço e no tempo, a inteligência simbólica e conceptual, o pensamento abstrato, a acumulação de experiências, conhecimentos, atitudes, valores, etc., ou seja, competências exclusivas só possíveis de adquirir num envolvimento sociocultural e sócio-histórico facilitador (VYGOTSKY, 1993; FONSECA, 2005), através duma dinâmica interativa evolutiva, a partir da qual surge a enorme expansão, complexidade e flexibilidade funcional do nosso cérebro.

A maturação do sistema nervoso, paradigma da neuropsicologia do desenvolvimento e da aprendizagem, está inexoravelmente relacionada com o surgimento evolutivo de comportamentos específicos e de pré-requisitos de múltiplas aprendizagens que retratam as aquisições filogenéticas induzidas nas ontogenéticas, quando simultaneamente se verifica a integridade dos seus substratos neurológicos e a facilitação envolvimental inerente aos vários subsistemas ecológicos (endo, micro, meso, exo e macrossistemas) (BROFENBRENNER, 1977) onde ela tem lugar.

Por ironia, dois dos principais teóricos da psicologia desenvolvimental, Freud e Piaget, ambos provenientes de uma orientação biológica, um neurologista e outro zoólogo, não tiveram em consideração a importância da maturação cerebral e dos processos neuronais subjacentes. As suas teorias enfocam-se preferencialmente nos fatores experienciais, relacionais, cognitivos e contextuais, para explicar o desenvolvimento e a aprendizagem da criança. Os dois pioneiros equacionam o desenvolvimento da criança como um processo alheado do funcionamento cerebral e dos seus substratos e níveis de organização, algo que a neuropsicologia moderna refuta com evidências experimentais.

Em contrapartida, quando se observa a vulnerabilidade dos substratos orgânicos por lesão estrutural do Sistema Nervoso Central (SNC) do indivíduo ou por privação de mediatização humana e não facilitação ecológica, a performance evolutiva sofre distorções de variada magnitude neurofuncional (WALLON, 1925, 1932, 1934; AJURIA-GUERRA, 1974; HOROWITZ, 1982, FONSECA, 2005).

Quer o desenvolvimento quer a aprendizagem, expressões similares em termos vygotskyanos, mútua e reciprocamente interdependentes evolutivamente, porque impossíveis de serem concebidas isoladamente, requerem a otimização da facilitação envolvimental em interação com a integridade e invulnerabilidade da maturação cerebral.

Os comportamentos humanos só podem observar-se em termos de aprendizagem quando a neurofisiologia e a neuropsicologia representam, em último caso, dois níveis de análise dum mesmo sistema, uma vez que as funções adaptativas da criança se organizam graças à integridade anatômica e à interação funcional dos substratos neurológicos.

Cabe à maturação e à plasticidade cerebral ilustrar e materializar a capacidade adaptativa do indivíduo. A sua perturbação ou disfunção, por acidente cerebrovascular, traumatismo craniano ou por vulnerabilidade, gera inevitavelmente efeitos no surgimento, reemergência ou silenciamento de capacidades adaptativas, neste caso, a reorganização estrutural, a compensação hemisférica, as lesões ou disfunções mínimas ou máximas, podem então equacionar outros parâmetros neuropsicológicos no desenvolvimento e na aprendizagem da criança.

Quando, em qualquer circunstância, o equilíbrio dinâmico de ambos os fatores, orgânicos ou envolvimentais, for afetado, a performance do desenvolvimento deixa de ser de 100% para passar a ser atípica ou abaixo deste parâmetro evolutivo ideal.

Ao encararmos a Neuropsicologia do Desenvolvimento e da Aprendizagem com base nas principais tendências filogenéticas e ontogenéticas do sistema nervoso, procuramos compreender a sua função durante os primeiros anos de vida, e, ao mesmo tempo, explicar os pré-requisitos neuroestruturais e neurofuncionais que dão suporte à emergência e à retenção de determinados comportamentos, macro ou micromotores, perceptivos ou cognitivos, interativos ou linguísticos, que têm sido sobejamente descritos por insignes autores, nomeadamente: Wallon, 1969; Prechtel, 1981; Geschwind, 1972; Vygotsky, 1962; Bruner, 1974, etc.

O desenvolvimento ontogenético da criança, considerado como modelo dum intraorganismo subsistêmico em contínua interação, pressupõe a evolução de vários sistemas neurologicamente integrados segundo ALS, 1982.

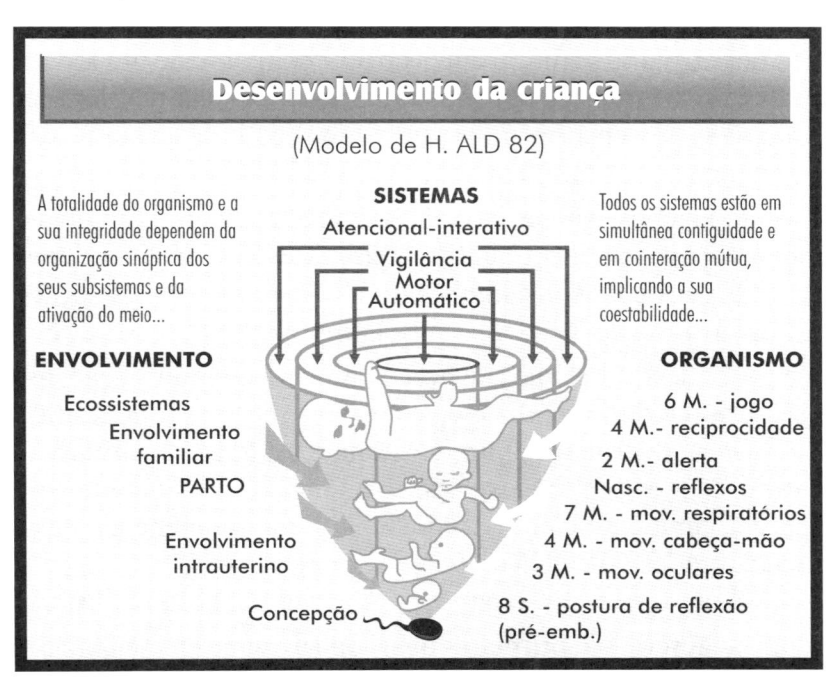

Desenvolvimento da criança

(Modelo de H. ALD 82)

SISTEMAS
Atencional-interativo
Vigilância
Motor
Automático

A totalidade do organismo e a sua integridade dependem da organização sináptica dos seus subsistemas e da ativação do meio...

Todos os sistemas estão em simultânea contiguidade e em cointeração mútua, implicando a sua coestabilidade...

ENVOLVIMENTO

Ecossistemas
Envolvimento familiar
PARTO

Envolvimento intrauterino

Concepção

ORGANISMO

6 M. - jogo
4 M.- reciprocidade

2 M.- alerta
Nasc. - reflexos
7 M. - mov. respiratórios
4 M. - mov. cabeça-mão
3 M. - mov. oculares
8 S. - postura de reflexão (pré-emb.)

Desde os sistemas automáticos (ex.: padrões de respiração, de agitação tônica, de sinais viscerais, etc.) com grandes raízes filogenéticas intrauterinas, aos sistemas motores (ex.: posturas, mímicas, preensões, etc.), desde os sistemas de organização (ex.: sono, vigilância, etc.) até aos sistemas de atenção e interação (ex.: busca de segurança socioemocional e de relação cognitiva com o mundo exterior, com os outros e com os objetos), com raízes extrauterinas de origem sociocultural muito profunda, a criança como que se desenvolve numa espiral funcional hierarquizada e integrada, isto é, uma forma de motivação biológica intrínseca, equivalendo a uma continuidade evolutiva (continuidade duma descontinuidade) dos seus vários substratos neurológicos, que ilustram a sua transformação, equilibração e transição evolutiva e neurofuncional (teoria sináptica do desenvolvimento).

Com base nesta neuro-organização, a criança está em condições para atingir as funções de aprendizagem humana, desde as não verbais às verbais, desde as não simbólicas às simbólicas, desde a linguagem corporal à linguagem escrita, cuja essência evolutiva põe em jogo um supersistema afetivo e comunicativo que está na origem do seu desenvolvimento cultural, específico e exclusivo da espécie a que pertence.

As funções básicas da aprendizagem como o controle tônico-postural e a marcha bípede ou a preensão e exploração visuomotora de objetos desenrolam-se muito antes do aparecimento de um sistema de comunicação simbólica, obedecendo a uma espécie de planificação maturacional do sensório-motor ao simbólico e do gesto à palavra, com grande passado filogenético.

Tais aquisições específicas da espécie antecedem inúmeras competências visuoespaciais e auditivotemporais, verdadeiros subsistemas de imagens e de sons significativos que tendem a um processamento da informação cada vez mais complexo.

Na posse destes sistemas de processamento de informação, as funções superiores de aprendizagem, como a compreensão auditiva, a fala, e posteriormente a leitura, a escrita e a lógica quantitativa, vão permitir ascender às funções cognitivas mais transcendentes, pondo em marcha uma entelequia sequencial de competências, conhecimentos e atitudes (BLOOM, 1956).

Os trabalhos de Freud (1930, 1962) e de Piaget (1973 e 1976), por exemplo, sugerem, em primeiro lugar, que a criança é incapaz de produzir funções adultas, e, em segundo lugar, que as modificações que se observam numa idade são inadequadas para compreender o que se passa noutra. Independentemente de não situarem na criança, quando, como e onde tais modificações se operam no cérebro, os dois autores desenham já os princípios básicos desse processo evolutivo.

Esta descontinuidade de que já falamos, característica do desenvolvimento da criança, não pode ser estudada à luz do conhecimento das capacidades de aprendizagem do adulto, uma vez que lidamos com a plasticidade e a flexibilidade adaptativa do seu cérebro imaturo, que obviamente compreende um outro tipo de organização funcional.

As funções na criança são mais dinâmicas que fixas ou definitivas, por isso a intervenção precoce e a reabilitação psicoeducacional baseada em fundamentos neuroevolutivos sólidos pode promover o reaparecimento, o deslocamento hemisférico e a reorganização estrutural de funções não simbólicas no hemisfério direito, e simbólicas no hemisfério esquerdo. A ideia de considerar os dois hemisférios dicotômicos está ultrapassada, pois todas as aprendizagens são bi-hemisféricas, pelo menos no seu início, pois só progressivamente os dois hemisférios se especializam nas suas disposições neurofuncionais.

Nas crianças a localização das funções da linguagem não é permanente, as zonas implicadas no início da sua aquisição não são as mesmas que estão implicadas na sua ativação no adulto. Por exemplo, as funções cognitivas podem ser menos lateralizadas em crianças que apresentem sinais de disfunção ou de vulnerabilidade neuroevolutiva, como por exemplo nas epilepsias infantis (LUSSIER & FLESSAS, 2001; BLAKEMORE & FRITH 2005).

A configuração arquitetural e funcional das funções cognitivas que presidem as funções não simbólicas e simbólicas diferem na criança e no adulto (MARCHMAN 1991; WULFECK, TRAUNER & TALLAL 1991).

Recompilando, a neuropsicologia da criança não pode ser considerada uma minicópia exata da neuropsicologia do adulto, uma vez que abundam diferenças substanciais, estruturais, bioquímicas, sistêmicas, neurofuncionais, etc., independentemente de coexistirem similitudes.

Então, que fenômenos originais se passam quando se estuda o desenvolvimento neuropsicológico da criança?

2. Ontogênese e disontogênese neuropsicológica

Antes de descrevermos sumariamente as principais modificações neurobiológicas sequenciais nas células nervosas do cérebro da criança e que têm lugar em períodos críticos mais ou menos particulares, interessa fornecer uma noção muito geral da origem e da organização filogenética do sistema nervoso.

Para Kolb e Whishaw (1985), o cérebro humano desenvolveu-se e desenvolve-se em quatro grandes etapas:

1) O cérebro passou por ser na sua origem filogenética, e passa por ser na sua origem ontogenética, um tubo neural (espinal medula) composto de fibras sensoriais aferentes e por fibras motoras eferentes, fibras essas espalhadas topograficamente pela totalidade do corpo, cuja emergência decorre no período pré-embriológico, no qual o repertório dos reflexos (a memória da espécie) se começa a desenhar.

2) No extremo anterior (neuróporo anterior) surge um tronco cerebral especializado em funções sensório-motoras que ilustram o cérebro primitivo, constituído pelo prosencéfalo, o mesencéfalo e o rombencéfalo, cujo surgimento decorre preferencialmente no período embriológico.

3) Das extremidades destes três subcomponentes, quer no plano anterior quer posterior, emergem novas estruturas ditas mamiferoides, respectivamente o diencéfalo, com as suas subcomponentes talâmicas, e o telencéfalo, ao mesmo tempo que o cerebelo inicia a sua estrutura axial, cuja maturação neurológica se irá prolongar para além do parto.

4) Crescimento e hipercomplexidade dos dois hemisférios cerebrais, e, paralelamente, surgimento do sistema límbico, dos ventrículos laterias, dos gânglios basais e do neocórtex, cuja maturação definitiva se hierarquiza ao longo da idade infantil e se estende até a idade adulta.

A ontogênese do desenvolvimento neuronal inicia-se em termos pré-natais, aproximadamente sete dias após a fertilização do óvulo pelo espermatozoide, quando o zigoto se implanta no útero materno. Ao nono dia o zigoto humano tem duas camadas, a dorsal ectodérmica, e a ventral endodérmica. Na gastrulação surge posteriormente a

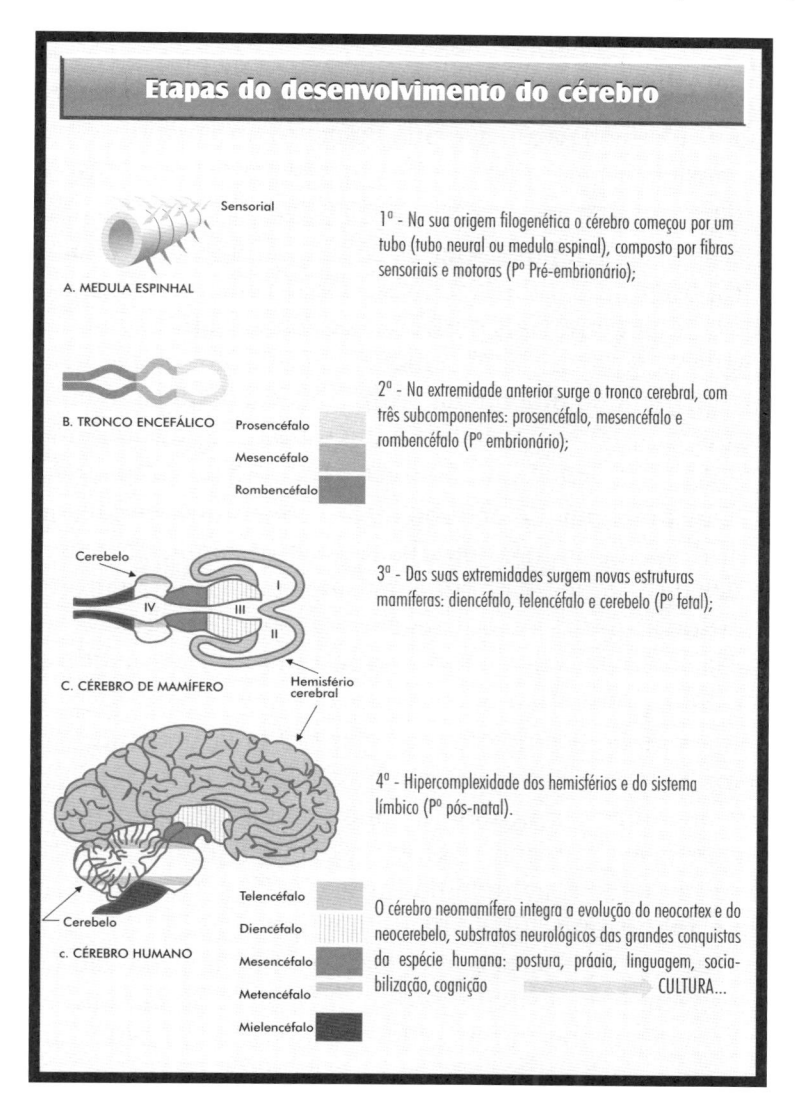

Etapas do desenvolvimento do cérebro

A. MEDULA ESPINHAL — Sensorial

1º - Na sua origem filogenética o cérebro começou por um tubo (tubo neural ou medula espinal), composto por fibras sensoriais e motoras (Pº Pré-embrionário);

B. TRONCO ENCEFÁLICO — Prosencéfalo / Mesencéfalo / Rombencéfalo

2º - Na extremidade anterior surge o tronco cerebral, com três subcomponentes: prosencéfalo, mesencéfalo e rombencéfalo (Pº embrionário);

C. CÉREBRO DE MAMÍFERO — Cerebelo / IV / III / II / I / Hemisfério cerebral

3º - Das suas extremidades surgem novas estruturas mamíferas: diencéfalo, telencéfalo e cerebelo (Pº fetal);

4º - Hipercomplexidade dos hemisférios e do sistema límbico (Pº pós-natal).

c. CÉREBRO HUMANO — Cerebelo / Telencéfalo / Diencéfalo / Mesencéfalo / Metencéfalo / Mielencéfalo

O cérebro neomamífero integra a evolução do neocortex e do neocerebelo, substratos neurológicos das grandes conquistas da espécie humana: postura, práxia, linguagem, socia-bilização, cognição   CULTURA...

terceira camada, a mesoderme, ao mesmo tempo que se verifica a indução neuronal que origina a formação do sistema nervoso (SAXEN, 1980; MINKOWSKI et al., 1966).

No período pré-embrionário, a ectoderme deprime-se em goteira e fecha-se em tubo, estendendo-se simultaneamente no sentido céfalico e caudal (lei céfalo-caudal), que se subdivide em neuróporo anterior e posterior. Do neuróporo anterior emerge posteriormente o encéfalo, cuja diferenciação se denomina neurolação, donde resultará a separação do tronco cerebral e da medula.

Se efetivamente esta neurolação apresentar disfunções e o tubo neural não fechar convenientemente, várias anomalias poderão verificar-se, nomeadamente a anencefalia no neuróporo anterior e a espinha bífida no posterior, anomalias essas que podem ocorrer sensivelmente por volta da 3ª e 4ª semanas de gestação (REINIS & GOLDMAN, 1980).

No período embrionário, outras células adjacentes às margens do tubo neural migram e diferenciam-se para formar os gânglios, isto é, grupos de células sensoriais periféricas que inervam as glândulas e os músculos lisos. No final da 4ª semana de gestação, o tubo neural está formado, independentemente da proliferação e do crescimento de células que ocorrem na extremidade craniana a partir da qual irão surgir as vesículas do prosencéfalo, do mesencéfalo e do rombencéfalo.

Toda a restante porção do tubo neural constitui a medula, mantendo a partir desse período o seu diâmetro, alongando-se progressivamente e desagregando-se em dois grandes grupos de neurônios, uns no sentido dorsal-posterior, que recebem axônios envolvidos em eventos sensoriais, e outros no sentido ventral-anterior, contendo axônios que inervam os músculos.

Na extremidade cefálica dão-se duas flexuras, uma mesencefálica e outra cervical, conferindo ao cérebro uma estrutura sensivelmente idêntica à medula, duplicando-a funcionalmente, com um cérebro sensorial posterior, contendo os lobos occipital, temporal e parietal (a chamada 2ª unidade funcional de Luria (1975)), e um cérebro motor contendo o lobo frontal (3ª unidade funcional de Luria), divisão estrutural do cérebro que se encontra mais ou menos desenhada por volta da 5ª semana, com a subdivisão do prosencéfalo em telencéfalo e diencéfalo, e do rombencéfalo em metencéfalo e mielencéfalo.

Na 7ª semana, o telencéfalo é transformado em dois hemisférios cerebrais, o direito e o esquerdo, o diencéfalo em tálamo e estruturas concomitantes, o metencéfalo em cerebelo e ponte, e o mielencéfalo em medula alongada, terminando assim a ontogênese embrionária do sistema nervoso.

O período fetal, que se inicia por volta da 8ª-9ª semana de gestação, quando o embrião começa a se transformar num ser humano reconhecível, apresenta uma diferenciação do sistema nervoso menos substancial do que no período anterior, onde a susceptibilidade teratogênea se faz mais sentir. É durante este período que a mielinização começa a se formar, onde se registra um rápido aumento do peso do cérebro, e onde o desenvolvimento do telencéfalo se verifica com mais relevância. Os gânglios basais tornam-se visíveis em cada hemisfério e subdividem-se em núcleos caudados e núcleo lenticular, com a cápsula interna a projetar-se na espinal medula como feixe piramidal.

Quatro camadas do córtex são igualmente visíveis neste período: a ventricular, a subventricular, a intermédia e a marginal, onde se verificam complexas migrações celulares, que entretanto fazem aumentar a espessura das mesmas, que culminarão na composição final das seis camadas organizadas em colunas (GOLGMAN & NAUTA, 1977), que ocorre mais ou menos por volta do 6º mês de desenvolvimento intrauterino. O aumento das células corticais que se opera a um ritmo alucinante e em paralelo com proliferação das células gliais e que ilustra o cérebro liso dá progressivamente lugar às circunvoluções e aos sulcos que se completam devido ao crescimento e à diferenciação axonal e dendrítica.

O desenvolvimento circunvolucional e sulcal segue um padrão sequencial. O 1º sulco hipocampal surge entre as 13 e as 15 semanas, o parietal-occipital, o calcarino e o bulbo olfativo, por volta das 19 semanas. O rego de Sylvius lateral e o Rolândico central tornam-se visíveis às 24 semanas. O 2º sulco temporal e o superior frontal surgem às 28 semanas. O 3º sulco só surge no 3º trimestre e continua a desenvolver-se depois do nascimento (LARROCHE, 1967; CHI et al., 1977).

É nesse momento que podem emergir malformações como a lisencefalia (cérebro liso) e a microgíria (pequenos gyrus), associados a formas severas de deficiência mental.

As comissuras intercerebrais entre os dois hemisférios ocorrem igualmente neste período, as anteriores cruzam por volta do 50º dia de gestação (comissura anterior e hipocâmpica), e as do corpo caloso cruzam a camada média mais tarde, terminando o seu desenho final depois do nascimento. Também aqui podem surgir anomalias, como a agênese do corpo caloso, que implicam várias síndromes de desconexão, igualmente relacionadas com atrasos severos de desenvolvimento e dificuldades de aprendizagem severa.

A ontogênese pós-natal, iniciada com o evento complexo do nascimento, onde podem surgir vários fatores traumáticos susceptíveis de causar desordens do sistema nervoso e que ilustram a taxonomia defectológica e a disontogênese, é inicialmente revelada pela memória da espécie consubstanciada pela emergência duma pletora de reflexos com que o recém-nascido ou neonato (1º mês de vida) é dotado em termos de integridade e invulnerabilidade do seu sistema nervoso.

Pediatras (APGAR, 1974) e neuropediatras (MOOSA & DUBOWITZ, 1972; DARGASSIES, 1965) usam vários sistemas de avaliação e de predicção para apreciar o potencial de desenvolvimento do recém-nascido, ou seja, a organização neurológica intrauterina, a partir da qual decorrerão, extrauterinamente, as principais modificações em tamanho e complexidade do cérebro da criança.

Nascendo com cerca de 300 a 350g de peso cerebral, o bebê humano vai aumentar até 80% do peso cerebral adulto (1.250 a 1.500g) nos primeiros quatro anos de idade.

Como estrutura anatômica especial que é apesar dos seus seis milímetros de espessura, o córtex apresenta o processo mais lento e complexo de maturação depois do nascimento. Mudanças impressionantes e aceleradas, que espelham por analogia a modificabilidade extraordinária nos comportamentos, assim como no surgimento inovador e progressivo de competências de aprendizagem no bebê, vão ocorrer em paralelo com uma fantástica revolução neurofisiológica (LUSSIER & FLESSAS, 2001).

DAWSON et al., 1992, descreve três fases no desenvolvimento neuronal:

> • A 1ª fase corresponde à organização cortical geneticamente determinada, de que resulta a ontogênese da sua arquitetura complexa e a regulação das etapas de desenvolvimento integrando, a proliferação, a migração, a eliminação e a mielinização celular, donde decorre o progressivo aumento da densidade neuronal, atingindo o nível adulto por volta dos 6 anos, idade esta crucial para se iniciarem as aprendizagens simbólicas da leitura, da escrita e da matemática.
>
> • Na 2ª fase opera-se uma espécie de escultura evolutiva que ilustra a sinaptogênese concorrente, avançada por Rakic (1981, 1985), onde se estabelecem as principais conexões e redes neuronais produzidas pelo papel relevante das estimulações envolvimentais. Durante esta fase deve observar-se paralelamente uma eliminação competitiva e uma ampliação seletiva dos neurônios, caso contrário a flexibi-

lidade e a otimização funcional do SNC pode comprometer as aprendizagens hierarquizadas básicas que o cérebro da criança tem de edificar. Nesta fase a densidade sináptica, devido às aprendizagens, não verbais e verbais, acusa uma distribuição heterogênea nas várias áreas cerebrais, dos 6 aos 12 anos de idade concentra-se mais nas áreas posteriores (parietais, occipitais e temporais – a 2ª unidade luriana), na adolescência mais nas áreas anteriores (frontais – a 3ª unidade luriana).

Por volta dos 18 anos, tal densidade tende a decrescer, dada a expansão da especialização funcional crescente que caracteriza o adulto, tendo como consequência uma perda da plasticidade cerebral. A partir desta idade as aprendizagens básicas e elementares como: aprender a ler e a escrever; aprender uma língua estrangeira; aprender a tocar um instrumento musical; aprender a analisar, a comparar e a inferir dados na resolução de problemas; ou, ainda, aprender uma das múltipas atividades artísticas ou desportivas, todas estas aquisições e disposições comportamentais, são mais difíceis e laboriosas de adquirir.

• A 3ª fase revela uma modificação sinática adaptativa, fase que se perpetua e refina durante a vida e que participa nas múltiplas modificações que se produzem nas redes neuronais em resposta às influências envolvimentais e às experiências e vivências intra e interpessoais.

Em síntese, a emergência dos comportamentos e a demonstração de competências de aprendizagem, portanto, não podem ocorrer fora deste faseamento do desenvolvimento neuronal.

O desenvolvimento neuronal reflete uma organização neurológica de grande passado filogenético. Vejamos entretanto com mais pormenor as modificações neurobiológicas ontogenéticas que se operam internamente na criança e que podem esclarecer sobre as distorções do programa genético e os traumatismos intrauterinos, bem como a disontogênese e a diversidade do potencial de aprendizagem. Para além doutras, as modificações são essencialmente as seguintes: migração celular; crescimento axonal; crescimento dendrítico; sinaptogênese; mielogênese.

1) A migração celular, um dos princípios do desenvolvimento neurológico intrínseco da criança, consubstancia o percurso das células nervosas que atravessam várias cama-

das depois de se proliferarem, desde as camadas ventriculares internas até à superfície externa cortical, determinando o destino localizacional (região) e agregacional (laminação) dos neurônios, ao mesmo tempo que origina o surgimento de comportamentos específicos que se verificam na contínua aquisição de competências tônicas, posturais, motoras, paralinguísticas e linguísticas, interativo-afetivas, cognitivas e sociais, que ilustram o seu desenvolvimento neuropsicológico.

Atingindo a superfície, os neurônios sobreviventes, como que reduplicam e re-representam as camadas por onde passaram, dando então lugar a uma complexa diferenciação e hierarquização axodendrítica guiada por fibras radiais com especificidade química e que evoluem das camadas iniciais no seu todo estrutural para uma nova camada externa, a camada neocortical (RAKIC, 1975), compaginando por analogia o aparecimento de comportamentos cada vez mais complexos, exatamente porque obedecem a uma integração hierarquizada de sistemas simples em sistemas compostos, e, destes, em sistemas complexos.

As migrações incompletas ou malogradas, sub ou mal definidas, invertidas e aberrantes (ex.: displasias, ectopias, etc.), têm sido detectadas em crianças deficientes mentais e em crianças disléxicas (GALABURDA, 1979), e experimentalmente alteradas em ratos.

Tais migrações desviantes e atípicas, com provável envolvimento genético, produzem substanciais diferenças nos seus comportamentos (CAVINESS & SIDMAN, 1973), algo extremamente relevante para se compreender as repercussões deste processo na aprendizagem.

2) O crescimento axonal, outro dos princípios do desenvolvimento neuronal precoce, equaciona simultaneamente indicadores de velocidade e de direção.

Os axônios crescem a uma velocidade de 7 a 170 micrômetros por hora de acordo com a direção determinada pelo seu corpo celular, pela forma cônica do seu crescimento (RAMON & CAJAL, 1937) e por especificidade e afinidade química.

Tudo se desenrola como se os axônios possuíssem objetivos específicos a atingir nas várias áreas corticais, a que parecem estar associadas a morte e a sobrevivência seletiva dos próprios neurônios.

Só poucos neurônios têm sucesso em enviar os seus microprolongamentos para determinadas direções; os que não conseguem, degeneram e morrem.

Os axônios arrastam-se e afastam-se de vários pontos, assumindo trajetórias inexplicáveis guiadas por gradientes elétricos e químicos, que posteriormente se projetam em múltiplas ramificações perfazendo autênticas redes de comunicação entre as várias regiões.

Tais circuitos provavelmente materializam os processos de aprendizagem, uma vez que a sua obstrução ou bloqueio tende a provocar disfunções e ou dificuldades de várias ordens.

Axônios desnutridos ou subdesenvolvidos são comuns numa grande variedade de anomalias genéticas (ex.: agênese do corpo caloso), de embriopatias (ex.: anencefalias, holoprosencefalia, microcefalia, etc.), induzindo alterações no processamento de informação transcortical e intra e inter-hemisférica que se reconhecem em casos de deficiência mental (ex.: trissomia 21) e de incapacidade de aprendizagem (ex.: afasias, agnosias e apraxia), e, em menor grau, em muitos casos de dificuldades de aprendizagem (ex.: dislexias, disortografias, discalculias, dispraxia, etc.).

Lesões em determinados períodos maturacionais (pré, peri e pósnatais) podem desvirtuar ou equivocar as trajetórias axonais, ocorrendo como consequência, nestes casos, anomalias que podem afetar funções posturais e motoras como nos casos de paralisia cerebral, ou seja, de ataxia, de atetose e de espasticidade, bem como noutras condições defectológicas.

O crescimento axonal traduz uma das componentes neurológicas onde se fundamenta a aprendizagem humana (SPERRY, 1971), sem o qual ela não se pode verificar ou observar no comportamento do indivíduo, na medida em que qualquer mecanismo que o iniba ou altere interfere com o afinamento e precisão funcional que lhe dá suporte.

> 3) O crescimento dendrítico, semelhante ao axônico e com ele sincronizado, está na base da aprendizagem humana, dado que as espinhas dendríticas são consideradas um fator facilitador de interação e comunicação com outras células.

Os dendrites ao crescerem têm a finalidade de inervar os axônios, razão pela qual perdem alguns dos seus filamentos, tornando a sinapse mais eficaz, mais rápida e mais seletiva em termos de transmissão de informação.

Qualquer anomalia no crescimento dendrítico põe em risco a comunicabilidade sináptica, como comprovam vários casos de deficiência mental onde se identificaram prolongamentos mais curtos, sugerindo que eles se mantêm em estado embrionário e imaturo.

A função da aprendizagem e da cultura, portanto, parece completar o desígnio filogenético da espécie, enriquecendo o reportório dendrítico hereditário, por meio da qual expande as suas áreas associativas e integrativas, demonstrando a importância vital daquela na maturação cerebral.

Em síntese, a aprendizagem é essencial ao desenvolvimento neuronal do cérebro, sem a sua otimização adequada, as redes de comunicação das células nervosas tendem a empobrecer funcionalmente.

> 4) A sinaptogênese assegura a especificidade regional e a tipificação das trajetórias axonais e dendríticas, segredo hoje desvendado e que está na base dos processos de aprendizagem.

Não sendo possível explicar a formação das sinapses apenas por informações genéticas, teremos que aceitar que parte da sua construção decorre por não ser escravo dos genes, porque efetivamente os cromossomas não têm a última palavra, e por ser o "animal da aprendizagem", o ser humano, quer em termos filogenéticos, quer ontogenéticos (e, obviamente, disontogenéticos), deve às sinapses parte substancial das suas capacidades de aprendizagem.

As sinapses encerram em si próprias uma espécie de competição por um espaço cortical privilegiado, sugerindo que a sua flexibilidade e convertibilidade bioquímica é determinada territorialmente.

Se se observarem anomalias na geografia córtico-funcional das sinapses, o cérebro deixa de operar como órgão excelso de aprendizagem.

As terminações do crescimento axonal dão-se exatamente nas sinapses, pois é aí que surgem pontos de contatos seletivos de informação posicional, cruciais aos fluxos neurotransmissores que permitem o processamento da informação.

> 5) A mielogênese compreende outro processo fundamental da aprendizagem por meio do qual as células nervosas do SNC são envolvidas e protegidas para operarem convenientemente, assegurando uma transmissibilidade informática mais rápida e eficaz.

A mielinização retrata a maturação sequencial (céfalo-caudal e próximo-distal) dos reflexos às reflexões, passando pelas ações e pelas emoções até aos símbolos, como demonstraram pioneiramente Flechsig (1920), e, mais tarde, Jacobson, 1975; Lecours, 1975; Lenneberg, 1976.

Em primeiro lugar, mielinizam-se os sistemas sensoriais, depois os motores, e, por último, os integrativos (YAKOVLEV & LECOURS, 1967), seguindo uma sequência do tipo *input*-integração/elaboração-*output*.

As áreas sensoriais têm a sua mielinização desde a gestação até por volta dos 6 meses de idade, com as radiações somestésicas a prolongarem-se até por volta da aquisição da postura bípede.

O nervo óptico está mielinizado por volta do primeiro trimestre de vida, daí a propensão do bebê humano para apanhar todos os objetos situados no seu espaço próprio (*reaching behavior*, de BOWER, 1974). As radiações acústicas prolongam-se até aos 18 meses, fase determinante do desenvolvimento prosódico e holofrásico.

As vias motoras disparam reflexos até ao primeiro trimestre de experiência antigravítica. As vias hápticas, proprioceptivas, reticulares, vestibulares, cerebelosas, extrapiramidais e piramidais sequencialmente integradas, iniciam uma metamorfose transiente da motricidade, desde os padrões vertebrados de reptação, até às braquiações primatas aventureiras, passando pelas quadrupedias lúdico-emocionais, culminando a mielinização do cerebelo e dos feixes piramidais até por volta dos 2 anos, momento em que as conquistas da postura e da marcha bípede asseguram a segurança gravitacional, prelúdio do desenvolvimento psicomotor e da orientação simbólica subsequente (FONSECA, 1987).

Posteriormente, é a vez dos sistemas integrativos que permitem as aprendizagens pré-simbólicas da linguagem falada e as aprendizagens simbólicas superiores da linguagem, da leitura, da escrita e do cálculo, onde a mielinização reticular se requinta, as radiações límbicas se estabilizam, as áreas intra e intercorticais associativas e as comissuras cerebrais intra e inter-hemisféricas se maturam até ao início da vida adolescente.

3. Estádios do desenvolvimento neuropsicológico: emergência de sistemas funcionais de aprendizagem

A mielinização das áreas sensoriais e motoras primárias começa antes do nascimento com a emergência da memória da espécie, ou seja, dos reflexos primitivos. Seguem-se as áreas de vigilância nos primeiros meses de vida, para se pré-figurar a mielogênese das áreas sensoriais e motoras secundárias que dão suporte ao surgimento das aquisições sistêmicas relacionais, psicomotoras e psicolinguísticas nos primeiros anos.

As áreas terciárias de *input* táctilo-cinestésico, mais envolvidas na elaboração construtiva da imagem do corpo, levam mais tempo a estruturarem-se em termos de densidade, para finalmente, de acordo com Luria (1975), a mielinização estar virtualmente completa com as áreas terciárias de planificação e de *output* motor, cuja duração se estende até a idade adulta.

Estádios	Sistema funcional	Área cerebral	Idade
1	Unidade de vigilância **Atenção**	Substância reticulada e troncocerebral	0-12 meses
2	Áreas motoras e sensoriais primárias **Integração**	Áreas calcarina, superior temporal, pré e pós-rolândica	12-24 meses
3	Áreas motoras e sensoriais secundárias **Processamento**	Áreas periestriadas, parietal, temporal e pré-motora	2-5 anos
4	Áreas sensoriais terciárias **Elaboração**	Lobos parietais	7-12 anos
5	Áreas motoras terciárias **Planificação**	Lobos pré-frontais	12-24 anos

Desenvolvimento dos sistemas funcionais

O desenvolvimento neurológico em Luria parte da noção que a criança é muito diferente do adulto como já vimos. O seu desenvolvimento neuropsicológico não pode ser concebido, portanto, como um miniadulto, onde neste todas estas unidades são supostas funcionarem integralmente, por isso a criança não possui todas as aquisições numa dada idade, ela vai adquirindo-as num processo evolutivo longo inserido numa multiplicidade de contextos sociais e culturais.

Por esse fato não pode ser considerada deficiente motora aos 8 meses por não andar, nem ser considerada afásica aos 12 meses por não falar. O desenvolvimento neurológico emerge quando a criança interage com um envolvimento apropriado e sócio-historicamente contextualizado: se uma criança for criada com primatas que não articulam, ela nunca vai aprender a falar – paradigma das crianças selvagens.

O desenvolvimento neurológico é, consequentemente, o produto final de vários fatores bioculturais.

Fatores biológicos, genéticos e neurológicos como: a mielinização, o crescimento dendrítico e axônico, o crescimento dos corpos celulares, a migração celular, a sinaptogênese, o estabelecimento de circuitos interneuronais, os concomitantes eventos bioquímicos como acabamos de ver, etc., mas também fatores culturais como a criação de condições de interação, filiação, reciprocidade afetiva relacional e securizante, conforto, vinculação, imitação, aprendizagem intencional, mediatização, etc.

Substratos neurológicos intactos e estimulados e envolvimento facilitador têm de reciprocamente interagir entre si, de modo a que as formas transientes do comportamento possam surgir de acordo com uma hierarquia pré-estruturada. Sem experiências apropriadas as habilidades psicomotoras ou psicolinguísticas não emergem por simples maturação.

Luria sugere cinco estádios evolutivos de integração progressiva na maturação cerebral:

1º estádio – Desenvolvimento da unidade de vigilância e de atenção que corresponde ao desenvolvimento das capacidades de focalização atencional e afiliativa, com ramificações tônico-emocionais e tônico-posturais específicas, a que Wallon (1925, 1969) fez referência no seu estádio impulsivo (0 aos 6 meses) e no seu estádio tônico-emocional (dos 6 aos 12 meses), envolvendo essencialmente os substratos da formação reticulada, do tronco cerebral e das estruturas cerebelosas.

O desenvolvimento psicomotor neste estádio emerge dos reflexos e das descargas motoras impulsivas e indiferenciadas decorrentes das necessidades primárias de sobrevivência e de conforto. A imperícia tônico-postural do bebê é compensada pela intervenção da motricidade afetiva, securizante e relacional maternal, que tende a reduzir os sinais difusos de tensão visceral, provocando a fusão tônico-emocional com os outros que a mediatizam.

À inaptidão motora do bebê respondem os adultos com uma sutil tonicidade e motricidade relacionais (*holding* e *handling*, de WINNICOTT, 1971, 1972), gerando as primeiras integrações sensoriais interoceptivas e proprioceptivas onde a expressão do seu bem-estar irradia uma gestualidade ainda fortuita e episódica e sem segurança gravitacional.

O corpo do bebê transforma-se no núcleo central dos seus processos de comunicação não verbal, uma linguagem corporal infraestrutural donde, no 3º estádio, bem mais tarde, emanarão os primeiros gestos simbólicos.

Vivendo de forma sincrético-social, o bebê vai dependendo das ações, das posturas, das atitudes e dos cuidados dos mais experientes. Da interação com estes, a criança vai construindo e coconstruindo os primeiros vínculos e as primeiras redes de intimidade e de afiliação.

A gênese do seu Eu, prelúdio da noção do corpo e da vida psíquica, parte essencialmente da qualidade, da intencionalidade e da transcendência relacional que estabelece com os outros. A motricidade do outro é a fonte construtiva da motricidade do Eu (diálogo tônico e corporal), o social está assim na origem da maturação neurológica.

A impulsividade tônica e motora vai dando lugar progressivamente a uma motricidade baseada em deslocamentos exógenos muito centrados em sensações internas, viscerais, hápticas e tônicas, cada vez mais modeladas em função dos seus efeitos emocionais, quer agradáveis, quer desagradáveis, onde o sistema límbico participa de forma muito relevante.

A maturação dos centros reticulares e cerebelosos começa a estar mais dependente da sensibilidade proprioceptiva, onde a ativação dos centros sensoriais dos músculos, dos tendões e das articulações, coadjuvada com a ativação vestibular, iniciam a expansão das competências motoras vertebradas da reptação, da quadrupedia, da preensão, etc., que promovem a apropriação do espaço exterior e da fronteira do espaço próprio do corpo, cujo envelope pélvico representa os primeiros vestígios da identidade do Eu.

De endógena, a motricidade do bebê passa cada vez mais a autógena; a partir daí torna-se a sua atividade principal e o seu centro de interesse preferencial, mas para tal necessita de dominar o seu corpo em termos sensoriais e motores num envolvimento físico e gravitacional complexo.

2º estádio – Desenvolvimento e maturação crescente das áreas motoras e sensoriais primárias vão permitir a complexidade das coordenações motoras vertebradas das reptações, das quadrupedias, das braqueações esporádicas, etc., anteriores, só que cada vez mais fluentes, precisas e automatizadas, ilustrando a constituição de circuitos neuronais que explicam a expansão extraordinária da inteligência sensório-motora de Piaget e a superação dos reflexos iniciais ou incondicionados.

O paralelismo entre Piaget e Luria é notável, mesmo quando o primeiro omite referências à neurologia e à neuropsicologia nas suas obras principais. Piaget, partindo de considerações psicológicas e epistemológicas, e Luria, de considerações neuropsicológicas e neuropatológicas, ambos se completam, pois efetivamente convergem em considerar o cérebro da criança um processador ativo de informação e um reorganizador de experiências e vivências (FONSECA, 2005).

Ambos explicam o desenvolvimento da criança em vários níveis de maturação e inscrevem-no numa estrutura de conjunto característica de cada um dos estádios que ela tem de percorrer.

Dessa forma toda a criança normal evolui da inteligência sensório-motora (0-2 anos) à inteligência formal (acima dos 12 anos), passando pelos estádios pré-operacionais (dos 2 aos 7 anos) e operacionais (dos 7 aos 11 anos). As transições entre cada estádio operam-se de maneira mais ou menos integrada, através da reorganização de processos de pensamento sustentados pela progressiva maturação cerebral.

Para Piaget as transições operam-se pela emergência de novos processos de inteligência; para Luria, pela emergência de sistemas funcionais, pondo em jogo substratos neurológicos bem específicos e com uma integração progressiva de informações multissensoriais cada vez mais complexas.

A criança nesta fase não só adquire uma percepção progressivamente mais diferenciada do mundo exterior, como os seus gestos se organizam e equilibram posturalmente, a maturação do córtex motor está em aceleração e as estimulações do envolvimento encarregam-se de promover sistemas funcionais somestésicos (táctilo-cinestésicos), espaciais (visuais) e temporais (auditivos). A noção de objeto permanente, mesmo quando retirado do espaço de ação, e o surgimento dos esquemas de ação, tornam a motricidade a matéria-prima da vida psíquica (FONSECA, 2005).

A sequência do desenvolvimento e sua hierarquização, obviamente decorrentes duma extraordinária plasticidade neuronal, envolta nos processos de aprendizagem e de mediatização cultural, parece seguir:

• um desenvolvimento motor durante o primeiro ano;

• um desenvolvimento somestésico e somatognósico, com a aquisição do Eu corporal (autopercepção) e do denominado "self ";

• um desenvolvimento visual e espacial com o surgimento das micropraxias lúdicas e das explorações iconográficas no segundo; e paralelamente;

• um desenvolvimento auditivo, ao longo do terceiro ano, culminando com a emergência definitiva das competências da linguagem.

A aquisição da postura bípede e da marcha assimétrica, depois da postura de deitado e de sentado, revelando a aceleração maturativa do cerebelo e do sistema vestibular, vai permitindo à criança um desenvolvimento psicomotor mais estruturado em termos gravitacionais, locomotores e exteroceptivos. Novas sinapses são criadas com o desenvolvimento psicomotor precoce, assim como outras são eliminadas, como que se operando um refinamento neurológico da experiência (CAMPBELL & WHITAKER, 1986).

Os primórdios da função inibitória restringem o excesso de atividade, e vão tornando-a cada vez mais sujeita aos processos de integração tônica, de dominância motora e de lateralização hemisférica, onde a imitação, o jogo, a mímica e a linguagem iniciam a sua circularidade sensório-motora assombrosa.

A motricidade visceral, centrípeta, dependente e baseada em sincinésias, dita interpsíquica, dá lugar neste 2º estádio de desenvolvimento neuropsicológico a uma motricidade exploratória, emocional, centrífuga, lúdica e baseada em sinergias, dita intrapsíquica, porque já esboçada conscientemente e porque a emoção se torna no detonador primacial da ação (FONSECA, 2005).

A motricidade começa a ser mais significativa e tonicamente modelada, porque passa a ser realizada pela criança para alguma coisa e para algum fim, as vias piramidais ideocinéticas refletem o avanço da maturação do córtex frontal, ao mesmo tempo que as relações sujeito-objeto se multiplicam em termos de descoberta do mundo e de autodescoberta de si. Um magnífico e extraordinário sistema de retroalimentação (*feedback*), entre a motricidade e a percepção é posto em marcha, com base nele as capacidades de aprendizagem expandem-se.

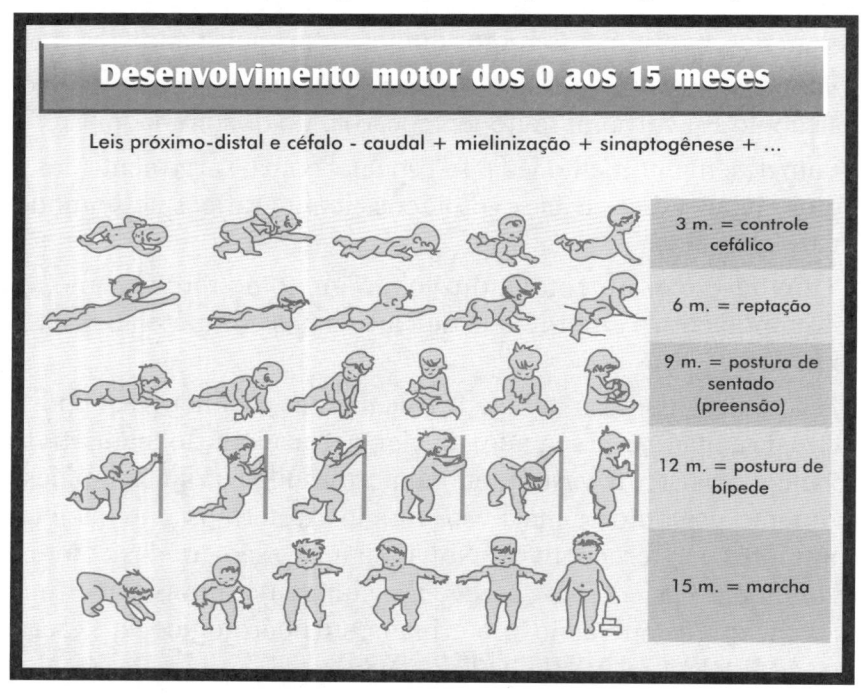

3º estádio – Desenvolvimento das áreas motoras e sensoriais secundárias, que resultarão num acréscimo funcional em ambas as áreas, onde se irão operar processamentos de informação cada vez mais aptos às circunstâncias e às tarefas, permitindo inclusivamente afinar a percepção e a ação com memórias mais consistentes.

A lateralização cerebral progressiva das funções superiores não verbais primeiro centradas no hemisfério direito dos 4 para os 7 anos, e verbais em segundo lugar centradas no hemisfério esquerdo dos 9 para os 12 anos (HANNAFORD, 1995), dão-se entretanto com novas conexões dendríticas, permitindo à criança evoluir das experiências motoras meramente espaciais, imaginativas e lúdicas, às experiências simbólicas, lógicas e representacionais coincidentes com o período pré-operatório piagetiano e com os estádios projetivo e personalístico wallonianos.

A maturação das áreas secundárias motoras, isto é, pré-frontais, dão lugar a competências psicomotoras mais complexas onde as praxias globais (as coordenações óculo-pedais, as dissociações, as eumetrias e as sinergias macromotoras), as praxias finas (a coordenação óculo-manual, a coordenação digital dinâmica, a micromotricidade, a grafomotricidade, etc.), e as praxias orais (as produções articulatórias mais precisas, longas e versáteis) atingem desempenhos mais velozes, perfeitos e melódicos controlados pelo cerebelo.

Com as praxias globais a criança vai dominando as várias dimensões do espaço, primeiro egocêntrico, depois alocêntrico, e finalmente geocêntrico. Com as praxias finas desenvolve uma inteligência prática e uma inteligência das situações com novos poderes de modificação do meio. Com as praxias orais, deixa de comunicar por mímicas e por gestos e orienta-se definitivamente para a expressão verbal; graças à função simbólica daí emergente, a criança pode integrar, elaborar e exprimir o seu pensamento concreto.

4º estádio – Desenvolvimento das áreas sensoriais terciárias (lobo parietal, temporal e occipital), com as quais se geram e diversificam novos circuitos neuronais intermodais (vísuo-áudito-táctilo-cinestésicos) já característicos das aprendizagens escolares básicas da leitura, da escrita e do cálculo, de onde emergem as operações concretas piagetianas e o estádio categorial walloniano, a partir do qual o conhecimento do corpo, do objeto, do espaço e do tempo, adquirem propriedades de conservação, de sincretismo, de lógica, de reciprocidade, de relações de relações e de distanciação da realidade, dando lugar ao surgimento de procedimentos mais regulados entre objetivos e fins.

Partindo de ações mais sequencializadas no espaço e no tempo, melhor executadas e melhor planificadas, a criança vai-se aproximando do adolescente, passando por uma fase mais sincrética até atingir uma fase mais categorial. Na primeira, a sua estrutura mental é do tipo binária e dicotômica, sem separação clara do todo e das partes. Na segunda, surgem novos sistemas de relação e novos planos de discriminação e regulação, sugerindo novas competências de processamento de informação, quer ao nível da recepção, quer da expressão (FONSECA, 2005).

As mudanças maturacionais nas áreas associativas operam-se em grande escala por efeitos da aprendizagem cultural. A velocidade de identificação, de processamento e de elaboração de informação que são oriundas das regiões subcorticais e das áreas secundárias e primárias adjacentes permitem não só um melhor registro, armazenamento e recuperação de dados, como um progressivo afinamento perceptivo e uma progressiva sequencialização motora; a diversificação dos circuitos neurológicos entre os três lobos (occipital, temporal e parietal) atinge assim um enriquecimento excepcional. A fluência da linguagem e das praxias neste período são a expressão dessa organização neurológica superior.

5º estádio – Desenvolvimento das áreas de planificação e de execução terciárias, dos lobos pré-frontais, que permitem ascender aos modos operatórios formais, por meio da maturação progressiva das áreas mais implicadas na perícia de processos de pensamento hipotético-dedutivo e de processos de autorregulação e metacognição, com o advento de repertórios vocacionais explícitos em vários domínios práxicos. O desenvolvimento neurológico, integrando sistemicamente o desenvolvimento psicomotor, emocional e cognitivo, explica-se pela emergência de sistemas funcionais cada vez mais complexos e cada vez mais integrados em cadeias, implicando uma multiplicidade de zonas cerebrais em interação sistêmica.

Na produção de praxias, todos os lobos estão implicados assim como os dois hemisférios, na medida em que o desenvolvimento psicomotor da criança se efetua através de uma sequência bem definida de estádios neuromaturacionais, a qual implica uma integração cada vez mais complexa de sistemas funcionais disponíveis, integração essa que conduz à reorganização contínua e progressiva dos processos de pensamento e de ação.

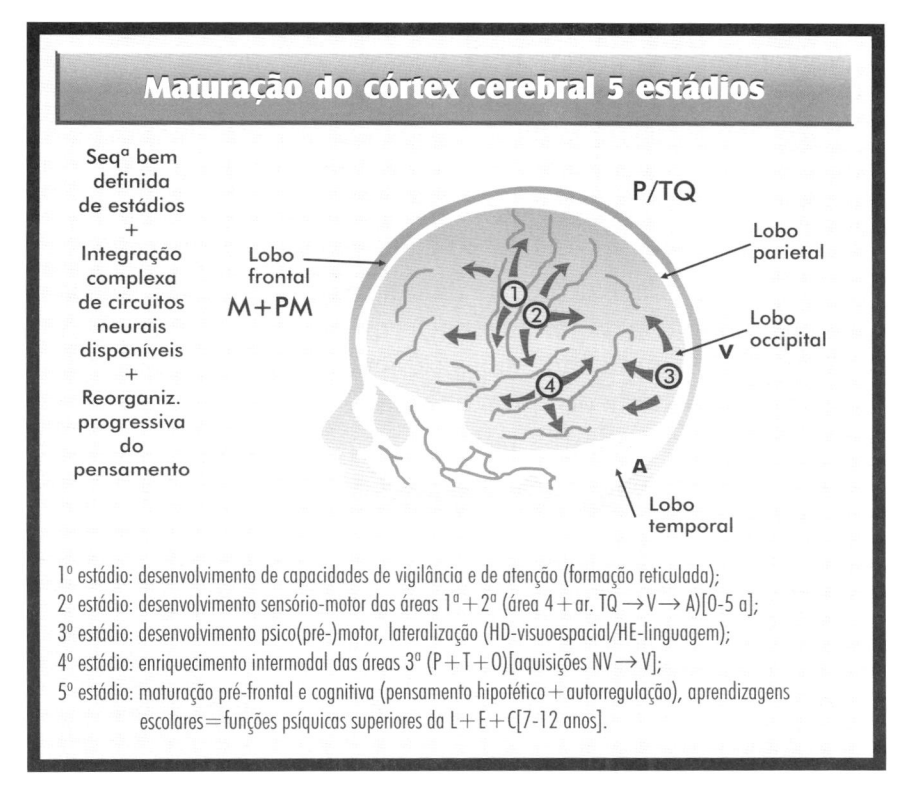

Neste quadro do desenvolvimento neuropsicológico apresentado por Luria não podemos deixar de referir igualmente a sua concepção das três unidades funcionais do cérebro humano (LURIA, 1965, 1975; FONSECA 1985, 1992, 2001, 2002, 2004, 2005), cuja maturação sucessiva se efetua ao longo dos cinco estádios que acabamos de apresentar.

Segundo Luria, todas as funções psíquicas superiores, isto é, todos os processos de aprendizagem não simbólica e simbólica, necessitam da coparticipação conjunta, integrada e coibida de três unidades funcionais:

a **1ª unidade funcional**, com sede no tronco cerebral, no cerebelo e no sistema límbico, a que corresponde o estado de vigilância e de atenção sustentada e seletiva do sujeito, é a primeira a maturar em termos de desenvolvimento neuropsicológico;

a **2ª unidade funcional** agrupa os lobos posteriores ditos sensoriais, receptivos, simultâneos e sequenciais ou sucessivos, do cérebro:

• o lobo occipital atrás para integrar os dados visuais e espaciais;

• o lobo parietal em cima para integrar os dados somáticos hápticos, proprioceptivos, vestibulares, tácteis e cinestésicos;

• o lobo temporal à direita e à esquerda, para integrar e processar (discriminar, analisar, sintetizar, memorizar, consciencializar, etc.) os dados auditivos, preferencialmente relacionados com as funções de descodificação e codificação da linguagem falada e escrita.

Trata-se da unidade de gestão da informação recebida, selecionada, tratada, combinada e armazenada, que poderá definir um estilo cognitivo pessoal, moldando-se às características particulares do indivíduo e à sua história de aprendizagem.

Nesta unidade cabem os processos simultâneos de informação, mais relacionados com o tratamento de dados distintos que integram um conjunto de elementos com propriedades comuns, como por exemplo um objeto ou uma imagem, e cabem também os processos sequenciais ou sucessivos de informação, mais relacionados com o tratamento de dados que fazem parte de uma cadeia linear e que ocupam cada um deles, uma posição espaçotemporal precisa num dado conjunto de elementos, como por exemplo as letras numa palavra ou os números num telefone.

Para Luria, tratam-se de dois processos mentais diferentes embora complementares, cuja sede ou área de tratamento se encontram em regiões cerebrais igualmente diferentes, mas funcionalmente interligadas:

• os processos simultâneos, precocemente desenvolvidos, nas regiões parieto-occipitais, mais relacionados com as aprendizagens não verbais e não simbólicas básicas;

• os processos sequenciais, posteriormente desenvolvidos, nas regiões fronto-parietais, mais relacionados com as aprendizagens verbais e simbólicas mais complexas.

A **3ª unidade funcional**, com sede nos lobos frontais anteriores, cuja função assegura a capacidade para planificar, programar, verificar e executar condutas e ações intencionais e voluntárias, assume um papel de superestrutura que domina o conjunto da atividade mental.

Para Luria, qualquer tipo de aprendizagem na criança exige a cooperação integrada e sistêmica das três unidades funcionais. Neste

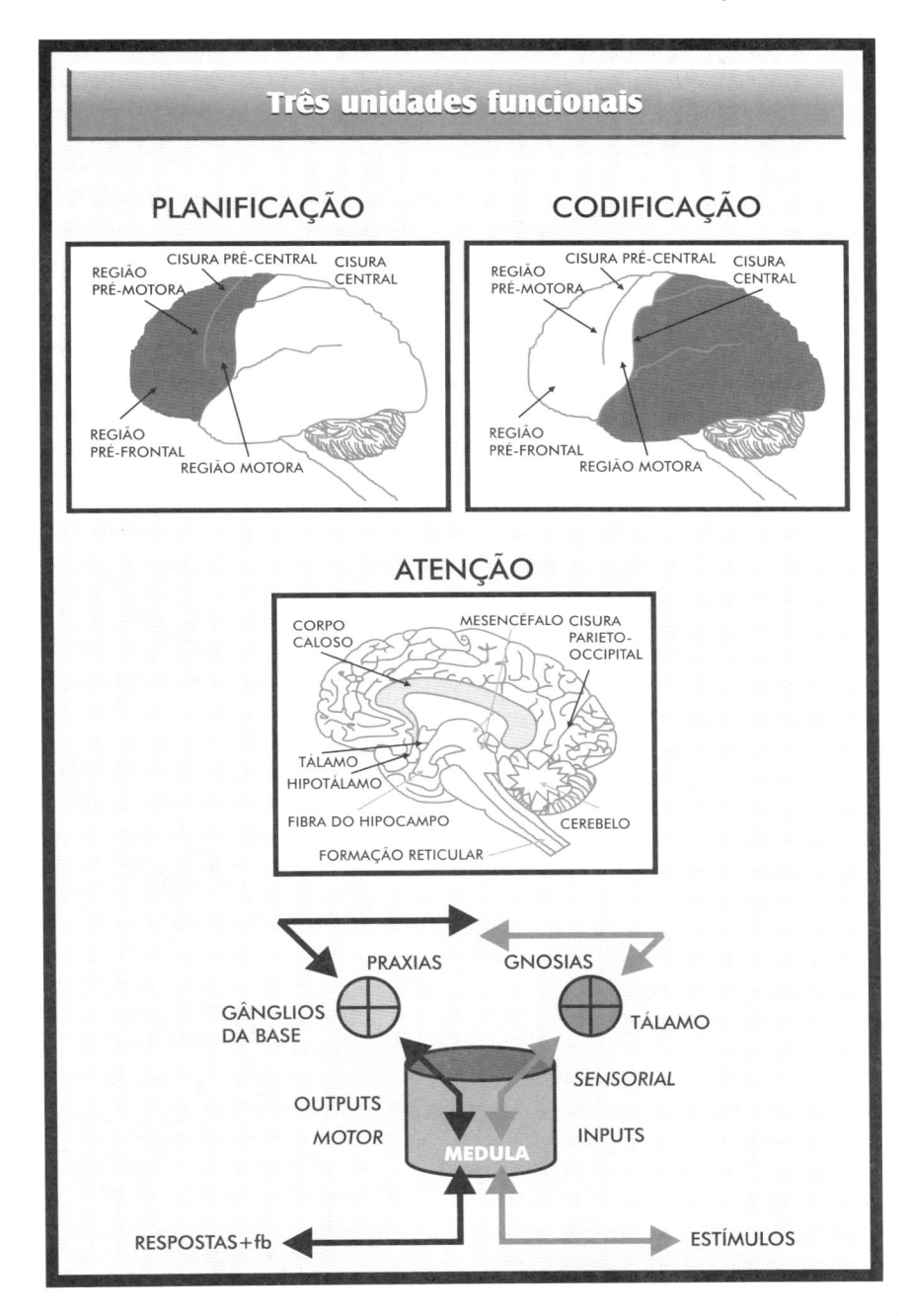

contexto aprender a andar, a jogar, a ler ou a escrever, exige capacidades de atenção, de processamento de dados simultâneos e sequenciais (somáticos e envolvimentais) e de planificação, controle e produção de respostas adaptativas. Os atrasos de desenvolvimento e as dificuldades de aprendizagem poderão emergir, as três unidades não se coíbem nem cooperam neurofuncionalmente.

O modelo de Luria, concebido a partir de observações clínicas muito minuciosas, revela-se de grande utilidade para a compreensão do funcionamento do cérebro humano em qualquer processo de aprendizagem (DAS 1998; DAS; KIRBY & JARMAN, 1979; DAS; NAGLIERI & KIRBY, 1994; DAS; KAR & PARRILA, 1996; FONSECA, 1998, 2001).

Dificuldades na atenção e na concentração, na análise, na síntese, na retenção e na organização e combinação de informação, ou problemas de impulsividade e de descontrole, refletem todo um espectro das dificuldades de adaptação e de aprendizagem. As desordens socioemocionais como o autismo, a Síndrome de Asperger, os *deficits* de atenção com e sem hiperatividade, as disfasias, as disnomias, as dispraxias, as dislexias, as disgrafias, as disortografias e as discalculias ou dismatemáticas, são matérias privilegiadas da neuropsicologia, quer não só do seu saber teórico e explicativo, quer da sua aplicabilidade na avaliação e na intervenção psicoeducacional.

Diversos domínios da psicopatologia e da psiquiatria estão também muito próximos da neuropsicologia, não só pela abordagem original que ela confere aos problemas de comportamento, como pela estreita intimidade com que a sua dinâmica funcional encara a organização, ou desorganização, dos diversos substratos cerebrais que participam na aprendizagem.

Em resumo, as bases neuropsicológicas da aprendizagem sugerem uma nova ciência da aprendizagem de grande utilidade para a educação e para a reabilitação. As relações interdisciplinares que emergem da interação dos saberes da neuropsicologia, da psicologia e da educação, podem ser muito importantes para o futuro de muitas crianças, jovens e adultos, com e sem necessidades especiais.

Tentamos evocar neste texto, que quando aprendemos qualquer saber ou competência, ou algo de novo, o cérebro modifica-se de alguma maneira. O cérebro é dramaticamente transformado pela aprendizagem, novas sinapses, novas mielinizações, novas redes neuronais e novos sistemas funcionais reorganizam-se a partir dela. Em certa medida a aprendizagem é a nutrição do cérebro.

Todos concordamos que a educação e a cultura transformam os nossos cérebros e as nossas mentes. A neuropsicologia pode fornecer alguma luz como o cérebro aprende (o cérebro aprendente), quer o da criança normal, quer o da criança com necessidades especiais, quer o de qualquer adulto, pois o processo de aprendizagem ocorre ao longo da vida. Até morrer podemos aprender, eis um traço exclusivo da espécie humana.

Com base nas bases neuropsicológicas da aprendizagem podemos entender melhor como devemos compensar as perturbações do desenvolvimento, perceber e localizar onde a aprendizagem foi impedida e identificar o sistema funcional ou os módulos da mente que estão envolvidos na desordem ou dificuldade de aprendizagem.

Compreender que o cérebro atua como uma orquestra composta de muitos instrumentos que funcionam em interação pode permitir por meio de uma avaliação dinâmica dotada de intuição clínica: detectar a disfunção e a origem do problema; identificar o perfil de aprendizagem; estimar o potencial das capacidades residuais; distinguir um atraso neurológico no surgimento de competências de aprendizagem dum problema neuroevolutivo; etc., etc.

Partindo do conhecimento do desenvolvimento neuropsicológico normal, podemos efetivamente estar em melhores condições para compreender o quadro semiológico dos casos atípicos, e ao mesmo tempo, desenvolver um programa de reeducação ou reabilitação individualizado mais adequado e eficaz.

A aprendizagem ocorre ao longo da vida, não só na infância, por isso os ensinamentos da neuropsicologia extravasam os anos de escolaridade. Pode a educação e a reeducação melhorar os cérebros das crianças e dos adultos com ou sem necessidades especiais? A resposta é sim.

O conhecimento passado pode ser transmitido às novas gerações, desde que elas possam aceder, processar e armazenar mais conhecimento, possam aprender mais e melhores competências, e possam também estar mais abertas e conscientes dos processos de construção e coconstrução do conhecimento.

Pensamos que a neuropsicologia e as neurociências podem dar novas respostas a muitas questões da aprendizagem humana ainda por resolver, principalmente no domínio da educação especial ou inclusiva. Os seus contributos podem fazer funcionar melhor os nossos cérebros, e é nessa direção que devemos orientar, no futuro, os nossos esforços, pois com esta crença no ser humano podemos aumentar o nosso desejo de aprender e de ensinar.

Bibliografia

AJURIAGUERRA, J. de (1974). *Manuel de psychiatrie chez l'enfant.* Paris: Masson & Cie.

ALS, H. (1985). Toward a Synactive Theory of Development: promise for the assessment of infant individuality.In: *Infant Ment. Health J.*, 3, p. 223-229.

APGAR, V. (1974). *Is My Baby all Right.* Nova York: Pocket Book.

APPELTON, C.; CLIFTON, J. & GOLDBERG, B. (1975). *At Risk Preschool Children.* Boston: Houghton & Mifflin.

AYRES, J. (1979). *Sensory Integration and the Child.* Los Angeles: Western Psychological Services.

_____ (1978). *Sensory Integration and Learning Disorders.* Los Angeles: Western Psychological Services.

BANDURA, A. (1963). Influence of Social Reinforcement and the Behavior of Models in Shaping Children's Moral Judgements. In: *Journal of Abnormal and Social Psychology*, 467, p. 274-281.

BLAKEMORE, S.-J. & FRITH, U. (2005). *The Learning Brain*: lessons for education. Malden: Blackwell Publishing.

BLOOM, B (1956). *Taxonomy of Educational Objectives* – Vol. I: Cognitive domain. Nova York: McKay.

BLOOM, L. & LAHLEY, M. (1978). *Language Development and Language Disorders.* Nova York: J. Willey & Sons.

BOWER, T.G. (1974). *Development in Infancy.* São Francisco: W.H. Breeman and Co.

BROFENBRENNER, U. (1977). Ecological factors in Human Development in Retrospect and Prospect. In: McGURK, H. (ed.). *Ecological Factors in Human Development.* Amsterdam: North Holland.

_____ (1979). *The Ecology of Human Development*. Cambridge: Harvard University Press.

BRUNER, J. (1974). *The Grow of Competence*. Londres: Academic Press.

BRUNER, J.; OLIVIER, R. & GREENFIELD, P. (1966). *Studies on Cognitive Growth*. Nova York: Wiley.

CAMPBELL, S. & WHITAKER, H. (1986). Cortical Maturation and Developmental Neurolinguistics. In: OBRZUT, J.E. & HYND, G.H.J. (eds.). *Child Neuropsychology*. Vol. 1 [s.n.t.].

CAVINESS, V. & SIDMAN, P. (1973). Time of Originof Corresponding Cell Classes in the Cerebral cortex of Normal and Reeler Mutant Mice. In: *Journal of Comparative Neurology*, 148, p. 141-152.

CHI, J.G. et al. (1977). Gyral Development of the Human Brain. In: *Annals of Neurology*, 1, p. 86.

CURTISS, S. (1977). Genie: *A Psycholinguistic Study of a Modern Day "Wild Child"*. Nova York: Academic Press.

DAMÁSIO, A. (1995). *O erro de Descartes*: emoção, razão e cérebro humano. Lisboa: Europa-América.

DARGASSIES, S.A. (1965). *Le dévelopment du systéme nerveux foetal*. Paris: Guigoz.

DAS, J.P. (1998). *The Working Mind:* an introduction to psychology. Londres: Sage.

DAS, J.P.; KAR, B. & PARRILA (1996). *Cognitive Planning*. Londres: Sage.

DAS, J.P.; KIRBY, J. & JARMAN, R. (1979). *Simultaneous and Sucessive Cognitive Processes*. Nova York: Academic Press.

DAS, J.P; NAGLIERI, J.A. & KIRBY, J.R. (1994). *Assessment of Cognitive Processes*: the Pass Theory of Intelligence. Boston: Allyn and Bacon.

DAWSON, G.; PANAGIOTIDES, H.; KLINDER, L.G. & HILL, D. (1992). The Role of the Frontal Lobe Functioning in the Development of Infant Self-Regulatory Behavior. In: *Brain and Cognition*, 20, p. 152-175.

DENCKLA, M.B. (1985). Motor Coordination in Dyslexic Children: theoretical and clinical implications. In: DUFFY, F. & GESCHWIND, N. (orgs.). *Dyslexia*: a neuroscientific approach to clinical evaluation. Boston: Little Brown and Co.

DENNIS, M. & WHITAKER, H. (1977). Hemispheric Equipotentiality and Language Aquisititon. In: SEGALOWITZ, S. & GRUBER, F. (orgs.). *Language Development and Neurological Theory*. Nova York: Academic Press.

DOUGLAS, V. & PETERS, K. (1979). Toward a Clearer Definition of the Attentional Deficit of Hyperactive Children. In: HALE, G. & LEWIS, M. (orgs.). *Attention and Cognitive Development*. Nova York: Plenum.

FEUERSTEIN, R. (1975). *Instrumental Enrichment*. Baltimore: Baltimore University Press.

FISHBEIN, H. (1977). *Evolution, Development and Children's Learning*. Califórnia: Pacific Palisades.

FISHER, A. et al. (1991). *Sensory Integration:* theory and Practice. Filadélfia: A. Davis Co.

FLAVELL, J.H. et al. (1993). *Cognitive Development*. Nova Jersey: Prentice Hall.

FLECHSIG, P. (1920). Developmental Localization of the Cortex in Human Subjects. In: *Lancet*, 2, p. 1.027.

FONSECA, V. da (2005). *Desenvolvimento psicomotor e aprendizagem*. Lisboa: Âncora.

_____ (2004). *Dificuldades de aprendizagem*: abordagem neuropsicológica e psicopedagógica. Lisboa: Âncora.

_____ (2002). Dislexia, cognição e aprendizagem. In: *Cad. Ass. Portuguesa de Dislexia*, ano 1, n. 1.

_____ (2001). *Cognição e aprendizagem*. Lisboa: Âncora.

_____ (1998). *Aprender a aprender*: a educabilidade cognitiva. Lisboa: Notícias.

_____ (1997). Un abordaje neuropsicológico de la somatognósia, In: *Psicomotricidad*, 54.

_____ (1996). *Manual de observação psicomotora*: significação psiconeurológica dos fatores psicomotores. Lisboa: Notícias.

_____ (1994a). Perturbações do desenvolvimento e da aprendizagem: tendências filogenéticas numa perspectiva dialógica entre o "normal" e o "desviante". In: *Rev. de Ed. Esp. e Reabilitação*, 1, p. 7-44.

_____ (1994b). Proficiência motora em crianças normais e com dificuldades de aprendizagem. In: *Rev. de Ed. Esp. e Reabilitação*, 2, p. 7-40.

_____ (1989a). Psicomotricidade e psiconeurologia: introdução ao Sistema Psicomotor Humano (SPMH). In: *Rev. de Ed. Esp. e Reabilitação*, 1, p. 9-18.

_____ (1989b). *Desenvolvimento humano*: da filogénese à ontogénese da motricidade. Lisboa: Notícias.

_____ (1987). Algunos fundamentos psiconeurológicos y psicomotores de la disléxia. In: *Psicomotricidad*, vol. n. 27, p. 73-116.

_____ (1986). Gerontopsicomotricidade: uma abordagem ao conceito de retrogênese psicomotora. In: *Rev. Reabilitação Humana*, n. 2.

_____ (1985). *Construção de um modelo neuropsicológico de reabilitação psicomotora*. Lisboa: FMH [Tese de doutorado].

_____ (1984). *Uma introdução às dificuldades de aprendizagem*. Lisboa: Notícias.

_____ (1975). *Contributo para o estudo da génese da psicomotricidade*. Lisboa: Notícias.

FREUD, S. (1962). *Trois ensais sur la théorie de la sexualité*. Paris: Gallimard.

_____ (1930). *Le moi el le ça*. Paris: Payot.

GALABURDA, A. et al. (1979). *Cytoarchitectonic Abnormalities in Developmental Dyslexia*. In: *Ann. Neurol.*, 6, p. 94.

GESCHWIND, N. (1972). *Anatomical Evolution and Human Brain*. In: *Bull. Orton Society*, 22, p. 45-57.

GESCHWIND, N. & LEVITSKY, W. (1968). *Human Brain*: left-right assymmetries in temporal Speech Region. In: *Science*, 161, p. 186-197.

GESELL, A. (1949). *Study of Child Development*. Nova York: Harper.

GINSBURGH, B. et al. (1966). The Multiple Bases of Human Adaptability and Achievement. In: *Eugenics Quarterly*, 13, p. 240-257.

GOLDMAN, P.S. & NAUTA, W.H. (1977). Columnar Distribution of Corticocortical Fibers in the Frontal Association, Limbic, and Motor Cortex of the Developing Rhesus Monkey. In: *Brain Research*, 122, p. 393.

GOLDMAN, P.S. & RAKIC, P.T. (1979). Impact of the Outside World upon the Developing Primate Brain. *Bulletin of the Menninger Clinic*, 43 (1), p. 2.

GOULD, S.J. (1989). *The Panda's Thumb*. Cambridge, Mas.: Belknap.

_____ (1977). *Ontogeny and Fhylogeny*. Cambridge, Mas.: Belknap.

HARLOW, H. (1958). The Nature of Love. In: *American Psychologist*, 13, p. 673-685.

HEBB, O. (1976). *La organization du comportment*. Paris: PUF.

HOROWITZ, F.D. (1982). The First Two Years of Life: factors related to thriving. In: MOORE, S. & COOPERS, C. (orgs.). *Research on Young Children*. Washington: Naeyc.

HUBEL, D. & WIESEL, T. (1965). Receptive fields of cells in Striate Cortex of Very Young Visually Inexperience Kittens. In: *Journal of Neurophysiology*, 28, p. 1.041.

ITARD, J.M. (1932). *The Wild Boy of Aveyron*. Nova York: Appleton.

JACOB, F. & MONOD, J. (1961). Genetic regulatory Mechanisms in the Synthesis of Proteins. *Journal of Molecular Biology*, 3, p. 318-356.

JACOBSON, M. (1975). Brain Development in relation to Language. In: LENNEBERG, E. (org.). *Foundations of Language Development*. Vol. I. Nova York: Academic Press.

JOHNSON, D. & MYKLEBUST, H. (1967). *Learning Disabilities*: educational principles and practices. Nova York: Grune & Stratton.

KIMURA, D. (1973). The Assymmetry of the Human Brain. In: *Scientific American*, 228, p. 70-78.

KOLB, B. & WHISHAW, I. (1986). *Fundamentos de neuropsicologia humana*. Barcelona: Labor.

KOPPITZ, E. (1971). *Children with Learning Disabilities*: a five year follow-up study. Nova York: Grune & Stratton.

LARROCHE, J. C. (1967). Regional Development of the Brain in Early Life. In: *Brain and Language*, 18, p. 192.

LECOURS, A.R. (1975). Myelogenetic Correlates of the Development of Speech and Language. In: LENNEBERG, E. (org.). *Foundations of Language Development*. Vol. I. Nova York: Academic Press.

LENNEBERG, E. (1976). *Biological Foundations of Language*. 2. ed. Nova York: Wiley.

LEVY, J. (1980). Cerebral Asymmetry and the Psychology of Man. In: WITTROCK, M.C. (org.). *The Brain and Psychology*. Nova York: Academic Press.

LURIA, A.R. (1975). *The Working Brain*. Londres: Penguin Books.

_____ (1965). *Higher Cortical Functions in Man*. Nova York: Basic Books.

LUSSIER, F. & FLESSAS, J. (2001). *Neuropsychologie de l'enfant:* troubles développementaux et de l'apprentissage. Paris: Dunod.

MARTIN, R. & AIMES, B. (1964). Biochemical Aspects of Genetics. In: *Annual Review of Biochemistry*, 33, p. 235-256.

McCALL, R.B. (1981). Nature – Nurture and the two Realms of Development: a proposed integration with respect to mental development. In: *Child Develop.*, vol. 52, n. 1, p. 1-12.

MINKOWSKI, A. et al. (1966). Development of the Nervous System in Early Life. In: FALKNER, F. (org.). *Human Development*. Filadélfia: Saunders.

MOOSA, A. & DUBOWITZ, V. (1972). Assessment of Gestational Age in Newborn Infants. In: *Dev. Med. and Child Neurol.*, n. 14.

MYKLEBUST, H. (1983). *Progress on Learning Disabilities*. Nova York: Grune & Stratton.

_____ (1975). Nonverbal Learning Disabilities: Assessment and Intervention. In: *Progress in Learning Disabilities*. Vol. III. Nova York: Grune & Stratton, p. 85-121.

PIAGET, J. (1962). *La naissance de l'intelligence chez l'enfant.* Paris: Delachaux et Niestlé.

_____ (1947). *La psychologie de l'intelligence.* Paris: A. Collin.

PRECHTL, H. (1981). *The Study of Neural Development as a Perspective of Clinical Problems, Maturation and Development.* Londres: Spastics Int. Med. Public.

QUIRÓS, J. & SCHRAGHER, O. (1985). Neuropsychological Foundations. In: *Learning Disabilities*. São Rafael: Academic Therapy Public.

RAKIC, P.T. (1975). Cell Migration and Neural Ectopias in the Brain. In: *Birth Defects* – Original Article Series, 11 (7), p. 95.

RAMON Y CAJAL, S. (1937). Recollections of My Life. Vol. 8. In: *Memoirs of the American Philosophical Society* [s.n.t.].

ROSENSWEIG, M.R. et al. (1962). Effects of Environmental Complexity and Training on Brain Chemestry and Anatomy. In: *Journal Comparat. and Physiol. Psychology*, n. 55, p. 427-429.

ROURKE, B. (1993). *Neuropsychology of Learning Disabilities*: essentials of subtype analysis. Nova York: The Guilford Press.

_____ (1989). *Nonverbal Learning Disabilities*: the sindrome and the model. Nova York: Guilford.

SAXEN, L. (1980). Neural Induction: past, present, and future. In: HUNT, R. (org.). *Neural Development*. Vol. 15. Nova York: Academic Press.

SCARR, S. & KIDD, K. (1983). Developmental Behavior Genetics. In: MUSSEN, P. (org.). *Handbook of Child Psychology*, 4 ed. Nova York: Wiley.

SCARR, S. & WEINBERG, R. (1983). The Minnesota Adoption Studies: malleability and genetic differences. In: *Child Development*, 34, p. 260-267.

SCARR, S.; WEINBERG, R. & LEVINE, A. (1986). *Understanding Development*. São Diego: H.B. Jovanovich.

SPEECE, D.L. & COOPER, D. (1990). Ontogeny of School Failure: classification of first grade children. In: *Am. Educat. Research Journal*, 27, p. 119-140.

SPERRY, R. (1971). How a Developing Brain Gets Itself Properly Wired for Adaptative Function. In: TOBACH, E. et al. (orgs.). *The Biopsychology of Development*. Nova York: Academic Press.

THEISSEN, D. (1972). *Gene Organization and Behavior*. Nova York: Random House.

VYGOTSKY, L.S. (1993). The Collected Works. In: RIEBER, R. & CARTON, A. (orgs.). *The Fundamentals of Defectology*. Vol. 2. Nova York: Plenum Press.

_____ (1978). *Mind and Society*: the development of higher psychological processes. Nova Jersey: Harvard University Press.

_____ (1962). *Thought and Language*. Cambridge: MIT Press.

WADDINGTON, C. (1966). *Principles of Development and Diferentiation*. Nova York: MacMillan.

_____ (1957). *The Strategy of the Genes*. Londres: Allen & Unwin.

WALLON, H. (1969). *Do acto ao pensamento*. Lisboa: Portugália.

_____ (1934). *Les origines du caractére chez l'enfant*. Paris: PUF.

_____ (1932). Syndromes d'Insuffisance Psychomotrice et Types Psychomoteurs. In: *Ann. Med. Psychol.* [s.n.t.].

_____ (1925). *L'Enfant turbulent*. Paris: Alcan.

WOHLWILL, J. (1973). The Concept of Experience: S or R? In: *Human Development*, 16, p. 90-107.

YAKOVLEV, P. & LECOURS, A. (1967). The Myelogenetic Cycles of Regional Maturation of the Brain. In: MINKOWSKI, A. (org.). *Regional Development of the Brain in Early Life*. Oxford: Blackwell Scientific.

4
Dislexia e inclusão

Monica Luczinski*

Há diferentes aspectos a serem considerados na complexidade da inclusão escolar do aluno que apresente algum tipo de dificuldade de aprendizado. E especialistas têm concordado que a dificuldade de uma inclusão efetiva do disléxico em sala de aula está no levantamento diagnóstico que revele as habilidades e dificuldades de aprendizado desse estudante, que deverá nortear a aplicação de um programa de ensino construído em tecnologias neuropedagógicas de reeducação da linguagem, porque a integração do aluno disléxico na escola e na sociedade está diretamente ligada ao desenvolvimento de sua capacidade de aprender a ler e escrever com precisão e fluência.

E para que tais medidas possam ser implementadas na escola torna-se necessária a capacitação do especialista e o treinamento do professor que irá assistir a esse aluno.

A Câmara Federal realizou um estudo diagnóstico sobre a situação da alfabetização no Brasil. Esse resultado foi divulgado pela Comissão de Educação e Cultura, através de diretrizes que receberam a denominação de "Alfabetização Infantil – Os novos caminhos", de 15/09/2003. Abaixo, a reprodução de um pequeno trecho desse importante documento:

---

* Master of Education in Special Education pela Framingham State College and International Education Programs, Inc., Massachusetts; graduada em Psicologia pela Faculdade de Filosofia, Ciências e Letras do Paraná.

Nos últimos 30 anos, houve um gigantesco progresso nos conhecimentos científicos sobre o processo de aprendizagem da leitura e da escrita, bem como sobre métodos de alfabetização. Os estudos sobre alfabetização saíram do campo da intuição, do amadorismo e empirismo e da especulação teórica para adquirir foros de ciência experimental. Hoje, existe uma "Ciência da Leitura", que possui rigor e *status* acadêmico similar ao de outras ciências. Governos da maioria dos países industrializados vêm se beneficiando do resultado dessas pesquisas e promovendo importantes reformas em suas políticas, programas e práticas de alfabetização. Diversas razões têm impedido que o Brasil acesse esses conhecimentos e incorpore a experiência de países mais bem-sucedidos...

O diagnóstico diferencial em dislexia

Para que o disléxico possa receber uma instrução escolar que o habilite a superar ou minimizar suas dificuldades de aprendizado, torna-se necessária a capacitação do educador que deverá dar apoio e supervisão ao trabalho de reeducação da linguagem que um professor treinado irá desenvolver junto a esse aluno em sala de aula, de forma individual ou para pequenos grupos de estudantes que precisem do reforço de uma instrução neuropedagógica assistida.

Como acontece também em outros países, há uma grande dificuldade na capacitação de profissionais em dificuldades de aprendizado, porque essa especialização exige todo um novo olhar para as atuais conquistas da Ciência da Leitura, cujas pesquisas hoje comprovam como o cérebro aprende a ler e escrever, e através de que metodologias de ensino o disléxico e o analfabeto funcional e literal podem superar suas dificuldades de linguagem.

Mas uma alfabetização eficiente nas dificuldades de aprendizado começa com um levantamento diagnóstico procedente, realizado por equipe multidisciplinar, que revele os sintomas e sinais que predispõem crianças já a partir do Jardim de Infância e do Pré-Primário a poderem vir a apresentar dificuldades na alfabetização e, da mesma forma, que possa indicar as dificuldades e as facilidades de linguagem de alunos que não estejam conseguindo aprender a ler e escrever com precisão e fluência.

> Com identificação e intervenção precoces e com uma assistência sistemática explícita e intensiva em instrução para o desenvolvimento da consciência fonológica, dos fonemas e de fluência em leitura e vocabulário, com estratégias de compreensão da leitura em crianças sob risco de tornarem-se disléxicas, decresceu de 38% para a percentagem de 2% a 6% o número desses alunos que foram assistidos através de programas preventivos de ensino, quando esses estudantes atingiram a 4ª série do Ensino Fundamental.
>
> Dr. Reid Lyon, Ph.D., neuropsicólogo

O levantamento diagnóstico é importante não só para estruturar um programa de ensino eficiente. É a partir do diagnóstico que o aluno começa a ter a oportunidade de compreender o porquê de suas dificuldades e a descobrir que ele é capaz de aprender a ler e escrever. E os pais de uma criança ou de um jovem disléxico podem começar a entender o que está acontecendo com seu filho, o que está dificultando ou impedindo que ele possa desenvolver seu potencial de aprendizado. E é também na conclusão diagnóstica que o professor de sala de aula, então, poderá somar as suas próprias observações, a avaliação conclusiva de uma equipe transdisciplinar de especialistas, que tenham capacitação também na área das dificuldades de aprendizado.

E como cada estudante é único, o disléxico tem os próprios caminhos na elaboração do ensino, combinando áreas cerebrais em níveis de estímulos e de emoções individuais, apresentando aptidões e dificuldades em nuances muito pessoais. E embora todos os disléxicos compartilhem a dificuldade para desenvolver a consciência fonológica, a dislexia não tem relação com níveis de inteligência e com outras formas de habilidades.

Por tudo que envolve, um diagnóstico procedente é o ponto de partida para o sucesso de um programa reeducativo de ensino, que habilite o aluno disléxico a ter sucesso no aprendizado de leitura e escrita.

Os pais e os professores do disléxico nem sempre entendem como uma criança brilhante e entusiasta possa não estar conseguindo aprender a ler e escrever. E, então, ainda hoje podem repetir-se as mesmas atitudes que aconteciam quando as informações não eram consistentes, quando a Neurociência ainda não nos oferecia respostas irrefutáveis acerca de como o cérebro aprende a ler e escrever. E continua a haver reações negativas de pais e professores desinformados, o que só agrava as dificuldades de aprendizado e emocionais desse aluno: "Poderia ser um aluno brilhante, se..." E multiplicam-se os adjetivos depreciativos que nenhum disléxico merece e que jamais deveria ouvir. Ironicamente, parece que muitos pais e professores ainda não são capazes de avaliar o quanto duramente um aluno disléxico possa estar tentando aprender.

E, muitas vezes, nem mesmo uma pontuação altíssima alcançada em determinados testes livra o aluno com dificuldades de aprendizado de um tratamento inadequado em casa e na escola. Em alguns casos, crianças que alcançam níveis incluídos na categoria "Muito Superior" em testes de inteligência (QI) sofrem com a desinformação de pais e professores. A dúvida é sempre a mesma: "Mas será que ele não é preguiçoso, sem-vergonha?"; "Como ele pode falar tão bem, mas não conseguir escrever nada...?"

Algumas escolas tradicionalistas chegam a reprovar alunos com um potencial superior de aprendizado, capazes de grandes realizações quando bem conduzidos em seu processo de aprendizado escolar.

Os exemplos abaixo ajudam a equacionar questões paralelas que se integram a dificuldades individuais de disléxicos, de suas famílias e de seus professores, e reafirmam a importância do diagnóstico e da reeducação procedentes nas dificuldades de linguagem.

> Alguns estudantes se diferenciam de seus colegas por uma inteligência e capacidade de aprendizado superior. Estes estudantes, que eram classificados como superdotados e talentosos, e tradicionalmente definidos através de testes de QI com escores de 120 pontos e superior a esta percentagem como um primeiro critério. Porém, o critério atual é muito mais amplo. E embora não exista uma definição única, é aceito por todos os grupos que o foco central se volte para a capacidade do estudante em dar uma contribuição significativa à sociedade, numa diversidade de áreas, incluído o empenho acadêmico e criativo do aluno, mecânico, motor, ou de habilidades dirigidas às "artes puras".
>
> Smith, Polloway, Patton & Dowdy, 2003

Um jovenzinho inteligente de 15 anos de idade, que viajou 3.500km para ser diagnosticado e participar de um programa intensivo de instrução para a reeducação das suas dificuldades de aprendizado, teve uma crise de choro convulsivo quando começou a adquirir fluência na leitura, depois de 15 dias de instrução intensiva em tecnologia de ensino fonológico e linguisticamente estruturado. E, então, ele desabafou: "Se existia solução para a minha dificuldade, por que tive que sofrer tanto...!?"

Um outro adolescente que obteve uma pontuação equivalente a 99,9 percentil em Testes de Inteligência, ou seja, nível de inteligência "Superior" e com uma dislexia muito grave, também não encontrou na escola o apoio que necessitava para desenvolver a potencialidade enorme que possui. Embora a preocupação dos pais em proporcionar-lhe uma "boa escola", o garoto ainda não foi diagnosticado, mesmo apresentando características típicas da dislexia. Ele também recebe a assistência particular de um profissional que afirma não acreditar em dislexia. E a escola "conceituada" que ele frequenta aceita a opinião isolada desse profissional, não mobilizando os atuais recursos científicos de ensino de leitura e escrita. Assim, as chances desse jovem de superar suas dificuldades ficam muito reduzidas, embora todo o potencial de inteligência e de aprendizado que ele possui, típica de gênios, que têm promovido a evolução da humanidade.

Sem uma tecnologia adequada de ensino, um disléxico em nível grave não consegue aprender a ler e escrever com precisão e fluência, habilidades que são básicas para outras formas de aprendizado e altamente exigidas no mundo globalizado e competitivo de nossos dias.

Aurora é mãe de um disléxico em nível grave, hoje com 32 anos de idade. E ela também é avó de um menino de 8 anos que apresenta características de dislexia e com uma disgrafia/disortografia graves. Desde jovem, ela foi educadora com aptidão especial para ensinar alunos com dificuldades para aprender a ler e escrever. Mais tarde, Aurora passou a dirigir uma escola pública que se tornou modelo em Curitiba, pela dedicação e eficiência do trabalho que ela realizou.

Por causa das graves dificuldades de aprendizado de seu filho e porque Aurora não conseguia ajudá-lo, ela foi completar seus estudos, cursou Pedagogia em busca de habilitar-se em tecnologias mais atualizadas e eficientes de ensino. Mas sempre que levava à avaliação as dificuldades de seu filho, àquela época seus professores não tinham respostas para o problema. E Aurora terminou seu curso sem ter aprendido como ajudar seu filho disléxico. E somente mais tarde ela recebeu informações sobre dislexia e acerca de tecnologias de reeducação do disléxico.

Mas a filha de Aurora também tem um filho que apresenta sintomas semelhantes aos do tio, com uma possível disgrafia/disortografia em nível grave e sintomas de uma provável dislexia. Aos 4 anos de idade, uma professora do Jardim de Infância do menino já observara sinais predisponentes de dislexia, mas a resistência da mãe em aceitar essa possibilidade a levou a trocar a escola do filho. E, hoje, aos 8 anos de idade, as dificuldades de aprendizado já se mostram instaladas, e os sofrimentos superlativos envolvem a criança e toda a família.

O fator relevante, neste caso, é a resistência que até um profissional experiente possa apresentar ao se deparar com as dificuldades escolares de uma criança, quando há um vínculo familiar que potencializa o aspecto emocional que envolve a dislexia. E Aurora, apesar da ampla vivência pessoal, de sua rica prática profissional e das informações que a Ciência da Leitura nos traz, ela não foi capaz de vencer suas resistências para poder encarar as dificuldades do neto e, então, buscar soluções pertinentes para ajudá-lo efetivamente. E, surpreendentemente, ela fez a seguinte ponderação que, poder-se-ia pensar, somente um parente ou um profissional desinformado seria capaz de fazer:

"Mas será que é dislexia, mesmo...!? Será que não é preguiça?"

Esta posição de Aurora revela as dificuldades que pessoas podem experimentar para encarar a realidade da dislexia em membros de sua própria família. E espelha a resistência que pais, parentes próximos, educadores e professores desinformados ainda podem ter com relação às dificuldades do disléxico, muitas vezes permeadas de facilidades e habilidades ímpares, expressivas, que podem chegar até a genialidade.

Essa é uma questão muito sensível e preocupante, porque não se trata de casos isolados. Há pais que dão uma dimensão às dificuldades de aprendizado de um filho disléxico como se fora uma predição de fracasso escolar e de vida. Os disléxicos famosos e grandes gênios da humanidade são exemplos eloquentes de que esta preocupação não é procedente. Manter o filho sem diagnóstico e sem uma assistência escolar adequada, sim, é submetê-lo, desnecessariamente, a grandes frustrações e riscos; é negar-lhe o direito que ele tem de lutar e vencer suas dificuldades de aprendizado. Principalmente nos dias de hoje, quando os educadores brasileiros começam a introduzir metodologias mais atualizadas em suas práticas de ensino, comprovando o altíssimo nível de eficiência dessas práticas neuropedagógicas.

Quanto à preocupação de rotular o filho ou o aluno como disléxico, psicólogos são unânimes em afirmar que tal cuidado não tem relação com a realidade do aspecto emocional do disléxico. Isto porque uma criança ou um jovem disléxico é rotulado e discriminado numa escola não inclusiva, sempre que ele não seja entendido e, ele próprio, então, não possa entender o porquê de não estar aprendendo como a maioria de seus colegas aprende. É assim que a autoimagem e a autoestima de uma criança ou de um jovem disléxico ficam rebaixadas pela frustração de não poder entender as causas de suas dificuldades embora se perceba inteligente, e por não lhe ser dada a oportunidade de superar essas dificuldades e poder aprender a ler e escrever com eficiência.

Essa questão leva a uma reflexão sobre razões e posições de pais e educadores que dificultam e atrasam o processo de desenvolvimento da criança que precisa do trabalho de especialistas, do professor e da família para aprender. E este exemplo é especialmente importante quanto à percepção de nossas responsabilidades e das consequências de deixarmos nossas crianças à mercê de suas próprias dificuldades, sem tomarmos medidas efetivas para ajudá-las, concretamente. Há pais que ainda esperam pelo "milagre" de que o tempo resolva os problemas do filho, o que nunca acontece espontaneamente em dislexia.

Metodologias de ensino em dislexia

Em Conferência online patrocinada pela Fundação Schwab de Aprendizado, em 14 de outubro de 2003, foi feita a seguinte pergunta à Dra. Sally Shaywitz, neurocientista, professora, pesquisadora, codiretora do Centro de Estudos do Aprendizado e da Atenção da Yale University, membro do Instituto de Medicina da Academia Nacional de

Ciências e do Painel Nacional de Leitura dos Estados Unidos, e autora do livro *Overcoming Dyslexia* (Entendendo a dislexia):

> Dra. Sally, a Senhora acredita que o disléxico, como um paciente que tenha sofrido um acidente vascular cerebral (AVC), poderá ser ensinado a reorganizar um novo caminho neurológico para poder usar a parte correta de seu cérebro para a leitura?

Resposta da Dra. Sally Shaywitz:

> A resposta que agora nós temos é direta, e tem uma evidência científica comprovando que, através de um programa de leitura cientificamente embasado, utilizado de modo a intervir junto a indivíduos com dificuldades de leitura, possibilitará o desenvolvimento de sistemas neurais que são fundamentais para a leitura. Para provar esta informação, nós e outros pesquisadores temos utilizado novas e surpreendentes tecnologias chamadas "Imagem Funcional Cerebral (f MRI), para identificar os sistemas neurais responsáveis pela leitura em crianças e adultos e, em particular, para identificar a região chamada de "área de formação da palavra", que está envolvida com a leitura silenciosa hábil e fluente. Nós também sabemos que em crianças e adultos que são disléxicos há uma falha ou interrupção nessa região, que estabelece a evidência de que programas efetivos de leitura promovem a ativação dessa área em pessoas com dificuldades de leitura. A boa notícia é que o cérebro é muito flexível e adaptável, e eu o vejo como à espera e pronto para receber um efetivo programa de leitura, que o ajudará a desenvolver esses sistemas cerebrais específicos para a leitura. A forma de ensinar é importante, e programas efetivos podem trazer mudanças positivas dentro do cérebro, e uma capacidade maior de leitura. Este é o porquê de ser imperativo que seja dada a todas as crianças a oportunidade de alfabetizar-se através de programas de leitura com bases científicas comprovadas.

É essencial que a estrutura da metodologia de reeducação da linguagem seja construída dentro de padrões fonológicos e linguísticos, em níveis progressivos de dificuldades. E que a aplicação dessas tecnologias seja mobilizada através de recursos neuropedagógicos especificamente determinados, para que se possa obter os melhores resultados na aplicação desses programas de ensino preventivo e reeducativo. E é oportuno observar que a aplicação dessas metodologias de ensino é tão importante quanto a estrutura dessas tecnologias em si mesmas.

Portanto, um diagnóstico multidisciplinar, métodos cientificamente estruturados, o educador capacitado e o professor de sala de aula treinado constituem a chave-mestra de um programa preventivo de sucesso no ensino de crianças sob risco de virem a apresentar dificuldades no aprendizado de leitura e escrita, bem como em programas de reeducação de disléxicos e de analfabetos funcionais e literais, de qualquer idade.

> O nosso professor deve dominar completamente todos os conteúdos, de modo a ser capaz de ensinar diagnosticando. Para que isto possa acontecer, esse professor tem que memorizar praticamente todas as matérias e automatizar as técnicas de ensino. Isso significa que toda a sua atenção deve estar inteiramente dirigida ao objetivo de olhar a criança e, instantaneamente, diagnosticar cada erro que ela esteja cometendo, dando-lhe o reforço da autoconfiança e orientando como ela poderá superar sua dificuldade, durante sua lição, em seu aprendizado da leitura.
>
> Dr. Jesse Grimes

Um método efetivo para a inclusão e reeducação do disléxico brasileiro

O Método Panlexia para ensinar o disléxico brasileiro a Ler e Escrever foi construído e tem sido revisto e atualizado a partir de seu alicerce que incorporou os princípios da Linguística Estruturada do Dr. Leonard Bloonfield (1933), à prática Orton-Gillinghan (1925). Técnicas de ensino que o Dr. Jesse Grimes já utilizara, e às quais ele incorporou o resultado de suas avaliações e conclusões em laborioso trabalho de pesquisa que desenvolveu com sua equipe, nas Escolas Newton, em Massachusetts, Estados Unidos.

Um dos trabalhos da maior relevância que tem influenciado a atualização do Método Panlexia constitui-se num verdadeiro divisor de águas na pesquisa científica da Dislexia. Trata-se da primeira abordagem neuropedagógica de ensino que foi desenvolvida pelo Dr. Samuel Torrey Orton (1879-1948), professor de Neuropsiquiatria e Neuropatologia do Instituto Neurológico da Universidade Colúmbia. Ele foi pioneiro em pesquisar as dificuldades no aprendizado da linguagem, estabelecendo uma conexão entre a informação neurológica e os princípios psicopedagógicos. Já em 1925, ele havia identificado a Síndrome da Dificuldade de Leitura, separando-a de deficiência mental e lesão cerebral, e tendo estabelecido uma explicação fisiológica para o problema, com a avaliação de um prognóstico favorável.

Para desenvolver uma técnica que complementou seu trabalho, o Dr. Orton convidou para compor sua equipe de pesquisas a Educadora Anna Gillinghan, que participou da construção do Projeto do Primeiro Programa de Ensino para a Reeducação da Dislexia.

Anna Gillingham (1878-1963), psicóloga e educadora, dirigiu o treinamento de professores em técnicas pedagógicas reeducativas para estudantes disléxicos, na prática pedagógica do Programa de Pesquisas das Dificuldades de Leitura desenvolvido pelo Dr. Orton. Com a participação de Bessie W. Stillman, Gillinghan compilou e publicou materiais de ensino numa abordagem denominada Orton-Gillinghan, material que, inicialmente, foi chamado de "The Guillingham Stillman Manuals", introduzido nos Estados Unidos nos anos 1920, e cujos princípios até hoje são utilizados em países como o Canadá e os Estados Unidos.

Um outro profissional que teve uma influência significativa na construção do Método Panlexia foi o linguista Dr. Leonard Bloomfield, Ph.D., que em 1933 formulou o conceito que "Seria melhor ensinar leitura a estudantes disléxicos através da introdução de elementos consistentes do idioma escrito, primeiramente e, só então, depois de estabelecidas essas conexões, ir acrescentando de modo progressivo os padrões menos comuns de soletração". Ele deu o nome de "Linguística Estruturada" a essa forma de abordagem pedagógica, e desde então, muitos pesquisadores vêm investigando os inúmeros aspectos da Dislexia, e diferentes programas reeducativos de ensino têm sido publicados nos Estados Unidos. Estão incluídos entre esses pesquisadores: N. Dale Bryant, John Money, Samuel Orton, Masland, Geschwind, Galaburda, e outros.

Já na década de 1960, o Dr. Jessé Grimes, Ph.D., foi convidado pelas Escolas Newton, em Newton, Massachusetts, Estados Unidos, para investigar qual seria a mais eficiente entre as três formas de abordagens de ensino: visual/global – fonética – linguística estruturada. E ficou evidenciado através dessas pesquisas que os métodos de leitura em séries linguísticas desenvolvidos pelo Dr. Grimes tiveram importância fundamental no grande sucesso do Programa Linguístico Estruturado construído por ele para o ensino de crianças com Dificuldades de Aprendizado.

O Dr. Grimes já havia sido treinado em técnicas Orton-Gillinghan de ensino diferencial, porém aprimorou essas abordagens e desenvolveu outras tecnologias complementares que ele comprovou serem essenciais para ensinar o aluno com dificuldades de linguagem. Dentre essas técnicas está incluído o treinamento para desenvolvimento da consciência fonológica, que somente nos últimos poucos anos têm sido reconhecida por pesquisadores famosos de diferentes países, como um componente básico para o grande sucesso alcançado no aprendizado de leitura e escrita.

Pamela Kvilekval, educadora inglesa especializada em dificuldades de aprendizado e que fez parte do primeiro grupo de educadores treinados pelo Dr. Grimes, tendo, posteriormente, assumido a direção do Ensino Especial nas Escolas Públicas de Andover, em Andover, Massachusetts, Estados Unidos, sistematizou o Método Panlexia com base nos programas de reeducação da dislexia desenvolvidos pelo Dr. Grimes, nas Escolas Newton de Massachusetts, Estados Unidos, primeiramente no idioma inglês e, posteriormente, na língua italiana. E com a coautoria de Mônica Luczynski, psicóloga brasileira com especialização em dificuldades de aprendizado, elas construíram a estrutura do programa de ensino do Método Panlexia para o Brasil, fundamentada nas características fonêmicas e grafêmicas do idioma português.

Características do método panlexia

1) **É multissensório**, isto é, são usados de forma simultânea ou em rápida sucessão os diferentes canais de aprendizado, com o objetivo de melhorar a memória e o aprendizado. São criadas ligações consistentes entre o que se vê – canal visual; o que se escuta – canal

auditivo; e o que se sente, incluída a consciência motora do movimento – canal tátil-cinestésico, no aprendizado da leitura e da escrita.

A pesquisa científica comprovou que pessoas que usam todas as vias de aprendizado conseguem armazenar e revocar as informações de maneira eficiente.

2) **Ensino explícito** da correspondência fonêmica e grafêmica.

3) A leitura e escrita são **ensinadas simultaneamente**.

4) **É estruturado**, porque existem procedimentos a serem seguidos, passo a passo, para introduzir, praticar e rever conceitos. É ensinada a consciência fonológica – a correspondência de grafemas e fonemas, os tipos de sílabas, regras e probabilidades estruturais da língua, prefixos, sufixos.

5) **É sequencial e cumulativo**. A linguagem é ensinada a partir de seus elementos mais simples para os mais complexos, e das formas regulares para as irregulares. O ensino obedece a uma sequência lógica, através de processos multissensoriais apropriados, e cada passo dado é apoiado em habilidades já aprendidas. O conhecimento cresce à medida que os neurônios constroem novas conexões cerebrais, aumentando ou diminuindo o foco/trabalho das redes neurais já existentes.

A informação entra em nossos cérebros através das conexões nervosas já existentes, e esse conhecimento prévio se constitui no substrato para a construção do entendimento novo. Nós aprendemos ligando o novo ao velho. O aprendizado novo modifica o velho, algumas vezes através da revocação, mas estamos sempre construindo novos conhecimentos em cima de conteúdos já aprendidos.

Algumas vezes, essas redes neurais antigas têm tanta força, que acabam se tornando uma barreira para a elaboração do conhecimento novo.

Estimulando as redes neurais já estabelecidas, entendendo como o aluno pensa e a origem de suas experiências anteriores, pode-se obter melhores *insights* de como fazer com que o aluno construa novas redes a partir de conexões neurais já existentes.

6) **É flexível** e foca as **necessidades individuais** de cada aluno. O professor prepara as lições, criando mudanças apropriadas para serem usadas em momentos oportunos. E o ritmo do ensino deve ser de-

terminado pelas características individuais de aprendizado de cada aluno. Este procedimento é chamado de ensino diagnóstico.

Usando o conhecimento de como cada aluno aprende melhor, o educador adapta o seu ensino com o objetivo de capitalizar os pontos fortes do estudante.

Então, através da observação do desempenho do aluno, o professor modifica a instrução, construindo o conhecimento novo com o apoio das redes neurais já existentes. A ideia pedagógica é a de construir o conhecimento novo em cima do conhecimento já adquirido, e não na tentativa de eliminar o que nos incomode. Nenhum comentário desrespeitoso do professor como nenhuma marca de caneta vermelha podem eliminar as conexões neurais já existentes nos cérebros dos estudantes.

A arte do ensino está na habilidade do educador em encontrar as partes das conexões nervosas que estejam "corretas", e ajudar os estudantes a ligar os novos conhecimentos a essas conexões, gerando um entendimento mais completo. Esta abordagem sugere que muito do que consideramos "errado" é, apenas, incompleto.

Quando é dada ênfase a esta abordagem de ensino terapêutico, o estudante começa a superar as atitudes negativas que apresentava com relação aos erros que cometia. Esse aluno aprende que cada erro fornece uma pista para o entendimento de como ele pensa e de como trabalha. Os erros definem a linha demarcatória que separa uma percepção confusa do entendimento claro.

Usando as técnicas de ensino diagnóstico, a cada etapa do processo de aprendizado os professores podem monitorar, continuadamente, o progresso dos alunos, e também podem prover *feedback* constante, mobilizando técnicas corretivas no momento imediato em que surjam as dificuldades do estudante.

O aspecto emocional em dislexia

> Estabelecer um vínculo com o aluno disléxico é a base primordial para que o professor possa ser bem-sucedido na aplicação de um programa efetivo de ensino de leitura e escrita em dislexia.
>
> Fábio Luczynski, disléxico

> Porque o sistema límbico é mediador entre o pensamento e o sentimento, é fácil perceber por que a emoção é tão crucial para tomarmos boas decisões e pensarmos claramente. Emoções podem bloquear o pensamento e o aprendizado. Quando estamos felizes, temos uma "mente clara", porém quando estamos deprimidos não conseguimos "pensar direito". Emoções positivas como alegria, contentamento, aceitação, crença e satisfação podem melhorar o aprendizado. Ao contrário, sofrimentos emocionais prolongados podem prejudicar nossa capacidade de aprendizado. Todos nós sabemos como é difícil aprender ou lembrar alguma coisa quando estamos ansiosos, com raiva ou deprimidos.
>
> Dra. Candy Lawson, Ph.D.

> Na interpretação do sistema que comanda a informação sensória, baseada nas memórias da pessoa e em sua reação imediata ao que aconteça (estado emocional), melhor poderá ser o aprendizado. A pesquisa mostra que a felicidade tem um efeito positivo no aprendizado, na memória e no comportamento social. E que estados emocionais negativos como raiva e tristeza trazem um impacto negativo no aprendizado e na motivação.
>
> Dra. Candy Lawson, Ph.D.

A linguagem falada é um importante instrumento de comunicação entre professor-aluno, que pode facilitar a construção do vínculo necessário no ensino-aprendizado. E especialmente quando o estudante é disléxico, a preocupação do professor ou terapeuta em estabelecer um relacionamento empático com o aluno toma proporções ainda mais intensas e significativas, porque a sensação do fracasso escolar gera um estado emocional de uma constante ansiedade e insegurança.

Por tudo que envolve o aspecto emocional em dislexia, se o disléxico não receber uma acolhida afirmativa e a instrução de que precisa em uma escola inclusiva, ele se torna extremamente vulnerável a potencializar sua sensibilidade, seus sentimentos negativos, que vão interferir em seu comportamento social e em seu aprendizado. Este quadro emocional pode estabelecer-se já a partir dos primeiros anos da vida escolar de uma criança, e agravar-se e estender-se ao longo de toda a sua vida, se o aluno disléxico não receber um atendimento escolar capaz de ajudá-lo a superar efetivamente as suas dificuldades emocionais e de aprendizado.

A Dra. Loureta Bender observou, a partir de 1934, que pelo menos 50% das crianças que eram tratadas por distúrbios psiquiátricos e do comportamento no Hospital Bellevue, em Nova York, apresentavam graves dificuldades de leitura. E que muitas dessas crianças respondiam bem a uma assistência psicopedagógica apropriada.

Kline e colegas (1968) se referiram ao tratamento de 50 crianças com desordem de comportamento associada com fracasso escolar, em um centro comunitário de saúde mental. E ao invés de começar o tratamento por um programa de psicoterapia habitual, essas crianças eram assistidas por tutores capacitados para ensiná-las através de uma abordagem multissensória estruturada. A maioria desses jovens superava ou aliviava suas desordens emocionais ao superarem dificuldades em seu aprendizado, ao ponto de se tornarem mais maleáveis em casa e na escola. Uma dessas crianças precisou de um tratamento psiquiátrico paralelo ao seu programa de ensino escolar, ao longo de toda sua assistência psicopedagógica, e também somente uma outra dessas crianças teve a necessidade de receber um tratamento psiquiátrico antes de ser incluída nesse programa de ensino.

> Para a maioria dessas crianças, a assistência de ensino funcionou verdadeiramente como uma terapia (ARTHUR, 1946).

O neuropsiquiatra Dr. Samuel Torrey Orton foi um dos primeiros profissionais a descrever os aspectos emocionais da dislexia. De acordo com suas pesquisas, a maioria dos disléxicos é feliz e bem ajustada até o período da pré-escola. Seus problemas emocionais começam a surgir no início da instrução da leitura, quando o ensino não corresponde ao caminho neuropedagógico individual de aprendizado desse estudante. No final do ano letivo, as frustrações aumentam na proporção em que colegas vão ultrapassando o disléxico no domínio de leitura e escrita.

Toda criança, ao entrar na escola, espera aprender a ler e escrever. Seus pais e familiares reforçam essa expectativa e também eles esperam que isto aconteça. E quando os colegas começam a realizar tal conquista, as crianças que vão ficando para trás passam a sentir-se frustradas, inseguras. E se as dificuldades persistem ou ficam mais evidenciadas, elas correm o risco de ter rebaixada sua autoestima. Especialmente para essas crianças a escola inclusiva, o profissional capacitado para assisti-las de forma eficiente e que seja capaz de comunicar-lhes, e aos seus pais, a verdadeira realidade da dislexia e a certeza de que essas dificuldades possam ser superadas, é da maior importância nesse momento crucial para o aluno disléxico e toda a sua família.

E quando um estudante disléxico, depois de reiteradas experiências frustradas, que deixam fortes marcas emocionais, chega a um programa diagnóstico e de reeducação eficientes, a primeira providência do professor ou do terapeuta é a de manter um diálogo aberto, acolhedor, honesto e empático sobre as facilidades e as dificuldades desse estudante. Então, realçando sempre os pontos fortes de aprendizado e pessoais do aluno, explicar-lhe através de palavras simples e inteligíveis o porquê de suas dificuldades; e falar-lhe sobre as atuais e eficientes conquistas da Ciência da Leitura, através de cujas tecnologias de ensino ele poderá tornar-se capaz de aprender a ler e escrever.

Mas uma terapia psicológica isolada em dislexia, sem que o disléxico receba também o apoio neuropedagógico através de um competente programa de ensino, as respostas não costumam ser favoráveis, porque, além de fortalecer o ego fragilizado de uma criança ou jovem disléxico, é preciso oferecer-lhe ferramenta pedagógica que o habilite a vencer suas dificuldades de aprendizado, causa primária de seus transtornos emocionais.

Em dislexia, o sucesso no aprendizado é a mais eficiente terapia. Todo disléxico muda seu comportamento emocional e social a partir de quando descobre que é capaz de aprender a ler e escrever.

É preciso que haja conscientização quanto à realidade emocional que envolve o disléxico, e que pode anular seu potencial de aprendizado, de saber e de criatividade, sempre que esse indivíduo não seja realmente compreendido em suas facilidades e dificuldades para aprender, em casa e na escola, e não receba a assistência escolar apropriada que o Estado, a escola, seus professores e pais devem a essa criança.

O Dr. Mel Levine, Ph.D., um psiquiatra americano disléxico e especialista em dificuldades de aprendizado, aconselha aos pais de uma criança disléxica:

Quando seu filho disléxico estiver em casa, reforce todas as habilidades dele. Compreenda-o e envolva-o num cobertor quentinho, dando a ele todo o seu afeto, porque se uma criança disléxica não for entendida nem mesmo junto, seu nível de frustração se torna tão superlativo que adulto algum jamais seria capaz de suportar.

Aos 8 anos de idade e estudando em uma escola americana, aos prantos Fábio, disléxico, pergunta à equipe de especialistas que havia acabado de concluir seu diagnóstico como disléxico:

"Mas por que não posso aprender a ler...!?"

Então o psicólogo se retira, também ele enxugando as próprias lágrimas, enquanto aquela equipe de trabalho se aproxima lentamente de Fábio, comunicando silenciosamente sua inteira compreensão e solidariedade.

O professor inclusivo de Einstein

A mais importante busca humana está no esforço em imprimirmos moralidade em nossas ações. Nosso equilíbrio interno, inclusive de nossa existência, depende desta atitude. Somente a moralidade em nossas ações pode trazer beleza e dignidade à vida. Fazer desta postura uma força viva e trazê-la para a nossa consciência é, talvez, a tarefa mais importante da Educação.

Albert Eisntein

Einstein se referiu a um professor que percebeu nele um potencial latente que se esboçava para as ciências físicas e matemáticas. E que contrastava com suas dificuldades com a linguagem receptiva e expressiva e em relação ao aspecto dispersivo de seu comportamento. E Einstein, que dizia "Odiar a escola porque o sucesso escolar dependia de memorização e obediência à autoridade arbitrária", também afirmou que: "Não conseguiria nem imaginar em que poderia tornar-me, não fora as notas daquele professor". Professor sensível e inclusivo que acabou legando ao mundo um exemplo histórico do valor da inclusão escolar de um aluno genial e com dificuldades de aprendizado consideradas graves, e que acabaram provocando o rótulo de "Mr. Dumb" "(Sr. Burro) a Einstein, que é um dos maiores gênios da humanidade, de todos os tempos.

Na avaliação inclusiva de Einstein, feita por um professor de matemática, o mundo se livrou do grande risco que correu de perder toda a evolução tecnológica que está fundamentada em sua famosa equação, e que permeia, praticamente, todas as áreas da evolução tecnológica de nossos dias. E foi porque esse professor preferiu acreditar e considerar, antes de fixar-se nas graves dificuldades de aprendizado e de interação social de Einstein, no potencial da genialidade que ele sinalizava, esse professor não permitiu que o mundo fosse privado do legado com que Einstein influenciou a Física Moderna, com todo o extraordinário avanço que trouxe ao conhecimento humano.

E como este é um dos exemplos mais significativos sobre dislexia e disléxicos e acerca da importância do acolhimento e da inclusão escolar e social do aluno com dificuldades de aprendizado, talvez justifique a seguinte associação relacional de imagens: que se Einstein tivesse sido submetido a um exame com as determinações legais do nosso exame vestibular, ele teria sido sumariamente eliminado da escola. E, então, justificando a pergunta: quantos gênios como Einstein, Edison, Churchill podem estar sendo excluídos da vida escolar por causa de leis, regulamentos e determinações rígidas que não equacionam devidamente as questões do ensino e do aprendizado? De dificuldades e de potencialidades de aprendizado? O educador já se perguntou quais possam ser as causas que levam, a cada ano, indivíduos a serem excluídos sumariamente da escola, pela desaprovação em Língua Portuguesa no exame vestibular? Mesmo que essas pessoas sejam bem dotadas, habilidosas e até brilhantes, e que apresentem vocações claras para determinadas profissões, por que o exame de Língua Portuguesa elimina os candidatos?

Já analisamos o porquê, a cada ano, aumenta o número de mulheres aprovadas no exame vestibular e diminui a aprovação de candidatos masculinos para determinados cursos como, por exemplo, de Medicina?

A Neurociência, hoje, nos traz respostas irrefutáveis sobre o aprendizado e acerca das dificuldades de aprendizado de leitura e escrita. E um neurofisiologista português naturalizado americano, o Dr. Antônio Damásio, concluiu um trabalho em que prova que mulheres, normalmente, utilizam a cooperação de um número maior de áreas dos hemisférios direito e esquerdo do cérebro para a linguagem expressiva e receptiva do que os homens. E que, por isto, em geral, elas são mais hábeis na leitura e na linguagem falada e escrita do que eles. E que, da mesma forma, porque nos homens há uma maior combinação interativa de áreas cerebrais que são estimuladas em áreas envolvidas no aprendizado das ciências matemáticas, os homens são melhores do que as mulheres, de uma forma geral, em habilidades que envolvem raciocínio e cálculos matemáticos. E o Dr. Damásio acrescenta que mulheres que têm facilidades em matemática mostram uma configuração de atividades cerebrais típicas dos homens; e que homens com grandes habilidades com a linguagem falada, escrita e leitura estimulam de maneira mais intensa áreas cerebrais que as mulheres habitualmente utilizam nesta forma de linguagem.

Assim, cabe mais um questionamento: mulheres não estariam sendo privilegiadas em nosso exame vestibular, porque as provas de Língua Portuguesa são eliminatórias?

A pesquisa científica em dislexia

Dentre as diferentes formas de dificuldades de aprendizado, as dificuldades de linguagem típicas da dislexia têm sido, ao longo dos anos, as mais pesquisadas, numa proporção de 80% para 20% das demais pesquisas voltadas a todas as outras formas de dificuldades de aprendizado, juntas. Assim, há um histórico importante dos 130 anos da busca de entendimento de como o cérebro aprende a ler e escrever, e que responde sobre causas de pessoas com todos os níveis de inteligência poderem encontrar dificuldades no aprendizado de leitura e escrita, e/ou na aquisição de precisão e fluência nessas habilidades.

Nesse importante campo científico, há um destaque para pesquisas que acompanharam a escolaridade de 10.000 crianças, publicaram mais de 2.500 artigos e escreveram mais de 50 livros, divulgaram 10 estudos longitudinais de larga escala e mais 1.500 estudos experimentais em menor escala, e promoveram avaliações de estudos comparados.

Muitas dessas pesquisas começaram no início da década 1980, com alunos a partir dos 4 anos e até os 18 anos de idade. Trabalho que foi desenvolvido numa interação cooperativa de pesquisas, por universidades americanas, sob a direção do Instituto Nacional da Saúde da

Criança e do Desenvolvimento Humano dos Estados Unidos, NICHD, e sob comando de seu diretor, o brilhante e abnegado educador Dr. Read Lyon, a quem o mundo da Educação muito passa a dever. E há resultados conclusivos das atividades dessas pesquisas, que tiveram suas respostas replicadas com resultados convergentes, e que foram classificadas como "respostas irrefutáveis".

No desdobramento dessas Pesquisas Longitudinais que têm sido replicadas e que se multiplicam, hoje, por diversos países, está se consolidando uma mudança de enfoque nas avaliações e nos programas de ensino de leitura e escrita. Por exemplo, o ministro da Educação da França Gilles de Robien, em 5 de janeiro de 2006, proibiu a utilização de tecnologias de ensino através de qualquer metodologia classificada como Global, do ensino de leitura através da palavra inteira, em todas as escolas públicas e privadas daquele país, afirmando que:

> A alfabetização deve começar pelo ensino dos sons do idioma, através de abordagens silábicas.

E o Ministro Gilles de Robien acrescenta que:

> O ensino da leitura é o mais belo momento da missão do professor, porque a leitura é a mais importante ferramenta para o crescimento pessoal. E se restasse à escola apenas uma missão, esta seria a missão de ensinar a ler.

Na continuidade do trabalho desse amplo e dinâmico campo de pesquisas, que há 130 anos busca as causas das dificuldades de aprendizado e como ajudar o aluno disléxico a superá-las, há conclusões recentes de pesquisas realizadas na Yale University, pela Dra. Sally Shaywitz e sua equipe, que representam um verdadeiro divisor de águas no levantamento diagnóstico da dislexia e na validação de tecnologias para o ensino procedente de leitura e escrita. Essas pesquisas comprovaram, pela primeira vez, uma causa neurofisiológica em dislexia, que é compartilhada por todos os disléxicos: uma deficiência de ativação de sistemas cerebrais que o bom leitor estimula no ato de soletrar, e que apresentam menor ativação no disléxico, dificultando-lhe desenvolver a consciência fonológica.

Mas o que complementa essa descoberta e imprime um significado ainda maior ao trabalho da Dra. Sally Shaywitz, é a comprovação de que esses sistemas cerebrais, quando ativados através de estímulos construídos em tecnologias neuropedagógicas específicas, estimula a ativação dessas áreas cerebrais e torna o disléxico capaz de aprender a ler e escrever com precisão e fluência. Essas respostas são comprovadas através de exames de ressonância magnética funcional (f MRI).

O professor do aluno disléxico na escola inclusiva

Consideradas as extraordinárias conquistas da Ciência da Leitura, que ampliam os recursos de metodologias neuropsicopedagógicas de reeducação da dislexia e dos processos de alfabetização, a dificuldade maior de uma efetiva inclusão do disléxico em sala de aula, e de que ele receba uma assistência que o habilite a superar suas dificuldades, está diretamente relacionada à capacitação do educador e à assistência e supervisão ao trabalho do professor de sala de aula.

Uma especialista em dificuldades de leitura, a Dra. Glenda Thorne, nos dá uma significativa lição ao responder à seguinte indagação de uma professora:

– Se não devo reprovar, nem posso aprovar um aluno, o que devo fazer?

Resposta da Dra. Glenda Thorne: – Ensine-o!

A primeira grande dificuldade para a atualização das nossas tecnologias de alfabetização está na disposição do educador, do professor de sala de aula em rever parâmetros de ensino e tudo mais que ele já tenha aprendido sobre como ensinar a ler e escrever, equacionando outras metodologias com as atuais tecnologias que nos trazem as neurociências. Técnicas que têm comprovação científica de sua eficiência para alfabetizar o aluno disléxico ou sob risco de dislexia, bem como o analfabeto funcional e literal.

Estas conquistas resultam de um trabalho persistente e laborioso de cientistas e educadores, através de estudos longitudinais desenvolvidos em laboratórios de pesquisa e laboratórios-escola.

O educador, o professor de sala de aula precisa ter viva em sua consciência que ele é o grande agente social construtor do aprendizado e da evolução do indivíduo aluno, através de cuja posição naturalmente definida ele detém a capacidade de sedimentar as bases de uma renovação social, a partir da escola onde trabalha, da cidade em que mora, do seu país e, por extensão, do mundo em que habita.

Na atitude da busca do aperfeiçoamento que traz uma procedente formação continuada e, principalmente, em sua postura humana, acolhedora, empática, competente e amorosa frente ao educando, o professor inclusivo pode ajudar o seu aluno a realizar sua autoconquista, sedimentando sua autoestima e, assim, direcionando o caminho de vidas humanas com que estará ajudando a construir o alicerce de uma nação e a inter-relação entre povos e nações.

Não há ninguém, criança, jovem ou adulto até em idade mais avançada, que não tenha gravada na memória e no coração a figura de um professor inclusivo, positivo; ou que, ao contrário, não lembre daquele professor que deixou profundas impressões destrutivas por uma postura impregnada do desamor da indiferença e da desinformação, e que pela expressão de palavras com significados destrutivos, porque depreciativos, imprimiu profundas marcas negativas na memória emocional desse aluno para sempre.

O professor que acolhe, construindo e mantendo um relacionamento empático com o educando, é o grande mediador do sucesso de programas eficientes de alfabetização e de reeducação em dislexia. A postura confiante do professor que acredita no potencial do aluno com dificuldades de aprendizado, ou não, estimula esse estudante a participar da aula e a desenvolver seu potencial de aprendizado numa troca social positiva, levando-o à conquista do equilíbrio emocional e de seu sucesso escolar e de vida. Há histórias fascinantes de educadores e de estudantes famosos, ricas desses exemplos, como:

Marva Collins, uma educadora americana que resolveu abrir uma escola porque não estava satisfeita com o ensino que seus dois filhos vinham recebendo em escola particular de prestígio dos Estados Unidos. E, em 1975, ela passou a ensinar seu filho, sua filha e mais quatro crianças da vizinhança que tinham dificuldades de aprendizado, sendo que uma dessas crianças era uma menina que tinha sido avaliada por autoridade educacional de escola pública de Chicago como *borderline* (limítrofe).

No final do primeiro ano escolar em que passaram a ser assistidas por Marva Collins, todas as seis crianças foram promovidas em, pelo menos, cinco níveis em sua graduação escolar, inclusive a menina que havia sido avaliada como "limítrofe". Essa extraordinária conquista foi comprovada por um jornalista que avaliou a performance desses alunos em sala de aula, e levou as primeiras informações sobre o trabalho de Marva Collins à CBS que, no Programa 60 Minutos, produziu um documentário de impacto junto à sociedade americana. E, em 1996, a CBS voltou a produzir um novo documentário sobre o Programa de Ensino de Marva Collins, que tem levado os alunos de sua escola, que hoje é dirigida por sua filha e uma de suas primeiras alunas, a serem admitidos nas mais importantes Universidades e Colleges americanos, como Harvard, Yale, Stanford, tornando-se médicos, advogados, engenheiros, educadores, e com formação em outras profissões. E Marva Collins nos ensina como, através da sua expressão construtiva e amorosa, ela conseguia capturar a atenção de seus alunos para o desenvolvimento do potencial de aprendizado de cada um deles:

> Você me agrada sempre que está sendo tudo o que você pode ser.

E Marva Collins sempre deixou muito claro o quanto respeita o ser humano e acredita nele, como, por exemplo, ao afirmar:

> Nunca quebro o princípio de que os alunos podem aprender. A criança não falha. Professores falham; sistemas escolares falham. Pessoas que ensinam às crianças que elas são um fracasso, essas pessoas é que são o problema.

O professor brasileiro, a partir de características próprias do nosso povo que é alegre e acolhedor, trabalhador e comunicativo, apresenta naturalmente condições facilitadoras para levar a bom termo um processo de inclusão escolar e social de sucesso. E são muitos os nossos profissionais, os nossos professores de vocação que apresentam as melhores condições para o desenvolvimento de um trabalho eficiente de inclusão e de ensino nas dificuldades de aprendizado.

E embora o constrangimento por não ser possível a referência de tantos nomes de profissionais e de escolas competentes e inclusivas, nomeio, como exemplo, algumas pessoas e algumas escolas de Curitiba, que são dignas de receber a admiração, o aplauso e o reconhecimento de toda a nossa sociedade.

Gostaria de começar citando o trabalho da Educadora Mariza Pan e do Colégio Integral que ela criou e dirige em Curitiba. Conheço o trabalho que ela desenvolve e tive a oportunidade de acompanhar a evolução de crianças que tiveram a sorte de estudar na escola que ela dirige há uns bons anos. E gostaria, mesmo, de deixar registrado que a filosofia e a prática de ensino e de interação social dinamizadas no Colégio Integral dão corpo ao que representa um "sonho" pessoal de uma escola idealizada, eficiente e inclusiva, porque sei o quanto de oportunidade os alunos dessa escola têm para aprender na convivência do dia a dia, nas salas de aula, através de uma comunicação livre, aberta, honesta, alegre, responsável, as lições imorredouras do respeito humano e do ser fraterno e solidário. Aprendizado que alicerça o nascimento de um sentimento amoroso e respeitoso no coração infantil. E tudo isto mesclado com um ensino de excelência. Vou reproduzir dois pequenos textos desta educadora em parceria com uma colaboradora dela, extraídos do livro da educadora Isabel Parolin: *Aprendendo a incluir e incluindo para aprender*, que retratam mais do que minhas palavras possam expressar, a excelência do trabalho psicopedagógico e humano que essa escola inclusiva, integral e íntegra presta aos seus alunos e à sociedade.

> Nossa luta é por uma pedagogia terapêutica, ou seja, aquela política que cura. Cura desinformação, cura falta de confiança no ser humano, cura preconceito, cura medo, cura injustiça.

> Mariza Pan e Sandra Almeida

> Se a Educação não se prestar à conquista de melhor qualidade de vida humana, se as artes não tiverem em si mesmas a função de registrar os tempos na busca da esperança de maior humanização para os homens, e se a filosofia não se constituir em móvel da consciência e da prática coletiva, que sentido terá, afinal, a evolução do universo?

> Mariza Pan e Sandra Almeida

Outra importante instituição de ensino que exemplifica o que significa uma escola verdadeiramente inclusiva é a Escola Terra Firme, também sediada em Curitiba. A Escola Terra Firme foi fundada e é dirigida pela Educadora Sandra Cornelsen. As experiências vividas nessa escola, relatadas no livro da Educadora Isabel Parolin: *Aprendendo a incluir e incluindo para aprender*, constitui-se em um dos mais comoventes testemunhos do quanto é importante um trabalho pedagógico construído com base na sensibilidade humana, no conhecimento científico e na prática da experiência vivida e compartilhada no dia a dia de uma escola.

Na busca da construção de um novo caminho na Educação, a Educadora Sandra Cornelsen passou a utilizar a teoria de André Lapierre – A Psicomotricidade Relacional, através da qual ela diz poder estar realizando um sonho que havia idealizado: criar uma escola sem exclusão!

> Apesar de fazermos uma seleção rigorosa de professores, algumas vezes erramos em nosso julgamento e nos deparamos com o preconceito. Precisamos, porém, determinar a diferença entre insegurança, falta de conhecimento específico e preconceito. O preconceito é um sentimento de rejeição imediata provocado pelo poder. É a certeza de ser melhor que o outro, porque o outro é diferente. Essas pessoas, sem dúvida, terão que buscar outros caminhos que não a Terra Firme.
>
> Sandra Cornelsen

> A ousadia, a inovação e principalmente o desafio assustavam a todos que buscavam, constantemente, fugir da visão de que: "Para um caminheiro não existe caminho; ele faz o seu próprio caminho, andando".
>
> Sandra Cornelsen

E, finalmente, não poderia deixar de registrar o trabalho de duas educadoras inclusivas, Laura Monte Serrat Barbosa e Isabel Parolin, cuja atividade profissional tem um importante significado no ensino compartilhado, cooperativo. Filosofia educacional que potencializa o valor da experiência educativa e multiplica saberes, construindo a evolução do enfoque e da prática do ensino, porque a torna mais humanizada e inclusiva. E porque, incorporando à prática psicopedagógica as novas tecnologias descobertas e dinamizadas pelas neurociências, compartilham o conhecimento que traz respostas novas para velhos problemas da Educação.

E a gratificação por excelência de um trabalho cooperativo que dinamiza e fortalece o Ensino x Aprendizado e a Inclusão, é constatar que cada vez mais o estudante com necessidades especiais se torna capaz de aprender, de ler e escrever de forma eficiente. E que, compartilhando conhecimentos e experiências, a cada dia o educador aprimora suas técnicas educativas, apoiando o professor de sala de aula e assegurando que, cada vez mais, a prática do ensino se humanize, tornando-se mais eficiente e muito mais inclusiva e feliz.

> A Psicopedagogia se propõe a trabalhar e, consequentemente, a estudar o ser cognoscente: o ser do conhecimento. O que significa isso? É entender como essa criança aprende, qual sua modalidade de aprendizagem, suas áreas de competências, as habilidades desenvolvidas e suas dificuldades. O processo de aquisição e de construção do conhecimento é tão importante quanto o seu resultado final – o sujeito instrumentalizado para viver adequadamente em uma sociedade do conhecimento. Por ser de natureza interdisciplinar, a Psicopedagogia substanciou-se e apropriou-se de temas da Psicologia, da Pedagogia, da Fonoaudiologia, da Neurologia, entre outros, propondo uma releitura dessas teorias com práticas, preferencialmente, transdisciplinares.
>
> Laura Monte Serrat Barbosa e Isabel Parolin

Um psiquiatra americano disléxico e especializado em dificuldades de aprendizado, o Dr. Mel Levine, em um de seus livros sobre dislexia, *A mind at a time*, se refere à seguinte história contada por um educador, Bernard Rosenthal, com o título: Pygmalian in the Classroom.

Para avaliar como a imagem que o professor projeta de seu aluno exerce influência em seu desempenho escolar, de forma positiva ou negativa, no começo de um ano letivo, a direção de uma escola americana escolheu, em segredo, dez crianças de uma determinada turma, de forma absolutamente aleatória, e colocou seus nomes numa lista; da mesma forma, fez uma segunda lista com o nome de outras dez crianças daquela mesma turma. E, então, chamou a professora desses alunos e afirmou a ela o seguinte:

Fizemos uma avaliação cuidadosa sobre níveis de inteligência e capacidade de aprendizado dos alunos da sua turma, e baseados nessa avaliação colocamos, nesta lista de n. 1, os 10 nomes das crianças que apresentam todas as condições de virem a ser bem-sucedidas no aprendizado escolar e de se tornarem adultos vencedores. E, nesta outra lista de n. 2, relacionamos os nomes de outras crianças que apresentaram dificuldades na avaliação e não mostraram as condições necessárias para alcançarem um bom desempenho escolar e de adaptação social.

No fim daquele ano letivo, pela convicção da professora quanto ao potencial dos alunos classificados como futuros "vencedores", que a levou a dar mais atenção àqueles estudantes durante todo o período escolar; e sob a influência da falsa afirmação que os estudantes da segunda lista não eram bem dotados, todos os estudantes da lista n. 1 tiveram um excelente aproveitamento escolar e foram promovidos com ótimas notas; e da mesma forma se concretizou a suposta previsão de fracasso que a professora acolheu como verdadeira, e os alunos da segunda lista que ela considerou menos capazes, todos eles tiveram um fraco desempenho escolar e obtiveram as notas escolares mais baixas naquele ano.

O resultado dessa experiência é mais um indicador da responsabilidade que o professor tem de acolher e incluir o estudante com facilidades e com dificuldades para aprender, como uma condição básica para que ele possa desenvolver seu potencial de aprendizado e integrar-se à dinâmica escolar, facilitando sua inserção social e sua conquista de cidadania.

Uma outra história real e que nos ensina o quanto é importante a empatia do professor com seu aluno, que pode ser construída a partir dos primeiros momentos de contato com o estudante; e como pode repercutir na acústica da alma de um ser humano, para sempre, a negatividade que o aluno "lê" no psiquismo de seu professor, no significado e no tom de suas palavras, de sua linguagem corporal:

Elisa é a sexta filha de uma família composta por oito irmãos. O pai é dentista e a mãe uma senhora amorosa e forte, sempre cuidadosa com a assistência e orientação a seus filhos. Como a família era numerosa, todos os filhos estudavam na escola pública. Alguns dos irmãos de Elisa tinham facilidades para aprender; para outros, porém, era necessário um esforço maior para atingirem notas médias; e havia uma irmã com dificuldades de linguagem em nível médio, e um irmão com graves dificuldades no aprendizado de leitura e escrita. E os pais de Elisa, que não tinham nenhum conhecimento sobre dislexia, eram extremamente inflexíveis quando se tratava do desempenho escolar de seus filhos.

Elisa era uma criança muito inteligente e viva, e acompanhava toda a dinâmica escolar de seus irmãos, do dever de casa bem feito, do sofrimento e da luta daqueles que apresentavam dificuldades de aprendizado e não recebiam a assistência escolar e psicológica necessárias, nem sequer eram entendidos. Eles eram cobrados em casa e na escola, e recebiam o "castigo" da reprovação verbal e da nota, além de serem privados de regalias e de passeios. Por tudo, desde muito pequena Elisa sempre afirmava: "Eu não vou pra escola...!"

O tempo passou e chegou o momento de matricular Elisa no Grupo Escolar do bairro. Ela, então, passou a dar mais ênfase à frase que repetia há anos: "Eu não vou pra escola...!!!"

Na hora certa do dia em que começaram as aulas, a mãe de Elisa a ajudou a se arrumar e levou a menina para a escola, aos prantos, repetindo ao longo de todo o caminho: "Eu não vou pra escola...!" A professora esperava os alunos novos no portão, e fez um sinal para a mãe de Elisa, enquanto ia logo abraçando a menina e dizendo, em tom acolhedor e amoroso: "Mãe, Elisa vai ficar comigo, na escola. Venha buscá-la mais tarde, por favor..."

Quando a mãe de Elisa chegou à escola, no final da aula, a menina estava muito alegre e voltou saltitante para casa. No dia seguinte, já muito cedo ela começou a se arrumar para ir à escola. Então, a mãe lhe perguntou: "O que aconteceu que você agora quer ir para a escola?"

Resposta de Elisa: "Gostei da professora!"

O ensino de nossos dias pede novos olhares, tecnologias de ensino renovadas. O desafio do "Aprendendo para ensinar e ensinando para aprender" nos traz lições muito significativas. Aprendemos que a vida construída dentro da condicional impositiva e inquestionável do "mandar" e do "obedecer" de tempos que se foram, felizmente, estão-se perdendo nos novos caminhos de renovação e de esperança. E embora ainda permaneçam resquícios desses condicionamentos que tomam aparências multifacetadas, sabemos que a inflexibilidade somente pode gerar desentendimentos e desencontros, porque não traz à dinâmica da vida o colorido da troca e da integração com que buscamos construir uma sociedade renovada, acolhedora, inclusiva, humana, mais forte, mais produtiva e muito, muito mais feliz.

Que possamos preservar em nossos arquivos de memória uma das grandes lições aprendidas na transição para a conquista destes novos tempos, das novas tecnologias de ensino e a partir de toda nossa história educacional: que as mensagens explícitas e subliminares que transmitimos às nossas crianças, aos nossos jovens, são assimiladas por eles e mantidas vivas em seus registros de memória, podendo ser revocadas como marcadores positivos e negativos de suas vidas e de seus destinos.

E ao nos integrarmos nesta dinâmica renovada de ensino, enriquecida de novos saberes e onde começa o entendimento de como o cérebro aprende a ler e escrever, que nossa reflexão se volte, sempre, para o psiquismo infantil e juvenil que absorve e guarda as experiências vividas e percebidas, não nos esquecendo que toda emoção transmitida aos nossos alunos desencadeia sentimentos que permanecem com eles de forma latente, podendo ser acionados através de mecanismos da lembrança, ao longo da trajetória de toda uma vida, e que passam, como que, a fazer parte desse Ser.

Referências

ADAMS, M.J. *Beginning to Read* – Thinking and Learning about Print. [s.l.]: Massachusetts Institute of Technology, 1990.

CORNOLDI, C. *Le difficoltà di apprendimento a scuola*. Bolonha: Il Mulino, 1999.

FULLER, R.; WALSH, P.N. & McGINLEY, P. *A Century of Psychology*. Londres/Nova Iorque: Routledge, 1997.

GOLEMAN, D. & BOYATZIS, R.E. *Essere leader*. Milão: BUR Psicologia e Società, 2004.

KVILEKVAL, P. & LUCZYNSKI, M. *Um programa para ensinar a ler, escrever e soletrar, e a compor e entender um texto*. Curitiba: Ed. das autoras, 2004.

LEVINE, M. *I bambini non sono pigri* – Come stimolare la voglia di studiare. Milão: Arnoldo Mondadori, 2005.

_____. *A modo loro*. Milão: Arnoldo Mondadori, 2004.

_____. *All Kinds of Minds*. [s.l.]: Educators Publishing Services, 1993.

LUCZYNSKI, Z.B. *Dislexia*: você sabe o que é? Curitiba: Ed. do autor, 2002.

NEILL, A.S. *Liberdade sem medo*. 30. ed. São Paulo: Instituto Brasileiro de Difusão Cultural, 1994.

PAROLIN, I. *Aprendendo a incluir e incluindo para aprender*. São José dos Campos: Pulso, 2006.

_____. *Professores formadores*: a relação entre a família, a escola e a aprendizagem. Curitiba: Positivo, 2005.

ROTTA, N.T.; OHLWEILER, L. & RIESGO, R.S. *Transtornos da aprendizagem* – Abordagem neurobiológica e multidisciplinar. Porto Alegre: Artmed, 2006.

SHAYWITZ, S. *Entendendo a dislexia*. Porto Alegre: Artmed, 2006.

STELLA, G. *La dislessia*: aspetti clinici, psicologici e riabilitativi. Milão: Franco Angeli, 1996.

5
Dificuldades de aprendizagem não verbais

Vitor da Fonseca *

Introdução

As Dificuldades de Aprendizagem (DA) têm sido investigadas mais frequentemente nas suas características verbais – Dificuldades de Aprendizagem Verbais (DAV) – com excessiva ênfase no estudo da dislexia (dificuldade específica na aprendizagem da leitura – FONSECA, 1984, 1986), daí decorrendo vários subtipos relacionados com a vulnerabilidade das aquisições psicolinguísticas, aquisições essas mais dependentes do hemisfério esquerdo do cérebro, que podem envolver multifacetados processos cognitivos auditivos, visuais, ou suas intrincadas e sistêmicas perturbações.

Só mais recentemente se reconhece cientificamente que as DA também podem ser não verbais (Danv), e envolver outros processos cognitivos camuflados, mais relacionados com o hemisfério direito, implicando outro tipo de perturbações, nomeadamente de organização visuoespacial (copiam razoavelmente, mas apresentam inúmeras e invulgares dificuldades de transporte visual), de percepção táctil, de dispráxia, de disgrafia (dificuldades de aprendizagem da escrita, que tende a surgir tarde e ilegível, também associada a problemas de rechamada de letras), de resolução de problemas não verbais e de percepção social (ROURKE, 1975, 1989, 1993, 1995).

* Doutor em Educação Especial e Reabilitação pela Universidade Técnica de Lisboa/Portugal e Mestre em Dificuldades de Aprendizagem pela Universidade de Northwestern – Evanston, Chicago.

Para além destes traços característicos, as crianças e jovens com Danv exibem também desempenhos pobres na consciência fonética, na leitura, na escrita e melhor prestação na aritmética, embora igualmente disfuncional, sabem a tabuada por exemplo, mas não resolvem problemas lógicos de raciocínio sequencial. Outros investigadores chegaram à conclusão que tais distúrbios parecem subsistir mais centrados em problemas de processamento visual e de leitura córporo-espacial, quer *ipsi* ou contralateral, quer intra ou extrassomática, não revelando velocidade ou plasticidade, ilustrando de certa forma semelhanças comportamentais aos fenômenos de negligência que frequentemente ocorrem nas lesões do hemisfério direito (HEILMAN & VALENSTEIN 1979).

Por envolverem *deficits* sensório e perceptivo-motores de orientação e navegação ego e alocêntrica, tais manifestações parecem ser mais enfraquecedoras e debilitadoras em termos de potencial de adaptação e de aprendizagem do que os *deficits* verbais, exatamente porque interferem com aquisições humanas consideradas mais básicas e elementares. Devido a este fato, não é de estranhar que problemas de discriminação e identificação visual e de prestação visuomotora e visuoconstrutiva tendam a emergir precocemente nas crianças com Danv, quer no ensino pré-escolar quer nos primeiros anos de escolaridade, pré-requisitos não verbais da aprendizagem que evolutivamente são ultrapassados nos anos subsequentes, quando os aspectos verbais passam a ser mais importantes.

As Danv ("nonverbal learning disabilities" – ROURKE, 1995) são essencialmente caracterizadas por revelarem *deficits* neuropsicológicos nos domínios acima referidos, para além de outros *deficits*, tais como: na percepção táctil bilateral (mais evidente no lado esquerdo do corpo, envolvendo consequentemente o hemisfério direito, e mais frequentemente estudados em indivíduos nele lesionados), na coordenação psicomotora bilateral, na organização visuoespacial, na resolução de problemas não verbais, na formação de conceitos a ela ligados, no raciocínio hipotético e na integração negativa de *feedbacks* decorrentes de situações experienciais complexas, exibindo por exemplo destacadas dificuldades em lidar com relações de causa-efeito e marcados problemas na apreciação de incongruências, na compreensão afetiva e de interação interpessoal, como sejam reações emocionais de sensibilidade e de humor inadequadas para a idade.

Em analogia com as DAV, também apresentam subtipos e podem igualmente ser estudados segundo o modelo de "chapéu de chuva" (*umbrela concept*), enquanto a distribuição ao nível dos sexos é mais equitativa.

Com este quadro neuropsicológico, as Danv podem evidenciar, em analogia, capacidades verbais funcionais, memória verbal acima da média, relativos problemas de mecânica aritmética em comparação com o reconhecimento de palavras e com o ditado, podendo daí emergir por compensação, excessiva verbosidade, pragmática vulnerável e repetitiva, restrita prosódia e considerável apercepção social, com fracas competências de interação e compreensão social, mesmo sinais socioemocionais desviantes e sinais de internalização psicopatológica atípicos (ROURKE, 1975, 1993, 1995; MYKLEBUST, 1975).

Em termos psicométricos, as crianças ou jovens com Danv tendem a apresentar uma superioridade discrepante de 15 pontos entre o Quociente Verbal e o Quociente de Realização (também dito Não Verbal), com resultados fracos nos subtestes de Aritmética, nos Blocos e nos Quebra-Cabeças. Em termos acadêmicos, por outro lado, tendem a apresentar mais dificuldades nas ciências em comparação com as línguas, reforçando mais uma vez as suas áreas fracas em termos de competências não verbais.

Dados clínicos apontados por outros autores (FOSS, 1991; McCARTHY & McCARTHY, 1974) referem ques estes casos evidenciam problemas de imaginação, de criatividade, de combinação de imagens, etc., funções mais adstritas às disfunções do hemisfério direito. Outros autores ainda apontam uma etiologia poligenética nas Danv, quando outros se referem a anomalias do cromossoma 6 e a problemas do foro imunológico que podem provocar problemas nas migrações celulares e no desenvolvimento de camadas no sistema nervoso central, bem como ectopias e displasias não no hemisfério esquerdo como na dislexia (GALABURDA, 1989; DENNIS & WHITAKER, 1977), mas sim no hemisfério direito. Algumas imagens obtidas por meio da ressonância magnética e da TAC (tomografia axial computadorizada), dão igualmente algumas evidências inequívovas nesse sentido.

Tais sinais disfuncionais têm sido considerados evolutivos e susceptíveis de persistirem na idade adulta, sendo reconhecíveis com sinais mais ou menos óbvios, em muitas doenças neurológicas e neuroendócrinas, nomeadamente: em traumatismos do hemisfério direito (ROURKE; BAKKER; FISK & STRANG, 1983), na hidrocefalia

(FLETCHER et al., 1995), na agênese do corpo caloso (SMITH & ROURKE, 1995), no hipotiroidismo congênito (ROVET, 1995), na síndrome de Williams (ANDERSON & ROURKE, 1995), na síndrome de Asperger (KLIN et al., 1995) e muitos outros processos patológicos, que exibem virtualmente a maioria das disfunções identificadas nas Danv. Estas disfunções explicam em parte por que razão as Danv se podem considerar como mais vulneráveis em termos de desenvolvimento e de aprendizagem do que as DA simbólicas mais comuns.

A descrição dos detalhes clínicos das Danv que apresentamos no modelo seguinte emerge dos pressupostos da organização inter-

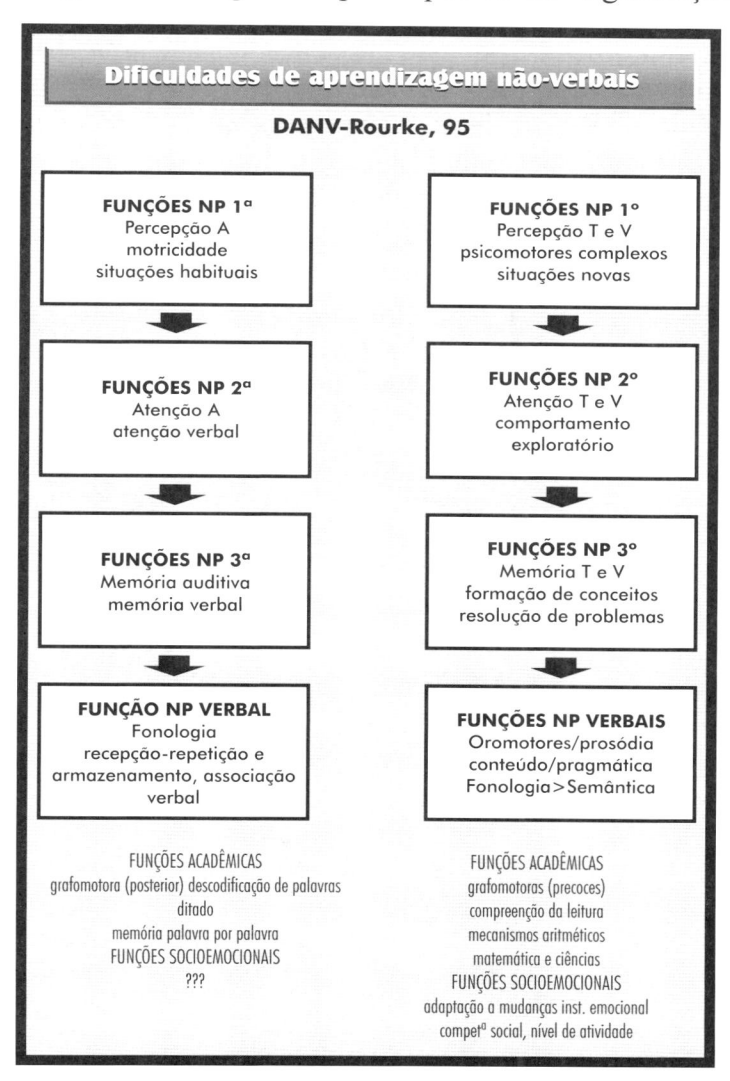

hemisférica, na perspectiva da teoria piagetiana e de inúmeras pesquisas que a sustentam (ROURKE, 1989, 1995), porém ainda não existem explicações claras para estes efeitos, mas as observações clínicas apontam para uma estreita associação entre a experiência não verbal e a aquisição da significação.

Apesar de bastante simplificado, o quadro da síndrome das Danv pode ser explicado se observarmos que a palavra "laranja" não tem significado, se anteriormente o indivíduo não tiver experimentado e vivenciado a fruta, a sua forma, textura, sabor ou a sua cor. Quando a criança evidencia um *deficit* na aprendizagem não verbal, trata-se de reconhecer que o significado e a integração da sua própria experiência está comprometida; por esse fato, ela apresenta uma séria dificuldade de aprendizagem não verbal (Danv).

Antes de continuar a definir este tipo de *deficit* na aprendizagem, e de referir algumas formas de intervenção, há que realçar a importância de uma aproximação multidisciplinar, incluindo a vantagem de relacionar vários pontos de vista.

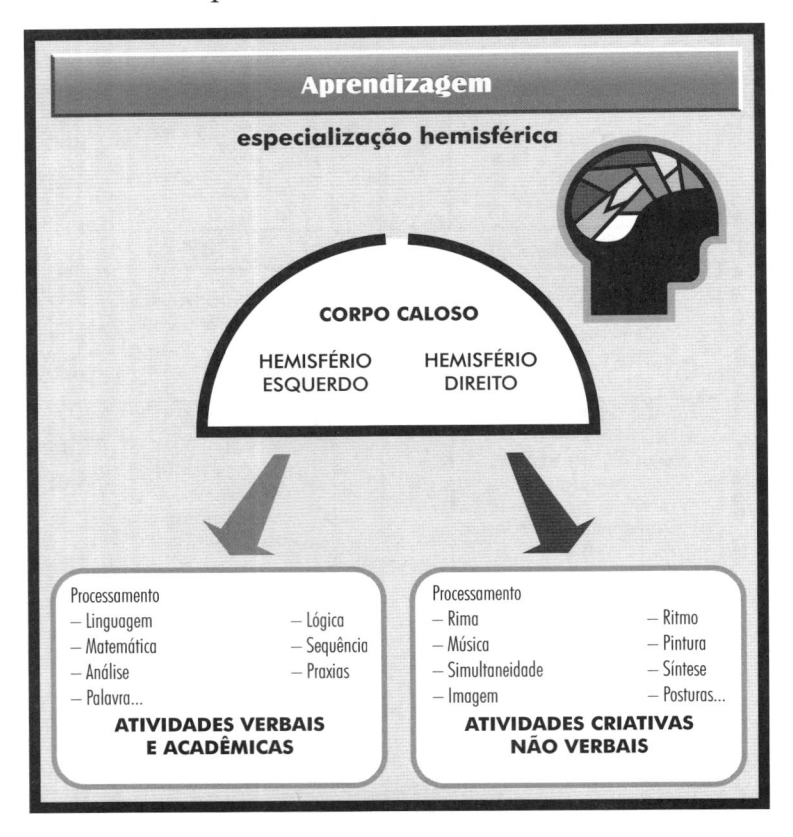

É evidente que uma perturbação nos processos cerebrais intra e inter-hemisféricos (FONSECA, 1984) pode afetar essencialmente os aspectos do comportamento verbal, do comportamento não verbal ou ambos. O fato de um deles estar afetado, enquanto que o outro se apresenta basicamente intacto, leva-nos a crer que o cérebro categoriza a experiência consoante ela seja verbal ou não verbal.

O hemisfério esquerdo é responsável pelos processos verbais, e o hemisfério direito pelos processos não verbais (GAZANNIGA & SPERRY, 1967; ECCLES, 1973; KIMURA, 1973; MYKLEBUST, 1954, 1975; LEVY, 1980); daí que uma lesão, ou mesmo uma disfunção, em qualquer um deles vá ter implicações diretas num ou noutro processo.

Quando se pretende hierarquizar o fator experiência (MYKLEBUST 1964), a sensação aparece no nível mais baixo e primitivo. Em seguida, por evolução neurointegrativa e cognitiva, encontramos a percepção, a imagem, a simbolização, e finalmente, no nível mais elevado e superior, a conceitualização (FONSECA, 1997).

Normalmente as DA verbais (DAV) situam-se ao nível da simbolização e frequentemente afetam a conceitualização e os seus mecanismos cognitivos transientes. As DA não verbais (Danv) situam-se nos níveis da percepção e da imagem e por isso constituem uma maior distorção de toda a experiência, dado ser mais básico e elementar o seu nível de integração psíquica e de processamento de informação. É esta uma das razões, ao lado de outras, por que as crianças com *deficits* não verbais se encontram, em termos mentais, abaixo da sua idade cronológica e da sua maturidade social (DOLL, 1953; McCARTHY & McCARTHY, 1974).

A forma como as palavras são utilizadas nas crianças com Danv fornecem algumas pistas para a compreensão do problema. Elas soam a vazio evidenciando uma espécie de vacuidade semântica, o que leva a pensar que a facilidade com que são usadas é apenas superficial e não significativa e integrada. Parece que nelas ocorre uma linguagem inintencional, pois usam palavras sem percepcionar o seu sentido e transcendência.

No processo de aprendizagem normal, cada palavra assume um significado que foi apreendido, uma unidade de experiência não verbal que é simbolizada. A criança com Danv é parecida com uma criança que não tem capacidade para distinguir as cores (apercepção das cores). Ela não tem dificuldade em aprender a palavra "azul", mas não adquire a experiência "azul", e por isso não a distingue da experiência "verde" ou "amarelo". Quando utiliza a palavra "azul", diariamente, esta é conotada por uma vaga e confusa ideia, e muitas vezes não se relaciona com as circunstâncias do momento. As manifestações não verbais são de fato distorções da percepção, da imagem e da representação mental da experiência no meio envolvente.

Tal como as dificuldades na aprendizagem verbal, os distúrbios não verbais podem ser de vários tipos e ocorrerem dentro dos limites do moderado e do severo. Mas, como ainda se tem pouco conhecimento nesta área, apenas se tem reconhecido os casos mais evidentes, como os casos verbais. À medida que as técnicas de identificação e diagnóstico se forem desenvolvendo, maior vai ser certamente a capacidade para identificar estas perturbações. Vejamos de forma mais pormenorizada os principais traços clínicos e sistêmicos da caracterização psicoeducacional da síndrome das Danv.

1. *Deficits* da organização visuoespacial

O conhecimento sobre o processo cognitivo da aprendizagem não verbal tem vindo a aumentar na literatura especializada (BRUNER; OLIVER & GREENFIELD, 1966; ELIOT, 1971; MYKLEBUST, 1975), e por isso já é possível detectar uma série de *deficits* na criança com Danv. Um dos processos cognitivos nela identificados, é a incapacidade de se orientar a si mesma no espaço, uma séria debilidade que deve ser reconhecida quanto antes, de forma a poder prevenir a imperícia ou incompetência socioemocional, à medida que a criança se aproxima da adolescência.

Apesar deste tipo de Danv ser identificável a partir de diferentes diagnósticos, a sua natureza específica é ainda desconhecida. No caso de ser uma disgnosia ou agnosia, existe uma dificuldade ou incapacidade de reconhecer e integrar (aprender) o significado da informação sensorial. Mas esta pode ser visual, auditiva ou táctilo-cinestésica, daí que seja necessária uma definição mais precisa. A designação "disgnosia" ou "agnosia" não inclui as inferências necessárias para compreender os processos cognitivos da aprendizagem.

A disgnosia ou agnosia espacial é caracterizada por uma dificuldade (mais ligeira) ou incapacidade (mais moderada ou severa) de aprender ou integrar onde o sujeito se encontra situado. As crianças com esta dificuldade ou disfunção estão quase sempre perdidas, desplanificadas ou episodicamente localizadas no espaço. Não conseguem orientar-se de um sítio para outro, mesmo que o envolvimento espacial seja o mesmo todos os dias. Este *deficit* pode estar relacionado com a memória e com os demais processos de processamento de informação.

Neste caso, o sistema cognitivo da memória não processa a informação não verbal visuoespacial para que a criança aprenda a reconhecer e a familiarizar-se com as áreas, situações, eventos e os espaços que a envolvem. Ao contrário, parece que a criança vê o mesmo espaço sempre pela primeira vez, o que lhe provoca confusão, ansiedade e embaraço, em suma, um comportamento errático, desorganizado, episódico, randomizado e descontextualizado.

A disgnosia ou agnosia espacial não ocorre isoladamente. Por exemplo, aparece frequentemente associada à disgnósia ou agnosia temporal, ou seja, uma dificuldade ou incapacidade para aprender o significado de tempo e do ritmo, daí emergindo problemas de processamento simultâneo e sequencial de informação (DAS; KIRBY & JARMAN, 1979; KAUFMAN; KAUFMAN & GOLDSMITH, 1984), que obviamente estão implicados em todas as formas superiores de aprendizagem, quer não simbólica, quer simbólica.

Com este perfil neuropsicológico, as dificuldades identificam-se, quer na cópia de desenhos geométricos simples ou compostos, quer nos grafismos rítmicos, na coordenação óculo-motora, na figura-fundo, na constância da forma, no transporte de posições e relações visuoespaciais, na organização de pontos de referência, com especial repercussão na escrita, não só inicialmente nos processos perceptivos e motores (ex.: dificuldades em produzir traços, formas, tamanhos e ligações de letras, uso de pressão tônica adequada, melodia cinestésica grafomotora, etc.), que consubstanciam a disgrafia, uma forma específica de dispraxia, como mais tarde, nos processos mais avançados de ideação e de formulação do sistema simbólico linguístico, que podem interferir com outras formas de DA, nomeadamente com a disortografia.

Inúmeras disfunções cognitivas decorrem destes processos, como por exemplo: problemas de projeção, de discriminação, de dimensão, de direção, de mudanças de orientação e perspectiva, de utilização de informação pertinente, de descoberta de estratégias, etc., que se projetam em manifestações comportamentais que ocorrem em múltiplas situações adaptativas quotidianas, daí as crianças com Danv se apresentarem frequentemente desarrumadas com objetos, imagens, palavras, números, etc., não retirando sentido de tais dados de informação, daí também o natural desinteresse por diagramas, quebra-cabeças (puzzles), brinquedos de construção tipo Lego, jogos lógicos, bandas desenhadas, filmes ou vídeos, pois exageram em detalhes e pormenores, não evoluindo posteriormente para novas relações ou mesmo abstrações espaçotemporais. Devido a estes problemas, não se lembram de dados, não os reutilizam, nem os articulam ou constroem nas partes e no todo ou perdem-se na sequencialização processual que envolvem muitas atividades lúdicas e aprendizagens.

2. Distúrbios psicomotores: posturais, somatognósicos e práxicos

Os distúrbios psicomotores, já desenhados superiormente por Wallon (1925, 1932) e continuados por Guilman (1935), e reprecisados por Ajuriaguerra (1974), sob a forma de síndromes psicomotoras, são muito característicos da Danv (FONSECA 1984, 1986, 1995, 1996).

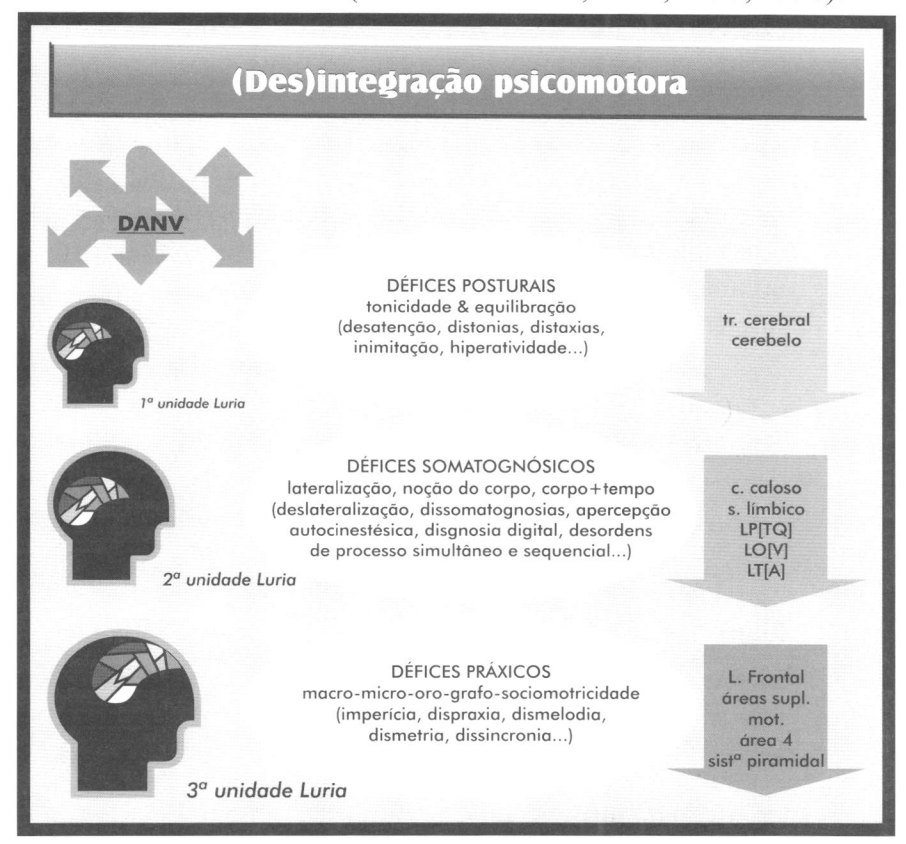

Dentro deles, destacaremos no âmbito da Danv essencialmente três tipos de *deficits*:

• **os posturais**, mais ligados com o controle tônico-postural e vestíbulo-cerebeloso da atenção;

• **os somatognósicos**, mais correlacionados com a tomada de consciência do Eu, e, finalmente,

• **os práxicos**, mais íntimos dos processos de aprendizagem motora e de investimento lúdico e construtivo.

Os *deficits* posturais nas crianças que manifestam Danv têm sido referidos por insignes autores, como Critchley (1970), Benton e Pearl (1978), Denckla (1985), Ayres (1977, 1978) e Levinson (1985), todos eles pondo em relevo o papel do sistema postural como base funcional do organismo e como instrumento crucial do ajustamento comportamental ao envolvimento ecológico, onde persiste a força gravitacional, por meio da qual a totalidade do corpo, decorrente de uma integração vestibular, cerebelosa e tônica complexa, interage com os objetos, com os obstáculos e com os outros.

O sistema postural, essencialmente na fase ontogenética, depende da integridade da formação reticulada, do cerebelo (gigantesco ordenador sensório-motor) e do sistema extrapiramidal (FONSECA, 1995), substratos de uma rede neurofuncional que contém inúmeros programas motores adaptativos, essencialmente os que envolvem movimentos rápidos, coordenados e integrados dos membros que consubstanciam diversos processos básicos de aprendizagem, de imitação e de comunicação gestual.

Por ser um sistema básico de aprendizagem, donde emergem sistemas funcionais mais complexos, o controle postural, subentendendo vários subsistemas, como o sistema postural antigravítico, o sistema vestibular e óculo-motor, o sistema parieto-culículo-pulvinar e o sistema proprioceptivo, tem particular intervenção nos mecanismos da atenção, da vigilância, da manutenção da concentração, da integração somatognósica dinâmica e da integração significativa da experiência.

A baixa performance em tarefas de imobilidade, de equilíbrio estático e dinâmico, de locomoção e de coordenação, que são frequentes na ataxia de Friedreich e nas lesões vestíbulo-cerebelosas, ilustram para além de distúrbios neurogenéticos, problemas de dominância lateral e concomitantemente de especialização hemisférica. As crianças com Danv, segundo Myklebust (1954, 1975), tendem a demonstrar mais problemas posturais (distonias, disquinesias, distaxias) e dinamométricos do lado esquerdo do corpo, o lado que é controlado pelo hemisfério direito, parecendo demonstrar que não apresentam um lado "mais forte", confirmando que são igualmente "fracos" em ambos os lados do corpo.

Para Quirós e Schrager (1985), a integração postural constitui a potencialidade e a exclusão corporal que está na base dos processos inibitórios que facilitam o acesso à percepção e ao "insight". Sem eles, as distorções perceptivas multimodais interferem com os sistemas corticais superiores que suportam as aprendizagens simbólicas, como se observam extensivamente em muitas crianças hiperativas, instáveis, distráteis e impulsivas. Não é de estranhar, portanto, que as crianças com Danv exibam sinais posturais disfuncionais.

Os *deficits* somatognósicos nas crianças portadoras de Danv podem apresentar sinais disontogenéticos multifacetados (FONSECA, 1997), quer no âmbito neurológico (ex.: dissomatognósias, fantasmizações, alucinações, assimetrias disfuncionais intra e inter-hemisféricas, problemas de lateralização e orientação espacial, etc.), quer psicanalítico (ex.: perturbações do simbolismo corporal, problemas de introjeção-projeção, dismorfofobias, problemas pulsionais, afetivos e emocionais, despersonalizações, etc.), quer fenomenológico (ex.: problemas de autorreferência, de subjetividade espacial, de integração experiencial, etc.), quer ainda psicológico (ex.: problemas instrumentais, problemas de consciencialização corporal e espacial, problemas de processamento de informação espaço-temporal, dispraxias, etc.).

Todos estes sinais disfuncionais são condicionadores sistêmicos da cinestesia (HECAEN & AJURIAGUERRA, 1963; AJURIAGUERRA & HECAEN, 1964; AJURIAGUERRA, 1974), noção contígua da noção do EU, âmago do *self* (DAMÁSIO, 1995), representação dinâmica da consciência histórica do sujeito, através da qual ele se encontra em interação com a realidade, para nela agir com harmonia e eficácia. Este invariante postural do indivíduo é indispensável a todas as formas de aprendizagem, sejam verbais ou não verbais.

A percepção de si mesmo e a percepção social não são sinônimos. No entanto, é difícil considerar o processo de autopercepção isolado, sem conotações sociais; trata-se de uma noção que integra uma dimensão singular e uma dimensão social, não uma exploração solitária do indivíduo, mas antes uma apropriação cultural mediatizada.

Em definitivo, a somatognosia é o instrumento simbólico de significação existencial e de identidade pessoal, em suma, um instrumento de aprendizagem por excelência e de excelência; sem ele, as Danv emergem e comprometem as DAV (dificuldades de aprendizagem verbais: leitura, escrita e cálculo).

A autopercepção implica uma facilidade em percepcionar as várias partes do próprio corpo, uma das facetas da percepção social, um aspecto muito importante para fazer e construir representações apropriadas sobre as intenções, desejos e propósitos das ações dos outros, uma espécie de condição prévia da comunicação interpessoal e da linguagem, como evocam os grandes teóricos da teoria da mente (BARON-COHEN, 1995; HUMPHREY 1993).

A somatognosia não se esgota numa concepção anátomo-funcional, ela é indutora de sentido e significado experiencial, ou seja, constitui-se como um processo de comunicação básico, processo não verbal vital, centro de diálogo consigo próprio e com o mundo social e contextual.

Como substrato da personalidade, consubstancia uma linguagem interior e corporal, filogenética e ontogenética, que explica a evolução do gesto à palavra na espécie humana e na criança (FONSECA, 1989, 1997).

Os modelos clínicos patológicos, desde o membro fantasma às anosognosias, aos sentimentos de perda e de mutilação, às hemiassomatognosias, às aloestesias, às anosodiaforias, à Síndrome de Anton-Babinski, etc., mais conotados com as patologias do hemisfério direito (mais envolvido nas Danv), explicam por si sós a importância da somatognosia no desenvolvimento do potencial de aprendizagem. As autotopoagnosias, a Síndrome de Gerstmann, as alexias, agrafias e acalculias, mais características das lesões do hemisfério esquerdo (mais envolvido nas DAV), emprestam, sem dúvida, um valor acrescentado no que significa a somatognosia ou a dissomatognosia nas aprendizagens simbólicas superiores (KOLBY & WHISHAW, 1986).

Existem vários tipos de distúrbios na autopercepção. Um deles diz respeito à dificuldade com que a criança percepciona as várias partes do seu corpo, e também as dos outros. A agnosia digital é um exemplo (JOHNSON & MYKLEBUST, 1967; MYKLEBUST, 1975). Se a criança não reconhecer os seus próprios dedos, ou os dedos de outra pessoa, ela não consegue funcionar normalmente em vários aspectos quantitativos experienciais.

Outro exemplo é a incapacidade para reconhecer a sua própria face (agnosia facial), ou a de outras pessoas, daí surgirem múltiplos e diversificados problemas de interação e de sociabilização. Não leem desejos, mímicas ou expressões emocionais, isolam-se e podem mesmo apresentar por essa imperícia social traços de condutas associais.

Com *deficits* posturais e somatognósicos, os *deficits* práxicos são inevitáveis. A dificuldade em aprender padrões motores não verbais nos jogos com bola, no controle de triciclos, patins, raquetes, etc., é frustrante para a criança. Elas ficam embaraçadas em muitas situações porque o seu desempenho psicomotor não é tão bom como o dos seus colegas, algo que se pode refletir nas suas baixas autoestimas.

Elas não conseguem adquirir e utilizar padrões motores necessários para lidar com objetos familiares (ex.: colheres, garfos, facas, tesouras, etc.), para atar os sapatos, para se lavarem e vestirem, para abrir um pacote de leite, desenhar e escrever ou andar de bicicleta. Elas sabem o que devem fazer e não possuem qualquer tipo de paralisia que as impeça de realizar o movimento, mas não conseguem relacionar nem planificar e sequencializar os padrões motores que veem e observam com os seus sistemas motores (piramidais, extrapiramidais, cerebelosos, reticulares e medulares).

Não sabem separar cada tarefa nos vários movimentos que a compõem, não sabem recorrer a automatismos e rotinas que os integram, e depois não conseguem realizá-los em conjunto, de forma harmoniosa e melódica (FONSECA, 1995). Por isso não gostam do recreio, têm medo e são inseguros nas brincadeiras, não exploram objetos com movimentos precisos, não dispõem de repertório nas aprendizagens mecânicas, têm privação lúdica, tendem ao isolamento e mesmo à depressão, não se integrando em grupos.

3. *Deficits* de atenção: hiperatividade, distratibilidade, impulsividade e perseverança

Estas crianças apresentam frequentes sinais de hiperatividade, distratibilidade, perseverança e impulsividade (DOLL, 1951; STRAUSS & LEHTINEN, 1947; STRAUSS & KEPHART, 1947; McCARTHY & McCARTHY, 1974, BROWN & CAMPIONE, 1986), o que implica um baixo nível de atenção, e, concomitantemente, um alto nível de instabilidade e um baixo rendimento na aprendizagem. O sistema de atenção, quer o automático (dito inferior, emocional e não simbólico), quer o voluntário (dito superior, cognitivo e simbólico), encontra-se desequilibrado em termos de neurotransmissores, ora por carência ora por excesso, e devido a esse *deficit* de regulação e controle neurofuncional ele tem efeitos virtualmente em quase todos os processos psíquicos de aprendizagem.

Se a criança é hiperativa, ela apresenta um comportamento exploratório acidental, esporádico, errático e disruptivo. Não completa tarefas, não aplica estratégias intencionais, não se consegue fixar em detalhes, não se mantém atenta em atividades de lazer ou em tarefas e deveres escolares, não investe em esforços continuados, não termina atividades, não espera a sua vez, interrompe e intromete-se em atividades alheias, produz movimentos explosivos, alvoroçados, desorganizados e descontrolados, remexe-se sem cessar quando sentado, não inibe excessos de informação proprioceptiva, fala excessivamente (tagarelice), e frequentemente produz respostas erradas aos problemas que se lhe deparam.

Se a criança é distrátil, ela não consegue dar atenção aos acontecimentos e circunstâncias que a rodeiam. Em vez de manter a atenção por um adequado período de tempo, a sua atenção passa rapidamente por vários acontecimentos, independentemente da sua relevância para as circunstâncias presentes; sela é atraída por distratores, não seleciona nem escrutina informação, parece que não ouve o que lhe dizem, não segue direções ou instruções, daí emergindo *deficits* de processamento de informação, que obrigatoriamente estão envolvidos em qualquer aprendizagem não verbal ou verbal.

Se a criança é perseverante, ela tem tendência a prender-se e a fixar-se repetitivamente sem justificação a um fenômeno isolado, sem considerar a sua importância, pertinência e conveniência.

Se a criança é impulsiva, ela não consegue controlar o processo do seu pensamento, ela age sem pensar. A atenção que dedica a qualquer ideia ou tarefa é apenas passageira e instável ou titubeante, pois a sua mente encontra-se constantemente a divagar de um acontecimento para outro.

Cada uma destas características é a manifestação da incapacidade da criança, em integrar com sucesso a informação sensorial que recebe, daí resultando uma desintegração sensorial (AYRES, 1978) que não é consentânea com uma aprendizagem fácil, agradável e prazerosa.

Os trabalhos de Magoun (1958), Lindsley (1960) e de Douglas e Peters (1979) indicam que, quando a atenção se encontra perturbada, a disfunção pode localizar-se no subcórtex, na área cerebral comumente referida como formação reticulada, que como vimos atrás está envolvida na regulação e modulação dos processos psicomotores básicos, isto é, tônico-posturais e tônico-emocionais (FONSECA, 1995).

A criança distrátil acha a maioria das salas de aula sobrecarregadas de estímulos e por isso não consegue ter um desempenho equivalente às suas capacidades. Devido a estas características o arranjo das salas deve ser muito bem estruturado, com espaços reservados a aprendizagens específicas, com poucos estímulos visuais perturbadores, com as paredes pintadas de forma simples, com cores suaves e com poucos quadros ou desenhos expostos. Da mesma forma, os estímulos auditivos também devem ser reduzidos e estruturados, neste caso a estruturação ecológica é essencial para reduzir as condutas desplanificadas e desorganizadas que caracterizam muitas crianças com Danv.

Myklebust (1975), McCarthy e McCarthy (1974), Kolb e Whishaw (1986) sugerem que a proximidade e a mediatização dos estímulos ou das tarefas de aprendizagem devem ser controladas, uma vez que a distância ou desestruturação espacial, por vezes, podem causar distração. Por isso, as salas de trabalho menores, ou a criação de zonas reservadas ("nichos pedagógicos"), são mais convenientes.

O envolvimento deve ser estruturado consoante o grau de distratibilidade. Esta medida é tomada não com o propósito de isolar ou segregar a criança, mas sim para facilitar a sua aprendizagem.

A perseverança pode ser manifestada de várias maneiras. Algumas crianças podem manter-se agarradas a determinado objeto ou brinquedo, sem conseguirem mudar para outro, ou então continuam a saltar, a correr ou a rir sem parar.

Para corrigir estes comportamentos deve-se começar por analisar as situações em que eles ocorrem, estruturando-as antecipadamente, selecionando tarefas com essas preocupações. Normalmente tais comportamentos aumentam à medida que a criança fica fatigada. É por isso que são necessários períodos de descanso, de quietude e serenidade, mesmo de estratégias de relaxação adequadas, para acalmar ou modular os níveis de vigilância e de atenção automática das crianças hiperativas e distráteis.

Muitas vezes não é suficiente dizer apenas às crianças para pararem com determinado comportamento, associado a uma ordem ou comando verbal; por vezes é necessário intervir corporalmente, por exemplo, agarrando-lhe a mão. Uma coisa é a atenção como processo cognitivo superior, a chamada atenção voluntária, outra coisa é atenção automática, neurologicamente definida como vigilância ("arousal") mais básica, emocional e elementar, mais proprioceptiva, táctil, vestibular e cinestésica, donde emerge subsequentemente a atenção intencional, mais exteroceptiva, auditiva, visual e simbólica.

A excessiva atividade motora, que caracteriza a hiperatividade, resulta em parte da dissociação e desintegração destes dois tipos de atenção que envolvem complexos processos neurológicos de facilitação e inibição reticular, subtalâmica e subcortical. Se a atividade motora só por si fosse importante, então a hiperatividade seria reveladora dum alto rendimento ou duma prestação adaptada na aprendizagem, o que se sabe é que o movimento pelo movimento ou o exercício físico repetitivo em si, que observamos em muitas crianças hiperativas com incontinência motora, sem que envolva processos de atenção, de regulação e de planificação motora mediatizados ou simbolizados, é sinônimo do contrário, pois muitas delas revelam complexas Danv.

A criança impulsiva mostra-se ora apática e sonolenta, ora excitada e explosiva, podendo passar muito tempo a olhar fixamente para um determinado ponto da sala de aula, ou a olhar através da janela sem realizar tarefas, quando não agindo de forma agitada sem mobilização tônico-energética adequada, produzindo respostas motoras e não verbais imprecisas, imperfeitas, dissociadas e ansiosas a muitas situações.

Quer o baixo nível de vigilância, como na apatia e na preguiça, quer o alto nível de vigilância, como na dispersão, na desconcentração ou na desplanificação, o que envolve estados tônicos-limite (hipo ou hipertônicos), ambos são indutores de fraco desempenho na adaptação e na aprendizagem.

A aprendizagem eficaz, como consequência, envolve uma modulação energética e uma harmonização tônica, denominada eutonia, por meio da qual a atenção crítica, seletiva e dirigida atua. Daqui resulta uma ilação muito importante para a aprendizagem, pois quer as tarefas muito difíceis (que produzem um nível de vigilância não otimal, ansiedade ou excesso de entusiasmo), quer as tarefas muito fáceis (que igualmente interferem com a tonicidade otimal, porque baixam os níveis atencionais), podem produzir perturbações nos procedimentos inerentes ao ato mental que a resolução das tarefas sugere.

Esta lei de Yerkes e Dodson (1908) põe em realce as relações tarefa-sujeito, onde a resultante coloca em jogo um baixo nível de vigilância optimal, nível este difícil de mobilizar ou controlar em crianças impulsivas e hiperativas, que frequentemente usam altos níveis de vigilância para realizar as suas tarefas, daí a excessiva energia, a torpeza ou brutalidade das suas ações ou das suas palavras que não são devidamente inibidas, contidas ou reguladas.

O alto nível de vigilância serve perfeitamente para tarefas motoras básicas e não delicadas. Para essas tarefas a vigilância acrescida é adequada, por isso as crianças hiperativas têm algum sucesso em tarefas de jogo, de aventura e de recreio; o problema muda de figura quando as tarefas de aprendizagem exigem níveis de regulação mais econômica, estável, escrutinada, prolongada e organizada, onde as crianças impulsivas, instáveis e ansiosas falham por imperícia tônico-motora.

Em síntese, as tarefas simples como a cópia ou fazer somas de números podem ser realizadas com tensão, velocidade, instabilidade ou impulsividade, ou seja, com altos níveis de vigilância, onde menos informação se pode manipular ao mesmo tempo e onde a memória de trabalho lida com poucos dados. Ao contrário, a baixa vigilância das tarefas complexas de compreensão da leitura ou da resolução de problemas matemáticos, para serem realizadas, requerem mais flexibilidade, mais plasticidade, mais disponibilidade, menos ansiedade, com a memória de trabalho a lidar com maior número de dados, onde a informação é mais vasta e diversificada. Quando a vigilância se distância desse estado otimal, planificar e combinar informação torna-se mais difícil de exprimir com eficácia, e esta é uma das características das crianças com Danv.

Estas crianças não completam os seus trabalhos, e é preciso estar sempre a lembrar-lhes para continuarem, pois não conseguem manter a atenção mais do que alguns minutos. Outras não conseguem esperar para iniciar o trabalho, e depois cometem erros devido às suas respostas imediatas. Outras ainda, devido a pressão, ao *stress* e à ansiedade dum exame ou dum teste, não leem os dados dum problema com vigilância otimal, ficam "em branco", sem acesso à memória de trabalho, não fazendo uso da informação que conhecem e dominam. Uma hora antes do exame, menos tensas, estas crianças e também jovens e adultos lembram-se dos conteúdos perfeitamente, mas no exame produzem níveis altos de vigilância e não se lembram da matéria. Lamentavelmente, muitos exames encorajam altos níveis de ansiedade, daí resultando altos níveis de vigilância que prejudicam os altos níveis de processamento cognitivo exigidos pelas tarefas de exame.

A impulsividade e a instabilidade pode ser reduzida se se estabelecerem rotinas, tanto em casa como na escola. Quando a criança conhece a sequência dos acontecimentos, o seu comportamento é menos impulsivo e mais organizado. Por isso o recurso a programas de enriquecimento psicomotor, cognitivo e metacognitivo que desenvolvam funções de integração, elaboração e planificação de informação são recomendáveis para as crianças com Danv.

4. Apercepção social: problemas de comportamento psicossocial

A impercepção social implica uma dificuldade da criança para compreender o envolvimento social e a complexidade das relações sociais, particularmente em termos do seu próprio comportamento (JOHNSON & MYKLEBUST, 1967; MYKLEBUST, 1975; VAUGHN & BOS, 1988).

Talvez o problema mais sério associado às deficiências na percepção social seja a maneira como estas limitam e impedem o desenvolvimento e a aquisição da significação e da interiorização da experiência pessoal, trata-se de uma competência social que permite à criança adaptar-se ou responder às expectativas da sociedade. É devido a este envolvimento penetrante e interiorizante que esta desordem na aprendizagem não verbal é mais enfraquecedora em termos comportamentais que a desordem da aprendizagem verbal.

No processamento cognitivo normal da informação, as funções verbais e não verbais funcionam simultaneamente. Mas, os *deficits* no processo verbal não interferem tão negativamente na experiência como os *deficits* não verbais, mais enfocados à inteligência emocional e à autoestima (GOLEMAN, 1995).

Por outro lado, *deficits* no processo não verbal levam a distorções na própria experiência. Daí que as crianças com este tipo de dificuldade de aprendizagem sejam muitas vezes imaturas e incapazes de fazer as adaptações necessárias à vida quotidiana, comprometendo o seu desenvolvimento pessoal e social futuro.

Várias características de desajustamento social são apontadas nas crianças e jovens com Danv, desde problemas de conflitualidade interativa a problemas de ambiguidade comunicativa; a irritabilidade, negativismo, oposição e negligência aos sentimentos dos outros, traços de incorformidade e impopularidade, até a manifestações de excitabilidade, fraco autoconceito, egocentrismo, insensibilidade e irresponsabilidade, problemas de inserção social, etc., são possíveis de serem detectados nestes casos.

Muitas vezes, enquanto mais novos, estes jovens são considerados precoces pelos pais e outros adultos, porque utilizam uma linguagem semelhante à deles. Apesar de serem desajeitados, não imitarem modelos sociais, de serem lentos na aquisição de padrões motores e não se identificarem com as outras crianças, os adultos desenvolvem grandes expectativas em relação às suas realizações acadêmicas, baseados na sua precocidade verbal, na forma como se aplicam para aprender e na ânsia que demonstram em agradar, como que compensando as suas dificuldades não verbais. Dependem mais dos aspectos verbais do que dos não verbais, evocando dificuldades específicas para resolverem problemas desta natureza.

Estes esforços e atitudes desviam a atenção do fato de que eles têm poucos ou nenhuns amigos. Eles têm dificuldade em ajustar a sua comunicação aos interesses e desejos ou ao nível de linguagem dos seus pares, pondo em risco aspectos da sua sociabilização e da sua maturidade afetiva, por vezes exibindo e revelando condutas exageradas de regressão.

Os pais e professores tendem a minimizar ou ignorar esta falta de aceitação social, e a focar a sua atenção mais nos conhecimentos acadêmicos das crianças e dos jovens.

Quando as exigências acadêmicas passam de uma aprendizagem rotineira de competências, de fatos e de procedimentos, para aprendizagens mais complexas, estes indivíduos começam a falhar e a deixar de se esforçar, assumindo ocasionalmente comportamentos de evitamento.

À medida que aumentam as oportunidades para uma interação social espontânea com os pares, as dificuldades de comunicação destas crianças e jovens tornam-se mais evidentes. São rejeitados frequentemente e passam a afastar-se e a isolar-se dos grupos.

A capacidade para fazer julgamentos sociais, tal como outras adaptações, devem ser adquiridas ao longo do processo de maturação e de aprendizagem. Normalmente, a criança aprende de forma natural a perceber os sentimentos dos outros, o significado dos contatos corporais, o significado transmitido pelo tom ou entoação da voz, pelas anedotas, sarcasmos, e outras ações, gestos, mímicas e pantomimas. Ela consegue avaliar as situações e adaptar-se a elas, e gradualmente adquire um certo tato e aprende a antecipar as consequências do seu comportamento, competência social deveras difícil de demonstrar pelas crianças e jovens com Danv.

Algumas crianças, porém, têm grandes dificuldades nestes aspectos. Elas não conseguem interpretar o comportamento das outras pessoas através da observação e da imitação, não percebem o significado das expressões faciais, das ações e dos gestos. Consequentemente são descritas como sendo insensíveis ou estúpidas. Têm tendência a repetir comportamentos inapropriados, sem evocarem sentimento de culpa ou remorso por comportamentos antissociais, podem manifestar comportamento agressivo e confrontações com colegas, violam com frequência normas, apresentam falta de empatia, não desenvolvem relações de intimidade, relacionando-se com os outros de forma muito superficial, não têm flexibilidade perante situações novas, em síntese, são inábeis afetiva e socialmente.

Se os pontos fortes e fracos e as necessidades destas crianças não forem reconhecidos em tempo útil, para que se inicie uma intervenção ecológica apropriada, o prognóstico para o sucesso escolar é baixo, bem como para a superação dos problemas na adolescência e para uma adaptação social positiva (ROURKE, 1989; FOSS, 1991). Questões de autoconfiança, de motivação intrínseca, de autoconceito, de falta de persistência e de iniciativa para aprender, de baixo nível frustracional, de reforço de sentimentos negativos face à aprendizagem e à resolução de problemas de qualquer tipo, etc., tendem a avolumar-se, gerando consequentemente uma inadaptação social que pode ser problemática.

5. Identificação e caracterização psicoeducacional

A avaliação deve abranger todas as funções da linguagem (corporal, falada e escrita) e um variado número de funções especializadas, incluindo habilidades cognitivas não verbais tais como: postura, somatognosia, praxia (observação psicomotora), conceitos temporais, orientação espacial e direcional, julgamentos de peso, tamanho, velocidade, altura, e obviamente de maturidade social.

Não existem dados estandardizados para cada uma destas áreas de aprendizagem, mas estes comportamentos podem ser avaliados através de testes especiais e de procedimentos clínicos desenvolvidos para tal propósito.

Vários instrumentos têm sido já desenvolvidos no âmbito específico da identificação de Danv, nomeadamente a Eipa (FONSECA,

1984 – Adaptada da Pupil Rating Scale de MYKLEBUST, 1971), o Teste Global de Inteligência Não Verbal (Comprehensive Test of Non Verbal Intelligence) de Hammill, Pearson e Wiederholt (1996), apesar de não serem muito conhecidos e utilizados na prática psico-pedagógica.

Na sua essência os instrumentos mais utilizados procuram avaliar a performance (Performance Tests) e as competências não linguísticas (Nonlanguage Tests).

No primeiro caso, os mais utilizados têm sido o Teste Gestáltico de Bender (The Bender Gestalt Test for Young Children – KOPPITZ, 1971), o Teste de Atitude de Aprendizagem de Detroit (Detroit Test of Learning Aptitude – HAMMILL, 1991), o Teste das Matrizes Analógicas (Matrix Analogies Test – NAGLIERI, 1985) e o Subteste de Realização da Escala de Inteligência de Wechsler (Wechsler Intelligence Scale for Children – WECHSLER, 1991), o Teste das Habilidades Mentais Primárias (The Primary Mental Abilities Test – THURSTONE & THURSTONE, 1962), e o Modelo de Avaliação do Potencial de Aprendizagem (Learning Potential Assessment Device – FEUERSTEIN, 1975; adaptado por FONSECA & SANTOS, 1992).

No segundo caso, o Teste de Performance de Arthur (The Arthur Adaptation of the Leiter International Performance Scale – ARTHUR, 1950), o Teste de Atitude de Aprendizagem de Hiskey-Nebraska (Hiskey-Nebraska Test of Learning Aptitude – HISKEY, 1966) e o Teste de Inteligência Não Verbal (Test of Nonverbal Intelligence – BROWN et al. 1990).

Em termos muito genéricos, todos eles procuram avaliar as seguintes competências: discriminação e generalização perceptiva, comportamento motor, indução, compreensão, sequencialização, reconhecimento de detalhes, analogias, raciocínio abstrato, memória, completamento de padrões, informação geral e identificação de imagens, ou seja todos os aspectos inerentes às pré-aquisições das funções psíquicas superiores.

A avaliação psicológico-cognitiva é crítica para a clarificação da natureza das Danv, dado que identifica disfunções cognitivas de *input*-elaboração-*output*, facetas essenciais para lidar com muitas situações da vida diária.

Apesar de serem necessários estudos neurológicos, eletroencefalográficos, pediátricos e outros, a avaliação dinâmica dos processos cognitivos (FEUERSTEIN, 1975; FONSECA & SANTOS, 1995) indica um novo caminho a seguir para que uma intervenção educativa e ou habilitativa possa ser benéfica.

6. Intervenção e mediatização

Só muito recentemente é que as crianças com Danv foram identificadas. No entanto, apesar do conhecimento limitado que se tem sobre o assunto, podem ser aqui consideradas algumas hipóteses de intervenção.

Os pais devem ser orientados e treinados para lidar com a situação. Estas crianças não são facilmente controladas em casa, elas exercem uma influência perturbadora noutras crianças e em muitos adultos, nomeadamente em professores.

O psicólogo, o professor e o terapeuta podem ser muito eficientes em aliviar estas circunstâncias, fornecendo explicações detalhadas sobre as incapacidades da criança e indicando a maneira como os pais podem participar em alguns aspectos essenciais da intervenção, fundamentalmente ajudar a criança a aprender a brincar com jogos, a dizer as horas, a vestir-se sozinha e a perceber as ações dos outros.

O professor-terapeuta é um dos responsáveis pelo programa de intervenção educativa. A sua primeira preocupação deve ser o desenvolvimento de uma maior compreensão e significação experiencial, algo que uma intervenção psicomotora bem desenhada pode desempenhar. Talvez este seja um dos grupos de crianças que é mais negligenciado nas escolas.

Todos os professores devem estar conscientes da natureza deste tipo de DA. Mais especificamente, o papel do professor é ajudar a criança na aprendizagem psicomotora das várias partes do corpo e sua orientação, o significado das ações dos outros, o significado de tempo e do ritmo, o significado da posição, da direção e da relação espacial dinâmica, o significado dos mapas e das imagens e o significado do tamanho, do peso, da altura e da velocidade, que envolvem objetos e eventos no dia a dia.

Para tentar melhorar este problema relacionado com a imagem corporal, pode começar-se por pedir à criança que se deite numa folha de papel do seu tamanho, para desenhar o contorno do seu corpo.

Depois, desenham-se as componentes faciais, a roupa e alguns pormenores, tais como os dedos, as unhas, para uma posterior nomeação. A criança fecha os olhos e o terapeuta toca-lhe numa parte do corpo, que deve ser identificada, verbal ou iconograficamente, já com os olhos abertos, primeiro em si e depois num modelo, desenho ou fotografia.

Intervenção psicomotora

Área de desenvolvimento	Componentes sistêmicos	Hierarquia da linguagem	Idade Escolar
Integração sensorial	tonicidade ⟺ afetividade / segurança	vinculação (CNV)	0 - 3m família
controlo postural	imitação ⟺ proprioceptivo / equilibração	linguagem corporal	1 a infantº
lareralização e especialização hemisférica	dominância/divisão / ago-alo-geocentrismo / representação	linguagem falada jogos	1-3a jardim infant.
somatógnosia e EET	conceito/consciência / planificação motora	desª psicomotor multimodal	4-5a pré-1ª
desenvolvimento cognitivo	praxia global / praxia fina / atenção ⇨ processo ⇨ planificação	linguagem escrita (LEC)	6-10a escola 1ª

Também se pode trabalhar em frente a um espelho, desde que a criança reconheça a sua imagem refletida. Desta forma, ela tem acesso a uma referência visual imediata, que lhe permite aperceber-se e corrigir os movimentos que realiza.

Outra alternativa consiste na utilização de *puzzles* representativos da imagem corporal, que vão aumentando de complexidade à medida que se dividem num maior número de partes, ou utilizar figuras onde são omitidos alguns pormenores, para que a criança os descubra e desenhe no sítio certo.

Talvez ainda de forma mais básica a criança deva ser ajudada a desenvolver a capacidade de tomar conta dela própria, promovendo a sua autossuficiência: higiene, alimentação, vestir-se, fazer recados, seguir direções e orientar-se no seu ecossistema residencial.

A perspectiva da intervenção e da mediatização é produzir um redesenvolvimento das funções de aprendizagem desde as mais básicas às mais complexas, conforme o modelo seguinte.

Numa fase posterior, os procedimentos de intervenção devem ajudar o indivíduo a associar rótulos e descrições verbais a objetos concretos, ações e experiências.

A intervenção está fortemente dependente da mediatização verbal e da autodireção verbal (FONSECA, 1976, 1978; FONSECA & SANTOS, 1992), no sentido de analisar e organizar a informação para a realização de determinadas tarefas. Estes processos e critérios de mediatização devem ser modelados pelo professor-terapeuta, enquanto o estudante aprende a conduzir as suas ações e aprendizagens.

Como estes indivíduos apresentam grandes dificuldades em dominar as noções de espaço e relações espaciais (ego, alo e geocêntricas), o professor-terapeuta deve avaliá-los de forma contínua em relação à compreensão destes conceitos nos mais variados contextos, e fornecer instrução multissensorial (tátil, cinestésica, visual e auditiva, manipulativa, iconográfica e simbólica) explícita, para que eles consigam estabelecer associações significativas com a linguagem espacial e direcional.

A instrução deve procurar desenvolver uma certa flexibilidade nos conceitos de semelhança e dessemelhança, de comparação, de classificação e categorização, de relações parte-todo, de relações causa-efeito e de relações espaciais. Depois, o estudante deve seguir uma sequência de passos que inclui o autoquestionamento, onde procura perceber o vocabulário, identificar a relação implícita entre as palavras presentes, etc. Até que tenha interiorizado este procedimento, o estudante deve verbalizar cada passo, ou seja, deve ser introduzido num processo psicomotor dinâmico e significativo (FONSECA, 1976).

O objetivo deste procedimento é proceder à análise e reflexão, e reduzir a impulsividade das respostas, que tende a acontecer por associação verbal em vez de acontecer por compreensão das relações implícitas. Vivenciar primeiro, significar e simbolizar depois. Do agir antes de pensar ao pensar antes de agir, do motor ao psíquico, e, posteriormente, do psíquico ao motor.

Estes estudantes ficam muitas vezes "embaixo" quando confrontados com a pressão acadêmica, e com as exigências que requerem mais do que aquilo de que se sentem capazes.

Se forem ajudados a atribuir significados claros para as várias palavras que ouvem, leem e dizem, a sua compreensão vai certamente melhorar. Algumas estratégias utilizadas incluem dramatizar e discutir o assunto em questão, antes de ler ou simbolizar sobre ele, para que o estudante adquira uma primeira noção do que se vai tratar a partir da ação. Ler o texto em voz alta; traduzir a memorização do texto numa simples dramatização corporal; ler previamente as questões que se encontram no final de cada capítulo e os títulos principais; e fazer uma pausa no final de cada frase ou parágrafo, para resumir a ideia principal. Os estudantes devem ser treinados para se autoquestionarem, o que os leva a refletir sobre a ideia com que ficaram sobre o que acabaram de ler.

Para diminuir as dificuldades na compreensão é necessário clarificar as confusões semânticas, e treinar os estudantes para que utilizem estratégias cognitivas e metacognitivas de análise, comparação, verificação e planificação da informação e de identificação de padrões e processos de organização.

O trabalho que é desenvolvido para melhorar a grafomotricidade tem resultados diretos na formação das letras, na sua inclinação, no espaço que ocupam, no alinhamento da linha de base e no controle e fluência da escrita. Na prática o estudante deve autorregular verbalmente a sua postura, a posição do papel, a preensão do lápis, a formação das letras, entre outros, valorizando a síntese psicomotora inerente à aprendizagem.

O campo social também requer mediatização direta e explícita, uma prática num lugar ecologicamente estruturado, ao mesmo tempo que se deve encorajar sistematicamente o *feedback* das situações da vida quotidiana, valorizando a integração holística da experiência.

Tarefas passo a passo, com recurso a conceitos básicos e ao uso da lógica, à utilização de estratégias de organização, à aplicação de mapas não verbais e diagramas, etc., devem ser implementadas, bem como concentrar os esforços em ensinar aquisições sociais em teatralizações e ecocinesias corporais simples e lúdicas, pois podem dar um reforço substancial à interiorização de competências sociais.

Estes indivíduos não compreendem o significado das insinuações não verbais que ajudam a definir as situações sociais mais diferenciadas. O treino específico para interpretar aspectos não verbais como a expressão facial, gestos, tom de voz, proximidade e distância (proxêmica), estatuto e papel dos intervenientes, utilização de adornos e o contexto da comunicação, resultam numa melhor percepção e participação social.

Do princípio ao fim do programa, o objetivo fundamental deve ser conseguir estabelecer de forma satisfatória relações com os pares, com a família e com os amigos.

Quanto melhor conhecermos os pontos fracos destes estudantes mais preparados podemos estar para promover os seus sentimentos de autoestima e de eficácia pessoal. Promovendo as funções cognitivas das aquisições não verbais, ampliamos o reportório de adaptação social das crianças e jovens com Danv; dessa forma, estamos paralelamente a modificabilizar e a otimizar o seu potencial cognitivo que vai ser necessário para aprender a aprender no futuro.

Bibliografia

AJURIAGUERRA, J. (1974). *Manuel de Psychiatrie Chez L'Enfant.* Paris: Masson & Cie.

AJURIAGUERRA, J. & HECAEN, H. (1952). *Le cortex cerebral.* Paris: Masson & Cie.

ANDERSON, P. & ROURKE, B. (1995). Williams Syndrome. In: ROURKE, B. (org.). *Sindrome of Nonverbal Disabilities*: Manifestations in Neurological Disease, Disorder and Dysfunction. Nova York: Guilford.

ARTHUR, G. (1950). *A Point Scale of Performance Tests* – Psychological Corp. Nova York: [s.e.].

AYRES, J. (1978). *Sensory Integration and Learning Disorders*. Los Angeles: Western Psychological Services.

BARON-COHEN, S. (1995). *Mindblindness*: an essay on autism and theory of mind. Cambridge: MIT.

BENTON, A. & PEARL, D. (1978). *Dyslexia*: An Appraisal of Current Knowledge. Oxford: Oxford University Press.

BROWN, A. & CAMPIONE, J. (1986). Psychology Theory and the Study of Learning Disabilities. In: *American Psychologist*, vol. 10, n. 14, p. 1.059-1.068.

BRUNER, J.; OLIVIER, R. & GREENFIELD, P. (1966). *Studies on Cognitive Growth*. Nova York: Wiley.

CRITCHLEY, M. (1970). *The Dyslexic Child*. Springfield: Thoms.

DAMÁSIO, A. (1995). *O erro de Descartes* – Emoção, razão e cérebro humano. Lisboa: Europa-América.

DAS, J.P.; KIRBY, J. & JARMAN, R. (1979). *Simultaneous and Sucessive Cogntive Processes*. Nova York: Academic.

DENCKLA, M.B. (1985). Motor Coordination in Dyslexic Children: theoretical and clinical implications. In: DUFFY, F. & GESCHWIND, N. (orgs.). *Dyslexia*: a neuroscientific approach to clinical evaluation. Boston: Little Brown.

DENNIS, M. & WHITAKER, H. (1977). Hemispheric Equipotentiality and Language Aquisititon. In: SEGALOWITZ, S. & GRUBER, F. (orgs.). *Language Development and Neurological Theory*. Nova York: Academic.

DOLL, E. (1953). *Measurement of Social Competence*, Mineápolis: Educat.

DOUGLAS, V. & PETERS, K. (1979). Toward a Clearer Definition of the Attentional Deficit of Hyperactive Children. In: HALE, G. & LEWIS, M. (orgs.). *Attention and Cognitive Development*. Nova York: Plenum.

ECCLES, J. (1973). *The Understanding oif the Brain*. Nova York: Internat.

ELLIOT, J. (1971). *Human Development and Cognitive Processes.* Nova York: Holt, Rinehart and Winston.

FEUERSTEIN, R. (1975). *LPAD manual.* Wiso: Hadassah/Canada Research Institute.

FLETCHER, J. (1995). Hydrocephalus. In: ROURKE, B. (org.). *Sindrome of Nonverbal Disabilities*: Manifestations in Neurological Disease, Disorder and Dysfunction. Nova York: Guilford.

FONSECA, V. (1997). *Educabilidade cognitiva.* Lisboa: Notícias.

_____ (1996). Un abordaje neuropsicológico de la Somatognosia. In: *Psicomotricidad*, vol. 52, p. 7-28.

_____ (1995). *Manual de observação psicomotora* – Significação psiconeurológica dos factores psicomotores. Lisboa: Notícias.

_____ (1989). *Desenvolvimento humano*: da filogénese à ontogénese da motricidade. Lisboa: Notícias.

_____ (1987). Algunos fundamentos psiconeurológicos y psicomotores de la dislexia. In: *Psicomotricidad*, vol. 27, p. 73-116.

_____ (1984). *Uma introdução às dificuldades de aprendizagem.* Lisboa: Notícias.

_____ (1978). *Contributo para o estudo da génese da psicomotricidade.* Lisboa: Notícias.

FONSECA, V. & SANTOS, F. (1992). *LPAD* – Modelo da avaliação do potencial de aprendizagem. Lisboa: Pensar.

FOSS, J.M. (1991). Nonverbal Learning Disabilities and Remedial Interventions. In: *Annals of Dyslexia*, vol. 41, p. 128-140.

GALABURDA, A. (1989). *From Reading to Neurons.* Cambridge: MIT.

GAZZANIGA, M. & SPERRY, R. (1967). Language after Section of the Cerebral Commissures. In: *Brain*, n. 90, p.131-148.

GESCHIND, N. & LEVITSKY, W. (1968). Human Brain: left-right assymmetries in temporal Speech Region. In: *Science*, n. 161, p. 186-197.

GOLEMAN, D. (1995). *Inteligência emocional.* Rio de Janeiro: Objetiva.

GUILMAN, E. (1935). *Functions psycho-motrices et troulble du comportement*. Paris: Foyer.

HAMMILL, D. (1990). On Defining Learning Disabilities: an emergent consensus. In: *J. Learn. Dis.*, n. 2, p. 12-19.

HAMMILL, D.; PEARSON, N. & WIEDERHOLT, L. (1996). *Comprehensive Test of Nonverbal Intelligence*. Austin: Pro.

HECAEN, H. & AJURIAGUERRA, J. (1952). *Méconnaissance et hallucinations corporelles*. Paris: Masson & Cie.

HEILMAN, K. & VALENSTEIN, E. (1979). *Clinical Neuropsychology*. Nova York: Oxford University Press.

HISKEY, M. (1986). *Nebraska Test of Learning Aptitude*. Lincoln: University of Nebraska Press.

HUMPHREY, N. (1993). *A History of the Mind*. Nova York: Vintage.

JOHNSON, D. & MYKLEBUST, H. (1967). *Learning Disabilities*: educational principles and practices. Nova York: Grune & Stratton.

KAUFMAN, A.; KAUFMAN, N. & GOLDSMITH, B. (1984). *Kaufman Sequential or Simultaneous* [s.n.t.].

KIMURA, D. (1973). The Assymmetry of the Human Brain. In: *Scientific American*, n. 228, p. 70-78.

KLIN, A. et al. (1995). Asperger Syndrome. In: ROURKE, B. (org.). *Sindrome of Nonverbal Disabilities*: manifestations in neurological disease, disorder and dysfunction. Nova York: Guilford Press.

KOLB, B. & WHISHAW, I. (1986). *Fundamentos de neuropsicologia humana*. Barcelona: Labor.

KOPPITZ, E. (1971). *Children with Learning Disabilities*: a five year follow-up study. Nova York: Grune & Stratton.

LEVINSON, H. (1985). Dysmetrics Dyslexia and Dyspraxia. In: *J. Child Psychiatry*, n. 3, p. 23-31.

LEVY, J. (1980). Cerebral Assymmetry and the Psychology of Man. In: WITTROCK, M.C. (org.). *The Brain and Psychology*. Nova York: Academic Press.

LINDSLEY, D.B. (1960). *The Reticular Activating System and Perceptual Integration*. Austin: University Texas Press.

MAGOUN, H. (1958). *The Waking Brain*. Springfield: Chares C. Thomas.

McCARTHY, J. & McCARTHY, J. (1974). *Learning Disabilities*. Boston: Allyn e Bacon.

MYKLEBUST, H. (1975). Nonverbal Learning Disabilities: assessment and intervention. In: *Progress in Learning Disabilities*. Vol. III. [s.l.]: Grune e Stratton, p. 85-121.

_____ (1954). *Auditory Disorders in Children*. Nova York: Grune e Stratton.

QUIRÓS, J. & SRAGHER, O. (1985). *Neuropsychological Foundations in Learning Disabilities*. São Rafael: Academic Therapy Public.

ROURKE, B. (1995a). *Syndrome of Nonverbal Learning Disabilities*: manifestations in neurological disease, disorder and dysfunction. Nova York: Guilford.

_____ (1995b). Identifying Features of the Syndrome of Nonverbal Learning Disabilities in Children. In: *Perspectives*, vol. 21, n. 1, p. 10-13.

_____ (1993). *Neuropsychology of Learning Disabilities*: essentials of subtype analysis. Nova York: The Guilford.

_____ (1989). *Nonverbal Learning Disabilities*: the sindrome and the model. Nova York: Guilford.

_____ (1975). Brain-Behavior Relationships in Children with Learning Disabilities. In: *American Psychologist*, n. 30, p. 911-920.

ROURKE, B.; BAKKER, D.; FISK, J. & STRANG, J. (1983). *Child Neuropsychology*: an introduction to theory, research and clinical practice. Nova York: Guilford Press.

ROVET, J. (1995). Congenital Hypothyroidism. In: ROURKE, B. (org.). *Sindrome of Nonverbal Disabilities*: manifestations in neurological disease, disorder and dysfunction. Nova York: Guilford Press.

SMITH, L. & ROURKE, B. (1995). Callosal Dysgenesis. In: ROURKE, B. (org.). *Sindrome of Nonverbal Disabilities*: manifestations in neurological disease, disorder and dysfunction. Nova York: Guilford Press.

STRAUSS, A. & LEHTINEN, L. (1947). *Psychopathology and Education of Brain-Injured Child.* Vol. I. Nova York: Grune & Stratton.

THURSTONE, T. & THURSTONE, T. (1962). *Primary Mental Abilities.* Chicago: Science Research Associates.

VAUGHN, S. & BOS, C. (1988). *Research in Learning Disabilities.* Boston: College-Hill.

WALLON, H. (1932). Syndromes d'Insuffisance Psychomotrice et Types Psychomoteurs. In: *Ann. Med. Psychol.* [s.n.t.].

_____ (1925). *L'Enfant turbulent.* Paris: Alcan.

WECHSLER, D. (1991). *Wechsler Intelligence Scale for Children.* Nova York: Psychological Corp.

YERKES, R. & DODSON, J. (1908). The Relation of Stimulus to Rapidity of Habit-Formation. In: *Journal of Comparative and Neurological Psychology*, n. 18, p. 459-482.

6
Deficiência auditiva/surdez

Adriane Maria Santos Kroeff*

O conceito de deficiência auditiva, surdez e audição é muito pouco divulgado e compreendido. Esta noção é muito significativa dentro da Educação, pois reflete diretamente no processo educativo, não apenas de alguns alunos como de outros muitos, os que sofrem silenciosamente. A audição é uma função muito complexa e faz parte de um sistema muito especializado, que para entendê-lo são necessários conhecimentos básicos de outras ciências, como a matemática, a física, a fisiologia, a psicologia, a neurologia.

Cabe ressaltar alguns conceitos, já que este assunto situa-se no ponto de interseção de diversas áreas de estudo:

• **Acuidade auditiva:** intensidade física percebida do som. Ex.: volume.

• **Deficiência auditiva:** prejuízo parcial da acuidade auditiva interferindo na capacidade de o processamento auditivo exercer sua função.

• **Desabilidades auditivas:** prejuízo ou deficiência na capacidade de o processamento auditivo exercer sua função. Ex.: deficiência auditiva.

* Doutorado em Deficiência Auditiva, Heilpädagogische Fakultät, Universitat Zu Koln, U.K., Alemanha, e graduação em Fonoaudiologia pelo Instituto Metodista de Educação e Cultura, Imec, Brasil.

• **Desvio auditivo:** alteração de uma ou mais funções auditivas que impedem o funcionamento normal do processamento auditivo. Ex.: prejuízo da memória auditiva para sons em sequência.

• **Inabilidades auditivas:** falta da capacidade de o processamento auditivo exercer sua função, decorrente de lesões ou limitações no sistema auditivo. Ex.: surdez.

• **Processamento auditivo:** processo de decodificação das ondas sonoras desde a orelha externa até o córtex auditivo (KATZ et al., 1992; SCHOCHAT, 1996).

• **Surdez:** prejuízo total ou quase total da acuidade auditiva incapacitando o processamento auditivo de exercer suas funções.

• **Alterações do processamento auditivo:** referem-se a alterações, em uma ou mais habilidades auditivas, que produzem dificuldades diárias no processo de comunicação.

A surdez ou as deficiências auditivas, as caracterizadas por perda ou diminuição da acuidade, mesmo longe do ideal, devido a um emaranhado de controvérsias teóricas, têm espaço para discussão e divulgação, demarcado dentro da sociedade atual. No entanto, no que diz respeito aos desvios auditivos sem perda da acuidade auditiva, ou com perdas leves e inconstantes, não existe ainda esta atenção especial e específica necessárias dentro do âmbito social e educacional.

É conhecido da literatura que pais e educadores identificam relativamente tarde os primeiros sintomas das perdas auditivas. Este fato parece ser de grande importância. A porcentagem da falta de identificação através dos pais e educadores do *deficit* auditivo na criança é bastante alta. De acordo com Kodman (apud DRESS, 1968: 44) esta porcentagem chega a 40%. Ainda mais alta pode-se imaginar esta porcentagem em relação às patologias da orelha média, porque estas crianças apresentam muitas vezes instabilidade auditiva, sendo sua acuidade auditiva vezes melhor, vezes pior durante o mesmo dia.

Segundo Hungria (1985: 375-380) é muito comum encontrar doenças da orelha média em crianças de até 10 anos de idade. Os sintomas da doença são: ausência de dor; em aproximadamente 80% dos casos são bilaterais; neste caso, a perda auditiva pode variar de acordo com o movimento da cabeça, podendo melhorar ou piorar, pois a secreção é flutuante; os resultados da audiometria mostram uma perda auditiva condutiva entre 40 e 45dB; os resultados imitanciométricos revelam Curva B e eventualmente Curva Ar, e os reflexos estão ausentes; o rendimento escolar baixa; são frequentes os erros nos ditados; rádio e televisão serão escutados com volume maior.

A falta de conhecimento específico das consequências dos problemas auditivos na infância faz com que muitas crianças sejam erroneamente rotuladas, nas escolas, como "desconcentradas", "desinteressadas", "distraídas", "desintegradas", "incapazes", ou "deficientes".

Perguntamos: "Quem é deficiente?"

Parece-nos que "deficiente" não é a criança com sua desabilidade auditiva, mas a sociedade, que a "deficita", pois não identifica a causa dos problemas e só percebe as consequências da sua desabilidade auditiva a partir de um padrão estabelecido.

Este é um assunto que ainda contém muitas lacunas a serem preenchidas, pois envolvem as raízes mais profundas do desenvolvimento da audição correlacionada com o da aprendizagem (KROEFF, 2001).

Segundo Barrett (1978), a inconstância da função auditiva está associada a prejuízos educacionais, porque qualquer grau de falha ou atraso na linguagem receptiva ou expressiva interfere no processo educacional, não apenas nos anos de desenvolvimento, mas nos anos escolares que se seguem.

Sabe-se da preocupação dos educadores infantis, quando esta desabilidade auditiva se torna um problema dentro da sala de aula. Muitas vezes tal dificuldade não é percebida e se desdobra em dificuldades secundárias e até terciárias, como, por exemplo, mudança de comportamento e prejuízos educacionais.

Pereira (1996: 49-50) explicita bem claramente as "manifestações das desordens do processamento auditivo", as quais não são diferentes das que se encontram dentro da sala de aula, de acordo com os relatos de muitos educadores e terapeutas.

Estas manifestações das desordens do processamento auditivo podem ser de ordem **comportamental** e de ordem **clínica**.

As manifestações comportamentais se destacam

• *Quanto à comunicação oral*:

- problemas de produção de fala envolvendo principalmente os sons /r/ e /l/;

- problemas de linguagem expressiva envolvendo regras da língua (estrutura gramatical);

- dificuldade de compreender em ambientes ruidosos;

- dificuldade de compreender palavras com duplo sentido (piada).

• *Quanto à comunicação escrita:*

- problemas de escrita, inversões de letras, orientação direita/esquerda;

- disgrafias;

- dificuldade de compreender o que se lê.

• *Quanto ao comportamento social:*

- distraídos;

- agitados/ hiperativos/ muito quietos;

- desajustados (ou brincam com crianças mais novas ou adultos mais tolerantes);

- tendência ao isolamento (sentem-se frustrados ao notarem suas falhas, na escola ou no lar).

• *Quanto ao desempenho escolar:*

- inferior em leitura, gramática, ortografia, matemática;

- o desempenho escolar pode ser melhorado ou agravado dependendo de fatores tais como:

  • posição do aluno na sala de aula;

  • tamanho da classe;

  • nível de ruído ambiental;

  • fala do professor quanto ao nível de intensidade e clareza de voz.

• *Quanto à audição*:

É muito difícil o sujeito vir a procurar atendimento por uma queixa relativa a problemas auditivos. Em geral, eles têm uma impressão de que às vezes ouvem bem e às vezes não. Quando pergunta-dos sobre a atenção e a interferência do ambiente podem referir:

- atenção ao som prejudicada;
- dificuldade em escutar em ambientes ruidosos.

As manifestações de ordem clínica apresentam

• *Prejuízo de*:
- localização sonora;
- memória auditiva para sons em sequência;
- identificação de palavras decompostas acusticamente;
- identificação de sílabas e/ou palavras e/ou frases na presença de uma mensagem competitiva em tarefas monóticas ou dicóticas;

• *Prejuízo de um canal auditivo* em relação ao outro, geralmente na orelha homolateral e lesões de tronco cerebral extra-axial e orelha con-tralateral e a lesões de tronco cerebral intra-axial ou lesões corticais.

• *Limiares auditivos*: próximos ao limiar superior da faixa de nor-malidade bilateralmente (15-20 dBNA);

• *Discreta perda auditiva* (25-30 dBNA em frequências isoladas).

O distúrbio da hiperatividade e déficit de atenção (ADHD), vem ocupando um lugar de destaque no estudo das desordens do processa-mento auditivo, tendo em vista a similaridade dos comportamentos observados nestas patologias.

> As crianças consomem aproximadamente 45% de suas ati-vidades escolares diárias engajadas em atividades auditi-vas. A audição é, sem dúvida, uma das bases para o apren-dizado escolar (SANTOS, 1996: 118-119).

Santos (1996: 116) cita Sebastião (1994), que estudou 62 alunos com história de repetência escolar. Os resultados evidenciaram haver relação significativa entre limiares auditivos alterados (perdas maio-res que 25 dBNA) e a dificuldade escolar. 46% dos casos apresenta-ram curva timpanométrica alterada indiciando comprometimento das funções do ouvido médio.

Aproximadamente, sofrem 80% das crianças nas idades pré-es-colar e escolar, uma perda auditiva temporária durante o ano escolar (SANTOS, 1996: 106).

Kroeff (2001) fez uma triagem auditiva impedanciométrica em 365 crianças pré-escolares e escolares de classes regulares e especiais, entre 3,1 e 11 anos, na cidade de Augsburg, Alemanha. 70% dos casos evidenciaram algum tipo de disfunção auditiva (66,9% apresentaram exames alterados, 2,7% encontravam-se em tratamento com tubos de ventilação). 79% dessas crianças apresentaram algum distúrbio de comunicação e 23,2% frequentaram até terapia de fala ou linguagem. Na área de comportamento, 41,6% dos casos com alteração da função auditiva se distraíam com facilidade, 20,3% eram distraídas, 38,5% impacientes, 44,2% sensíveis e 25,5% se concentravam com dificuldade. Quanto à estimulação pedagógica, 10,4% não liam muito, 14,7% não se interessavam por livros, 17,8% não gostavam de jogar Memória, 16,9% não gostavam de montar quebra-cabeças e 19,45% não praticam nenhum esporte.

Feniman (FOB/USP) estudou a prevalência de desordens do processamento auditivo central em crianças com déficit de atenção e hiperatividade (ADHD ou TDAH). Como sujeitos serviram 18 crianças de ambos os sexos, na faixa etária de 6 a 9 anos, com diagnóstico primário de ADHD, regularmente matriculadas no Cincinnatti Center for Development Disorders, Cincinnatti-Ohio, USA. Todas as crianças apresentavam audição e inteligência normais. Os resultados mostraram que, das 18 crianças incluídas neste estudo, sete delas falharam pelo menos em duas das medidas centrais e que os questionários tiveram poder de sensitividade na presença de desordens do processamento auditivo dessas crianças.

Sanchez e Alvarez (2000), examinando 10 crianças, 5 do sexo masculino e 5 do sexo feminino, com idades entre 8 e 11 anos, diagnosticadas como portadoras de Transtornos da Aprendizagem (DSM-IV), ressaltam que à avaliação do PAC (Processamento Auditivo Central): todas apresentaram alterações e 6 exibiam história de OM recorrente. As 6 crianças com histórico de otite recorrente apresentaram maior déficit de atenção seletiva, memória de curto prazo e memória de trabalho do que as outras crianças avaliadas.

Portanto a maneira mais eficiente de se tratar um problema é atuar na prevenção dele. Por isso, acredita-se que a melhor maneira de se cuidar do aprendizado da linguagem é propiciar um meio ambiente favorável para o seu desenvolvimento, e estar atento às condições de saúde auditiva da criança.

Educação da pessoa com necessidades educacionais especiais com alterações das habilidades auditivas

Hoje em dia, quando falamos de inclusão, é frequente a associação imediata com a deficiência. Quando reportamo-nos à Declaração de Salamanca como um divisor de águas, pensamos apenas na Educação Especial, traduzindo por "Educacão de Deficientes". Será isso mesmo? Será que a proposta não está além desse olhar? Será que as discussões atuais não estão apenas focando os olhares de seus interesses? Traduzindo estas propostas como as convém? Será que não temos que ver a Educação mais a fundo, analisando-a como um todo, em suas bases mais fundamentais?

Vivemos hoje em uma nova era educacional. As bases dos conhecimentos científicos e tecnológicos, tanto para os profissionais como para os pais, são muito distintas de sua própria educação. Pois durante muito tempo o paradigma que prevaleceu na educação foi o da aprendizagem mecânica, por treino, condicionamento e memorização, onde o sujeito estava à espera de alguém, que possuísse um conhecimento para lhe transmitir, por benevolência. Esta concepção deu margem a práticas educativas espontaneístas, e foram utilizadas, no ensino, como justificativa para as diferenças individuais, mantendo a escola por muito tempo fora do foco de análise dos fatores envolvidos no sucesso escolar de poucos, e no fracasso de muitos alunos.

Mudanças inovadoras são apresentadas a partir de estudos de Piaget, Vygotsky, Montessori, que entende o indivíduo como: "...um sujeito que procura ativamente compreender o mundo que o rodeia e trata de resolver as interrogações que este mundo provoca". Um sujeito que aprende basicamente através das suas próprias ações sobre os objetos do mundo, que constrói suas próprias categorias de pensamento ao mesmo tempo em que organiza o mundo" (FERREIRO, E. & TEBEROSKY, A., 1985. Apud ROSA, 1994: 34). As principais ideias dessas mudanças constituem um dos pilares da corrente construtivista e significam um grande avanço para a educação.

A Declaração de Salamanca (1994) foi considerada sob o ponto de vista político como um divisor de águas dentro da Educação. Segundo Bueno (2001), este documento se constitui um divisor de águas nas propostas políticas mundiais com relação a um dos fatores mais importantes da escola de massas, qual seja o da presença de uma tamanha diversidade de alunos que jogou por terra as perspectivas homogeneizadoras até então vigentes. Foi reafirmado o compromisso para com a "Educação para Todos", reconhecendo-se a necessidade e urgência de prover educação para crianças, jovens e adultos dentro do sistema regular de ensino. Proclamaram que toda criança tem o direito fundamental à educação, e deve ser dada a oportunidade de atingir e manter o nível adequado de aprendizagem; toda criança possui características, interesses, habilidades e necessidades de aprendizagem que são únicas; sistemas educacionais deveriam ser designados e programas educacionais deveriam ser implementados no sentido de se levar em conta a vasta diversidade de tais características e necessidades; aqueles com necessidades educacionais especiais devem ter acesso à escola regular, que deveria acomodá-los dentro de uma pedagogia centrada na criança, capaz de satisfazer a tais necessidades; escolas regulares que possuam tal orientação inclusiva constituem os meios mais eficazes de combater atitudes discriminatórias, criando-se comunidades acolhedoras, construindo uma sociedade inclusiva e alcançando educação para todos; além disso, tais escolas proveem uma educação efetiva à maioria das crianças e aprimoram a eficiência e, em última instância, o custo da eficácia de todo o sistema educacional.

A *Declaração de Salamanca* procura definir quem são esses sujeitos, afirma que a expressão Necessidade Educativas Especiais refere-se *a todas as crianças e jovens cujas necessidades decorrem de sua capacidade ou de suas dificuldades de aprendizagem e têm, portanto, necessidades educativas especiais em algum momento de sua escolarização*. Assim, o termo "necessidades educativas especiais" abrange, com certeza, a população deficiente, mas não se restringe somente a ela.

A *Declaração de Salamanca* teve como núcleo central de suas recomendações a inclusão dos alunos com necessidades educativas especiais em classes regulares como a forma mais avançada de democratização das oportunidades educacionais, na medida em que se considerou que a maior parte dessa população não apresenta qualquer característica intrínseca que não permita essa inclusão, "a menos que existam fortes razões para agir de outra forma". Mas a inserção de alunos portadores de necessidades especiais no ensino regular não foi inaugurada pela declaração. Muito antes disso já se falava e se estabeleciam normas a respeito dessa inserção.

Já na década de 70 em nosso país se levantava a bandeira pela integração dos portadores de necessidades especiais no ensino regular.

Segundo Booth e Ainscow (2000), a inclusão depende de três dimensões inter-relacionadas, quais sejam: a construção de uma cultura inclusiva, de política inclusiva e de práticas inclusivas.

Uma pedagogia centrada na criança é benéfica a todos os estudantes e, consequentemente, à sociedade como um todo. A experiência tem demonstrado que tal pedagogia pode consideravelmente reduzir a taxa de desistência e repetência escolar (que são tão características de tantos sistemas educacionais) e ao mesmo tempo garantir índices médios mais altos de rendimento escolar.

• Abordagens pedagógicas na Educação do Deficiente Auditivo/Surdo

Historicamente a educação do surdo sofreu muitos processos de mudanças, passando pelo Oralismo, Comunicação total e Bilinguismo.

O **Oralismo** teve seu início no ano de 1880 por ocasião do Congresso de Surdos em Milão. A partir de uma votação de professores ouvintes, que consideravam a Língua de Sinais como prejudicial para o desenvolvimento, todas as Escolas de Surdos do Mundo adotaram o Oralismo.

É chamado às vezes de método auditivo-oral, de abordagem oral-aural ou de filosofia oralista; enfatiza o uso da audição residual da criança para desenvolver a comunicação oral (no caso do Brasil, o português).

A noção de linguagem, para vários profissionais desta filosofia, restringe-se à língua oral; visa a integração da criança surda na comunidade de ouvintes para desenvolver sua personalidade como a de um ouvinte. Alguns partidários desse método utilizam a amplificação auditiva para a recepção da informação. Não se permite o uso de sinais ou do alfabeto manual. O único meio de expressão permitido é a fala. O Oralismo percebe a Surdez como uma deficiência que deve ser minimizada através da estimulação auditiva.

Na realidade brasileira, pequena parte da população surda teve domínio da língua oral, pois não supre todas as necessidades da comunidade surda, favorecendo ao acesso escasso à educação (GOLD-FELD, 1997: 34).

Segundo Goldfeld (1997: 35), ao colocar o aprendizado da língua oral como o objetivo principal na educação dos surdos, muitos outros aspectos importantes para o desenvolvimento infantil são deixados de lado. Apenas profissionais que igualam o conceito de língua oral com o conceito de linguagem podem acreditar que os anos em que a criança surda sofre atraso de linguagem e bloqueio de comunicação (o que é inevitável quando lhe oferecem apenas a língua oral como recurso comunicativo) não prejudicam o seu desenvolvimento. Se, ao contrário, utilizarmos um conceito mais amplo de linguagem e se analisarmos sua importância na constituição do indivíduo, como ferramenta do pensamento e como a forma mais eficaz de transmitir informações e cultura, perceberemos que somente aprender a falar (oralizar) através de um processo que leva tantos anos é muito pouco em relação às necessidades que a criança surda, como qualquer outra criança, tem.

No ano de 1971, depois de quase cem anos do "Império Oralista", a insatisfação dos Educadores de Surdos com o Método Oral repercurtiu no Congresso Mundial de Surdos em Paris e a Língua de Sinais passou a ser novamente valorizada, surgindo então a comunicação total.

No ano de 1975, por ocasião do Congresso de Surdos em Washington, constatou-se que um século de oralismo não serviu como solução para a Educação dos Surdos, pois eram subeducados, a aquisição da língua oral deixava muito a desejar e que a comunicação gestual nunca deixou de existir. Assim, já no final do século passado, com os estudos sobre a surdez, a linguagem e a educação dos surdos, surge a primeira Universidade para Surdos do Mundo, a Gallaudet University Library, em Washington. Sob a direção de surdos que começaram a divulgar a Filosofia da Comunicação Total.

A **Comunição total** é um método auditivo-oral com os sinais e o alfabeto manual. A ênfase está na recepção da informação por todos os meios possíveis, incluindo a amplificação, a visão, os sinais e os gestos. Acreditam que o método deva ser introduzido, se possível, na primeira infância e que os pais devam estar intensamente envolvidos.

Tem como principal preocupação os processos comunicativos entre surdos e surdos e entre surdos e ouvintes. Preocupa-se com a aprendizagem da língua oral pela criança surda, mas acredita que os aspectos cognitivos, emocionais e sociais não devem ser deixados de lado em prol do aprendizado exclusivo da língua oral. Defende a utilização de recursos espácio-visuais como facilitadores da comunicação.

O surdo não é visto como um portador de uma patologia de ordem médica, que deveria ser eliminada, mas sim como uma pessoa, e a surdez como uma marca que repercute nas relações sociais e no desenvolvimento afetivo e cognitivo dessa pessoa (CICCONE, 1990; apud GOLDFELD, 1997: 35). As crianças que podem desenvolver as habilidades de aprendizagem e comunicação oral estarão motivadas. Aquelas que não têm esta habilidade desenvolvem outras formas de comunicação.

Os códigos manuais mais utilizados no Brasil são:

• Libras (Língua Brasileira de Sinais);

• Datilogia – Alfabeto manual (representação manual das letras do alfabeto);

• *Cued-speech* (sinais manuais que representam os sons da língua portuguesa);

• Português sinalizado (língua artificial que utiliza o léxico da língua de sinais com estrutura sintática do português e alguns sinais inventados);

• Pidgin (simplificação da gramática de duas línguas em contato).

Segundo Goldfeld (1997: 39), a comunicação total demonstra uma eficácia maior em relação ao Oralismo, já que leva em consideração aspectos importantes do desenvolvimento infantil e ressalta o papel fundamental dos pais ouvintes na educação de seus filhos surdos. A língua de sinais, no entanto, não é utilizada de forma plena, como poderia ser. A comunicação total não privilegia o fato de esta língua ser natural (surgiu de forma espontânea na comunidade surda) e carregar uma cultura própria, e cria recursos artificiais para facilitar a comunicação e a educação dos surdos, que podem provocar uma dificuldade de comunicação entre surdos que dominam códigos diferentes da língua de sinais.

No ano de 1981, Danielle Bouvet publicou seus trabalhos em Paris. Suas pesquisas realizadas na Suécia e Dinamarca na educação de surdos tiveram o enfoque bilíngue.

O **bilinguismo** tem como pressuposto básico que o surdo deve ser bilíngue, ou seja, adquirir como língua materna a língua de sinais, que é considerada sua língua natural, e como segunda língua, a língua oficial de seu país. O surdo não precisa almejar uma vida semelhante ao ouvinte, podendo aceitar e assumir sua surdez, formando uma comunidade, com cultura e língua próprias. O aprendizado da língua oral não é percebido como o único objetivo educacional do surdo nem como uma possibilidade de minimizar as diferenças causadas pela surdez.

Segundo Goldfeld (1997: 40), "A questão principal para o bilinguismo é a Surdez e não a surdez", "...ou seja, os estudos se preocupam em entender o Surdo, suas particularidades, sua língua (a língua de sinais), sua cultura e a forma singular de pensar, agir etc., e não apenas os aspectos biológicos ligados à surdez".

Duas modalidades do bilinguismo são apresentadas:

• aquisição da língua de sinais e a modalidade oral da língua de seu país, posteriormente alfabetizada;

• aquisição da língua de sinais e a língua oficial do país na modalidade escrita e não oral.

> O ideal é que a criança construa dois sistemas conceituais independentes, pois assim ela adquire os conceitos e valores das palavras em oposição às outras palavras da mesma língua, baseados nas características culturais desta língua, e não criando sinônimos entre as duas línguas (GOLDFELD, 1997: 107).

Brito (1993: 41) afirma que, se a criança surda não for exposta à língua de sinais desde seus primeiros anos de vida, sofrerá várias consequências:

> • este (o surdo) perde a oportunidade de usar a linguagem, se não o mais importante, pelo menos um dos principais instrumentos para a solução de tarefas que se lhe apresentam no desenvolvimento da ação inteligente;

• o surdo não há de recorrer ao planejamento para a solução de problemas;

• não supera a ação impulsiva;

• não adquire independência da situação visual concreta;

• não controla seu próprio comportamento e o ambiente;

• não se socializa adequadamente.

Todas as pessoas surdas são únicas e têm diferenças individuais iguais às dos ouvintes. Os programas educacionais inclusivos efetivos deveriam ser individualizados para satisfazer às necessidades, os interesses e as habilidades de qualquer criança, jovem ou adulto. As habilidades para comunicar vão ser sempre diferentes para cada pessoa. Menos de 50% dos sons da fala podem ser observados e entendidos quando se lê os lábios. Não há estudos que comprovem que uma criança surda não possa desenvolver suas habilidades orais, no entanto a comunicação oral exclusiva não é adequada para satisfazer muitas necessidades das crianças surdas. Elas inventam sinais em suas primeiras tentativas de comunicar-se em casa e na escola.

Referências bibliográficas

BOOTH, T. & AINSCOW, M. (2000). *Índice de inclusión*: desarollando el aprendizaje y la participación en las escuelas. Bristol, UK: Center for Studies on Inclusive Education.

BRITO, L.F. (1993) *Integração social e educação dos surdos*. Rio de Janeiro: Babel.

FENIMAM (FOB/USP) (s.d.). *Prevalência de desordens do processamento auditivo central em crianças com* deficit *de atenção e hiperatividade* (ADHD) [http://www.sciencenet.com.br/arquivo/p_art_cien/p_bart_cien1.htm].

FREITAS, A. (2001). *A Educação Especial e a Escola Inclusiva*: o processo de inclusão no contexto da educação regular Belém-Pará. Manaus: Universidade da Amazônia [http://www.nead.unama.br/bibliotecavirtual/monografias/Educacao_Especial.pdf].

GOLDFELD, M. (1997). *A criança surda* – Linguagem e cognição numa abordagem sociointeracionista. São Paulo: Plexus.

KATZ, J. (1996). Apresentação. In: SCHOCHAT, E. (org.). *Processo auditivo* 9-11.

KROEFF, A. (2001). *Mittelohrerkrankung in der Kindheit*: ein screeningverfahren mit dem Ziel der Prävention von Lernbehinderung. Berlim: [s.l.] [Dissertação de mestrado].

PEREIRA, E. (1996). Identificação de desordem do processamento auditivo central através de observação comportamental: organização de procedimentos padronizados. In: SCHOCHAT, E. (org.). *Processamento Auditivo*, 2, p. 43-56.

RUSSO, I. & BEHLAU, M. (1993). *Percepção da fala*: análise acústica do português brasileiro. São Paulo: Lovise.

SANCHEZ & ALVAREZ (2000). Processamento auditivo central: proposta de avaliação e diagnóstico diferencial. In: *Audiologia clínica*. São Paulo: Atheneu.

SANTOS, T. (1996). Otite média: implicações para o desenvolvimento da linguagem. In: SCHOCHAT, E. (org.). *Processo Auditivo,* 5, p. 107-124.

SCHOCHAT, E. (1996). *Processamento auditivo*. São Paulo: Lovise.

7
O desenvolvimento e a aprendizagem da criança com deficiência visual

Adriana Lia Friszman de Laplane *
Cecília Guarnieri Batista * *

Quando nos deparamos com pessoas com deficiências e, particularmente, com crianças com deficiências, algumas das perguntas mais frequentes são: Em que medida seu desenvolvimento será afetado pela deficiência? De que modo esta condiciona as possibilidades de desenvolvimento? O presente texto se propõe a responder essas questões, enfocando especificamente a deficiência visual.

As relações entre desenvolvimento e deficiência são complexas e os caminhos do desenvolvimento de cada criança vão se definindo com o concurso de uma multiplicidade de fatores que incluem os de natureza orgânica e social. O corpo é, sem dúvida, o suporte material do desenvolvimento, mas seu funcionamento está imbricado à cognição e às relações sociais e afetivas, de maneira tal que muitas vezes é impossível distinguir o papel de cada um no processo de desenvolvi-

* Pós-doutorado em Educação pela University of Birmingham, Inglaterra; doutorado em Educação pela Universidade Estadual de Campinas, Unicamp/SP; mestrado em Educação pela Universidade Estadual de Campinas, Unicamp/SP; Pedagoga pela mesma universidade.

** Pós-doutorado pela Unicamp/Universidade de Portsmouth, Reino Unido; doutorado e mestrado em Psicologia pela USP; graduação em Psicologia pela PUC de Campinas.

mento. Entretanto, o conhecimento sobre os diversos aspectos do desenvolvimento da criança (físico, psicológico, cognitivo ou social) é fundamental para traçar as estratégias de intervenção nas diferentes áreas de atuação terapêutica e educacional.

Desenvolvimento e deficiência visual

Quando se concebe o desenvolvimento como um processo biológico, marcado por certos comportamentos que aparecem em determinados momentos da vida, a ideia de deficiência vai se configurar por oposição a esses comportamentos ditos normais. Os limites entre o normal e o patológico, quando circunscritos aos aspectos biológicos, tendem a ser definidos e quantificados em termos da presença ou ausência de comportamentos ou funções. Essa visão é responsável por um certo modo de tratar as deficiências, seja no âmbito terapêutico ou educacional, que toma como objeto de intervenção o próprio defeito ou função alterada ou diminuída e trabalha sobre ela. No caso da deficiência visual e mais especificamente da baixa visão ou visão subnormal, os programas de treinamento da função visual constituem um exemplo dessa tendência.

Uma alternativa a essa concepção é considerar o desenvolvimento como um processo que afeta o ser humano em todas as suas dimensões e não apenas nas biológicas. O biológico é concebido aqui como intimamente relacionado à experiência do sujeito, à sua afetividade, cognição e modos de sociabilidade desenvolvidos na cultura. As abordagens que derivam dessa ideia elegem como objeto de intervenção o ser humano em desenvolvimento e não qualquer função isolada.

Nessa perspectiva, são várias as tendências da psicologia que teorizam sobre a importância de se considerar o desenvolvimento como um processo que implica fundamentalmente o ambiente social. Dentre os autores que abordam o desenvolvimento sob esse ponto de vista, L.S. Vygotsky assume uma postura radical ao atribuir à cultura e à vida social um papel principal nesse processo. Em várias das suas obras elabora sobre essa questão que terá implicações teóricas e práticas no campo da psicologia e da educação.

No manuscrito de 1929, já publicado em português, lê-se:

> Derivamos as funções individuais das formas de vida coletivas (p. 61).

Na obra *A formação social da mente* (1984) encontramos outra formulação:

> Desde os primeiros dias do desenvolvimento da criança, suas atividades adquirem um significado próprio num sistema de comportamento social e, sendo dirigidas a objetivos definidos, são refratados através do prisma do ambiente da criança. O caminho do objeto até a criança e desta até o objeto passa através de outra pessoa. Essa estrutura humana complexa é o produto de um processo de desenvolvimento profundamente enraizado nas ligações entre história individual e história social (p. 33).

De formas diversas, Vygotsky retoma a ideia de que o desenvolvimento humano não se reduz ao biológico. A experiência social, cuja síntese mais acabada é o signo, é constitutiva do desenvolvimento e não um mero fator que o influencia. Nessa perspectiva, o desenvolvimento humano é caracterizado como desenvolvimento cultural e essa tese dá origem a uma postura extremamente otimista em relação às possibilidades de desenvolvimento das pessoas com deficiências porque desloca a atenção da noção de defeito ou lesão que impede ou limita o desenvolvimento para centrá-la no ambiente social e cultural e nas relações que se estabelecem entre a criança e o meio. Esse otimismo pode ser identificado nos textos que compõem os estudos sobre os efeitos de diferentes deficiências no desenvolvimento (1997). No texto que se refere à criança deficiente visual o autor afirma que a deficiência não é apenas déficit, mas também fonte de manifestação de habilidades (p. 97). Da mesma forma, a ideia de mediação contribui para uma concepção otimista da deficiência porque entende os sentidos como ferramentas que podem ser substituídas por outras e privilegia as relações sociais (p. 83).

Essa concepção de desenvolvimento humano entende os processos psicológicos, em linhas gerais, como universais e não exclui as pessoas com deficiências sensoriais ou outras. Ao contrário, Vygotsky destaca que os órgãos ou funções que faltam ou estão lesados não são indispensáveis para o desenvolvimento e podem ser substituídos por uma ferramenta ou por outra pessoa que assuma o papel de mediadora entre o mundo e a pessoa com deficiência.

De maneira coerente com essa perspectiva, Vygotsky considera que a cegueira pode causar a seu portador um "distúrbio social", gerando sentimentos de inferioridade, insegurança e fraqueza, que serão superados, justamente, por meio da experiência social, da interação e da comunicação. Novamente, não são os sentidos os responsáveis pela superação das dificuldades, mas as relações com outrem, possibilitadas pela linguagem que os seres humanos compartilham.

> No caso da cegueira, a fonte de compensação não é o desenvolvimento do tato ou o refinamento do ouvido, mas a fala – o uso da experiência social e a comunicação com os videntes (p. 103).

E, justamente, essa formulação sintetiza de forma acabada a linha de trabalho adotada por uma perspectiva educacional que concebe o desenvolvimento humano como desenvolvimento cultural, que afirma a possibilidade de aprendizagem e de desenvolvimento da pessoa com deficiência visual e que atribui ao trabalho com os sentidos do ouvido e do tato um lugar subordinado, ou melhor, integrado às funções mais nobres da mente, articuladas por meio da linguagem.

O que é singular no desenvolvimento da criança com deficiência visual

As ideias sobre como os seres humanos se desenvolvem subjazem a todas as práticas terapêuticas e educativas. Explicitar uma concepção de desenvolvimento é, portanto, essencial para traçar os rumos dessas práticas, definir prioridades e tomar decisões sobre educação e escolarização. Na nossa concepção de desenvolvimento, o acesso à linguagem é a chave para o acesso à cultura e à participação social. Através da linguagem, o mundo, desconhecido, aparentemente inacessível, incompreensível e potencialmente ameaçador e hostil pode transformar-se em algo a ser explorado, compreendido e apropriado. A linguagem condensa as relações sociais e confere sentido à experiência humana.

O efeito de privilegiar a linguagem e de considerar o desenvolvimento como função da cultura e não meramente da natureza biológica se faz sentir, inicialmente, no próprio modo de abordar e acolher a criança com deficiência visual. Em princípio, nada essencial diferencia o processo de desenvolvimento dessa criança, quando comparada às outras. Se o desenvolvimento é cultural, ele depende principalmente do significado atribuído às informações provindas do ambiente e do modo como elas se integram e articulam para constituir conhecimento. O significado é socialmente atribuído e a criança, através dos meios a seu alcance, se apropria desse significado num processo marcado pelo dinamismo e a troca constante com o meio social.

Todavia, essa noção não dá conta de explicar a diversidade típica do desenvolvimento humano. É preciso dizer que o desenvolvimento de cada indivíduo é o produto único de uma configuração única de circunstâncias biológicas, culturais e históricas. Podemos estudar tendências, agrupar características, observar semelhanças e diferenças e estabelecer possíveis relações entre indivíduos ou grupos que compartilham traços ou experiências semelhantes, mas não podemos capturar o processo de desenvolvimento e transformá-lo em um mecanismo porque estaríamos retirando dele esse caráter único que lhe é próprio.

Temos, então, um processo que é único para cada indivíduo e, ao mesmo tempo, compartilhado, nas suas formas mais gerais, com o vivido pelos demais indivíduos. Por isso, o processo de desenvolvimento ocorre, de um certo ponto de vista, da mesma maneira para todos os seres humanos e, também, de maneira singular para cada um. Da mesma forma, a ação educativa pode ser vista nessas duas dimensões. Por um lado, ela contempla os processos gerais de desenvolvimento, enfatizando a construção de sentidos culturalmente estabelecidos. Por outro, ela tem de levar em consideração aquilo que é particular e próprio do desenvolvimento do sujeito em questão.

A criança cega

Como a criança com deficiência visual se desenvolve? A presença dos processos mais gerais de desenvolvimento pode ser identificada no fato de que essas crianças aprendem a falar, a comunicar-se e a fazer uso da linguagem para conhecer, apesar da ausência de certos comportamentos considerados importantes para o desenvolvimento infantil (por exemplo, a impossibilidade de estabelecer contato visual ou de perceber visualmente e interpretar os sinais que acompanham a fala). Ao desenvolver linguagem, a criança cega torna-se capaz de construir conceitos, de operar com eles, de estabelecer relações e, de uma maneira geral, compartilhar os conhecimentos socialmente produzidos, de tornar-se membro de uma comunidade e de participar da sua cultura.

A palavra descreve aquilo que não pode ser visto; nomeia objetos, pessoas, relações e emoções; categoriza e classifica a informação; constitui o alicerce para a construção de conceitos; conforma a base para a formulação de hipóteses; permite relacionar fatos passados e presentes; atribui sentido àquilo que é vivido e, fundamentalmente, estabelece um modo de comunicação complexo e próprio dos seres humanos. Nessa visão, o pensamento e a linguagem organizam os elementos trazidos pelos sentidos. Essa organização envolve categorização, classificação, e estabelecimento de modelos e construtos para compreensão dos diferentes fenômenos e fatos do mundo. A concepção dinâmica do processo de construção de conceitos (BATISTA, 2005) tem algumas implicações importantes para o ensino em geral e para o ensino dirigido a pessoas com deficiência visual, em particular. Segundo essa concepção:

a) Conceitos não devem ser tomados isoladamente, mas vistos como relacionados a outros conceitos, organizados em sistemas, que variam de acordo com teorias e sistemas de organização de conhecimentos (sejam conhecimentos científicos ou do cotidiano). Desse modo, o mesmo elemento a ser conceituado pode fazer parte de diferentes sistemas conceituais, não existindo, portanto, uma definição única e exclusiva para um determinado conceito (Ex.: "cachorro" tem uma definição enquanto componente do sistema de classificação dos seres vivos pela Biologia, outra no âmbito da discussão sobre animais de estimação para crianças pequenas, e outra, ainda, como possível vetor de doenças em ambientes urbanos).

b) Conceitos empíricos1[1] podem ser caracterizados como relações entre "gênero" e "espécie", considerando-se "gênero" a ins-

---

1. A expressão "conceitos empíricos" é utilizada por Kitcher (1990) para referir-se a conceitos relacionados a fatos do mundo, em contraposição a conceitos lógico-matemáticos, como, por exemplo, as definições de polígonos pela geometria. Esse último tipo de conceito permite definições por condições necessárias e suficientes, o que não é possível, segundo vários autores, para os conceitos empíricos, relativos a objetos e eventos do mundo em constante mudança, e que são o alvo da presente discussão.

tância mais geral, e "espécie" a identificação de tipos ou classes do gênero (Ex.: ao dizer que "mesa" é um tipo de móvel, estou apresentando uma espécie – mesa, e enquadrando-a em um gênero – móvel). Uma conceituação por gênero e espécie é dinâmica e alterável, em contraste com definições que busquem identificar as características essenciais, as condições necessárias e suficientes para a definição de um conceito (Ex.: "mesa"), a ser mantida de forma estável em diferentes locais e épocas.

c) O processo de formação de conceitos deve ser concebido como uma experiência contínua, ao longo da vida, não podendo ser pensada, apenas, como decorrente de uma situação específica de ensino-aprendizagem.

Assim, o mesmo objeto pode ser conceituado em diferentes níveis, dependendo de diferentes fatores. Entre esses fatores, estão: o nível de desenvolvimento do aprendiz, o contexto em que vive (tipo de informação que recebe, significado e sentido dessas informações para ele, modos de organizar informações nos grupos sociais e culturais da comunidade), e a dinâmica de mudanças nesse contexto. Ao longo da vida, o processo de aquisição vai assumindo formas cada vez mais individualizadas e típicas de pessoas e de grupos: mudam as coisas, muda o nível de conhecimento das coisas, e definem-se áreas de domínio conceitual preferencial (dependendo, entre outros fatores, da atividade profissional e de interesses pessoais).

Como as crianças cegas formam conceitos? Em princípio da mesma forma que as outras, estabelecendo relações entre os aportes sensoriais e os conhecimentos já apreendidos, por meio da mediação por signos, nas relações interpessoais, e com o uso de recursos e materiais pedagógicos. A especificidade reside no tipo de material a ser utilizado, bem como em algumas estratégias de organização da situação de ensino. Nesse caso, o uso preferencial do tato, do ouvido e do olfato para estabelecer relações com o meio propicia um desenvolvimento diferenciado das competências perceptivas e cognitivas. A capacidade de perceber objetos, meio e pessoas é construída a partir desses sentidos que se caracterizam por organizar a informação em séries temporais, em que um dado se apresenta após o outro, na forma de uma sequência. A integração desses dados num todo único (o objeto) ocorre de maneira fundamentalmente diferente daquela propiciada pela visão, cujo traço mais marcante é a simultaneidade, ou seja, a possibilidade de operar ao mesmo tempo com uma grande variedade de estímulos de diferentes ordens (OCHAITA & ROSA, 1995; BATISTA & ENUMO, 2000).

Ao permitir simultaneidade, a visão favorece a percepção de conjunto. Ochaita e Rosa (1995) acentuam esse aspecto, ao lembrar que a exploração tátil é sequencial, com a tarefa realizada ponto por ponto (Ex.: explorar uma mesa para refeições), e limitada ao alcance da mão, enquanto a visão constitui um sentido à distância. Da mesma maneira o ouvido permite a apreensão de séries temporais. A apreensão de conhecimentos exclusivamente baseada em sentidos sequenciais pode, eventualmente, dificultar a compreensão de conjunto pelo cego. Entretanto, é importante lembrar que muitas das experiências dos videntes são, também, prioritariamente baseadas na apreensão sequencial (a leitura de um romance ou na audição de uma peça musical). Deste modo, podemos concluir que, quando os modos particulares de organização da informação de cada modalidade perceptiva são respeitados, não há impedimento para a obtenção de uma noção de conjunto.

A singularidade dessa construção é ilustrada no relato de O. Sacks (1995) sobre o caso de um homem cego que por meio de uma cirurgia recupera a visão perdida quarenta e cinco anos antes. A dificuldade do sujeito para interpretar e integrar a informação visual (movimento, cor, forma, profundidade, distância) indica a ausência de estruturas visuocognitivas, assim como a sua tendência de utilizar a audição, o tato e o olfato de forma preferencial, indica a presença de sistemas (construídos a partir da prática) que integram esses sentidos às funções mentais de maneira eficiente.

A tese de que o desenvolvimento de crianças com deficiência visual segue os mesmos processos gerais que o desenvolvimento de outras crianças tem entre as suas implicações a de que a ação educativa tampouco é diferente em essência. Vygotsky afirma:

> Não devemos pensar como se pode isolar e segregar quanto antes os cegos da vida, mas como é possível incluí-los mais cedo e diretamente na mesma (*Obras escogidas*, p. 85).

A única diferença está na necessidade de se utilizar os outros sentidos como vias preferenciais de aquisição de informação do ambiente. Isso significa afirmar que a compreensão, a formação de conceitos e, em última instância, a construção de conhecimento, não dependem da visão. Por outro lado, não se pode desconsiderar a importância dos recursos específicos para o ensino de crianças cegas, já que o uso do tato e do ouvido impõe uma dinâmica que se apoia principalmente na dimensão temporal. Para apreender um objeto através do tato é preciso manuseá-lo e integrar a informação num todo ou, ainda, tocar uma parte (se o objeto é conhecido) para inferir a sua presença a partir dela. A compreensão da informação auditiva, por sua vez, requer concentração especial porque, em muitas situações, ela deve ser captada dentro de uma sequência temporal única, sem possibilidade de repetição. Essa singularidade dos modos de apreensão da informação alerta para a necessidade de se levar em consideração as condições em que as atividades educacionais são realizadas e permite antever dificuldades que não decorrem da cegueira em si, mas de um ensino que privilegia, por exemplo, o canal visual; que não incorpora recursos auditivos ou táteis, que não os utiliza adequadamente ou no momento apropriado (atrasos na transcrição de material escrito para o sistema braile, ausência de materiais impressos nesse sistema, ausência de apoios didáticos no momento de apresentação de conteúdos específicos e novos para o aluno).

O uso do sistema braile de escrita é o recurso que permite a leitura e a escrita através do tato. O sistema transcreve as letras do alfabeto, mas requer um tempo maior tanto para a escrita como para a leitura. Com o uso da máquina braile, a velocidade da escrita aumenta, mas o barulho da máquina às vezes incomoda a classe. A participação de professores itinerantes e especializados que atuam em salas de recursos constitui uma tentativa de ampliar o uso do braile na escola e torná-lo um recurso eficaz para o ensino e a aprendizagem, mas a defasagem entre e a produção na sala de aula (onde dificilmente o professor conhece o sistema a ponto de prescindir do professor especialista para transcrever o material) e a leitura na sala de recursos, ou entre a transcrição de textos seja do braile para a escrita alfabética (produção do aluno), seja da escrita alfabética para o sistema braile (textos impressos, tarefas, provas) podem comprometer o sucesso dessa tentativa. Além do sistema braile de escrita, outros recursos como o gravador de áudio e o computador que utiliza programas sonoros auxiliam o trabalho escolar e o acesso ao conhecimento da criança cega. O gravador pode ser utilizado para gravar textos lidos ou aulas e o computador tem vários usos como permitir a interação de um aluno que domina o sistema braile e um professor que não possui essa competência. Nesse caso, o aluno digita o texto e ele pode ser impresso tanto no sistema braile como em tinta. Os programas sonoros permitem que o usuário cego escreva, leia e corrija o próprio texto ou outros textos e também dão acesso à pesquisa na rede mundial de computadores (internet). O uso de um scanner aumenta o acesso a textos impressos, que podem ser convertidos em arquivos a serem lidos pelos programas sonoros e impressos em braile ou tinta.

Os recursos táteis também auxiliam a aquisição de conhecimento e têm um papel importante em todas as etapas da escolaridade. Na educação infantil, na pré-escola e nas séries iniciais, pistas táteis (por meio de tinta ou cola que cria relevo, colagem de materiais com diferentes texturas, uso de barbante, etc.) podem ser acrescentadas aos materiais de diferentes tipos, como: jogos pedagógicos (memória e outros tipos de pareamento), baralho, dominó, jogos de tabuleiro, dado e outros. A criança cega também pode aprender as letras, utilizando um alfabeto móvel de material emborrachado ou outro material. A aprendizagem da escrita alfabética provê ao cego uma ferramenta útil para a comunicação (cegos devem aprender a assinar), tornando-se um fator de inclusão escolar, porque faz com que a criança cega participe das práticas cotidianas de sala de aula, e social, porque permite o compartilhamento de uma ferramenta cultural amplamente disseminada, favorece a comunicação e a participação social.

Os desenhos e ilustrações podem ter uma tradução tátil (pontilhado ou acréscimo de texturas). Os modelos, maquetes e as miniaturas facilitam a compreensão de diversos conceitos ao prover uma representação tridimensional de objetos, seres vivos e construções (REILY, 2004). Seu uso é indicado tanto no início da escolaridade quanto nas etapas posteriores, em que essas representações podem ocupar o lugar dos esquemas visuais, sintetizando informação e permitindo o acesso do cego à leitura de gráficos, por exemplo. Entretanto, é importante observar que esses recursos não constituem traduções ou reproduções perfeitas do real. Eles são apenas representações mais ou menos esquemáticas e têm um caráter auxiliar na compreensão de conceitos. Esta depende fortemente da linguagem que permite a integração de informações advindas dos diferentes sistemas envolvidos na percepção e na interpretação.

Assim sendo, como ensinar conceitos a alunos cegos? Como conseguir que o aluno compreenda a ideia de "trem com 45 vagões", por exemplo? Em primeiro lugar, é necessário considerar que essa ideia envolve tanto o conceito de trem como o de vagão e, ainda, a noção de número. Trata-se de vários conceitos, cuja aquisição envolve múltiplas experiências e situações de ensino-aprendizagem, tanto no caso do aluno cego como do vidente. No caso do aluno cego não é preciso, como frequentemente postulado, levá-lo a percorrer um trem com esse número de vagões ou apresentar-lhe uma miniatura. A oferta de recursos pedagógicos para o ensino do conjunto de conceitos envolvidos na referida expressão dependerá dos conhecimentos anteriores do aluno e não se dará em uma única aula ou experiência de aprendizagem.

Consideremos agora o exemplo do conceito de relâmpago, em séries mais avançadas do ensino. Nesse caso, as explicações envolvem noções de eletricidade, dispensando-se o uso de recursos tangíveis, ou a capacidade de ver um relâmpago, como requisito para compreensão. Esta dependerá dos conceitos prévios e da possibilidade de se estabelecer relações entre os vários conhecimentos de Física envolvidos. Nesse exemplo não há diferenças significativas entre um aluno vidente e outro com deficiência visual.

A criança com baixa visão

A baixa visão ou visão subnormal é uma condição em que o indivíduo apresenta uma redução na sua capacidade visual que interfere ou limita seu desempenho, mesmo após a correção de erros de refração comuns. A baixa visão pode ocorrer por traumatismos, doenças ou imperfeições no órgão ou no sistema visual. Um dos seus traços principais é a diversidade de problemas visuais que ela pode gerar. As pessoas com baixa visão podem ter baixa acuidade visual, dificuldade para enxergar de perto e/ou de longe, campo visual reduzido e problemas na visão de contraste, entre outros (CARVALHO; GASPARETTO; VENTURINI & KARA-JOSÉ, 1992; VEITZMAN, 2000).

O desempenho visual não depende apenas do grau de visão, mas, também, do modo como o indivíduo o utiliza, do modo como aspectos tais como acuidade visual (menor objeto que o olho pode distinguir), campo visual, a visão para cores e o contraste são integrados de modo a explorar mais ou menos o potencial visual (BARRAGA,

1986; CORN, 1986). A eficiência visual, por outro lado, não é uma função direta do grau de visão traduzido por medidas quantitativas de desempenho em testes, mas sim, principalmente, um produto da experiência, da aprendizagem e do exercício (BARRAGA & MORRIS, 1980, MANGOLD, 1982; GOODRICH, 1985). Além disso, o uso de recursos específicos para baixa visão pode melhorar o desempenho. Em alguns casos, o uso de lentes convencionais proporciona um maior conforto visual, embora não permita a correção desejada. Em outros, os recursos de magnificação como lupas e sistemas telescópicos auxiliam na visão de perto e de longe. Esses recursos são prescritos sempre por um oftalmologista. O uso de auxílios não óticos também pode melhorar o desempenho visual de crianças com baixa visão. Nesse caso utilizam-se materiais pedagógicos com tipo ampliado, cadernos com pauta reforçada, lápis e canetas que permitam um bom contraste com o fundo, e melhorias no ambiente para favorecer uma iluminação adequada em quantidade e qualidade à condição que a criança apresenta. Enquanto em algumas condições (albinismo, acromatopsia, cataratas) é necessário diminuir a luminosidade para dar maior conforto visual e evitar o ofuscamento, em outras (glaucoma, retinose pigmentar, retinopatias) é indicado melhorar as condições de iluminação do ambiente e dos objetos próximos.

O avanço tecnológico acrescenta a esses recursos o uso de sistemas de magnificação de imagem por vídeo (CCTV), lupas eletrônicas, microcomputadores em que a tela pode ser personalizada para exibir diferentes tipos de letra, cores, tamanhos, luminosidade e contraste segundo a necessidade de cada usuário.

O maior desafio de educar crianças com baixa visão está em identificar e atender a necessidade de cada uma delas, tanto em termos dos recursos que facilitem e melhorem seu desempenho, como da criação de condições para uma participação plena. Nesse sentido, há que se ressaltar que os recursos óticos e não óticos são auxílios importantes, mas não garantem o sucesso da inclusão desses alunos na escola. As crianças com baixa visão, na maioria das vezes, fazem um grande esforço para interpretar o que veem. Elas aproximam os materiais aos olhos, se aproximam da lousa para enxergar melhor, demoram mais para ler e escrever e cansam rapidamente. O cansaço é causado pelo esforço realizado para obter a informação visual necessária ao desempenho das tarefas escolares. As condições do ambiente afetam seu desempenho visual ao ponto que, em um dia nublado, algumas crianças podem ter suas dificuldades muito aumentadas. Não é incomum encontrarmos crianças com baixa visão sendo identificadas como preguiçosas ou lentas, ou tendo as suas capacidades mentais sendo postas em dúvida. Isso se deve ao grande número de fatores que intervêm para que o processo de escolarização tenha ou não sucesso. Alguns deles dizem respeito à postura da escola em relação à diferença. A pequena tolerância em relação às necessidades especiais e aos traços ou condições que singularizam as crianças (timidez, isolamento, falta ou excesso de iniciativa, interesse, bom ou mau desempenho acadêmico, comportamento, etc.) são também responsáveis pelo eventual fracasso das iniciativas de inclusão e pela consequente estigmatização das crianças. Outro fator relevante no caso dos alunos com baixa visão é o modo de organização do trabalho escolar, que muitas vezes privilegia um ritmo e uma velocidade na execução das tarefas que não são adequados para todos. A inclusão dessas crianças depende, em boa medida, da criatividade do sistema escolar e do professor para organizar o trabalho de modo que a aprendizagem seja garantida, enquanto as possibilidades e capacidades do aluno são respeitadas, de modo que o esforço realizado em cada momento seja razoável e não decorra em cansaço ou fadiga excessivos.

Considerações finais

A inclusão de crianças com deficiência visual em salas de aula regulares está relacionada ao agenciamento de uma variedade de recursos. No caso dos alunos cegos, esses recursos são: materiais tateáveis, transcrição de textos em braile, gravação de textos, existência de leitores voluntários, uso de computador e scanner e adequação das tarefas ao ritmo requerido pelo uso de tais recursos. No caso dos alunos com baixa visão, esses recursos podem ser óticos (lentes especiais, lupas, telescópios) e não óticos (adaptações do ambiente: iluminação, distância, contraste e saturação de cores, computadores com programas sonoros e telas especialmente configuradas, ampliação de materiais).

Em todos os casos, a presença de um mediador atento às condições do ambiente físico e social e às necessidades do aluno será crucial para a sua integração na sala de aula. O mediador não deve ser, necessariamente, um especialista em recursos específicos. O importante é que ele compreenda a natureza e as consequências da deficiência visual no processo de escolarização. Sua tarefa é agenciar recursos, materiais e estratégias que permitam a participação do aluno com necessidades especiais nos trabalhos escolares. Os materiais podem ser escritos no sistema alfabético e transcritos para o sistema braile por outra pessoa; em certas circunstâncias pode ser utilizado o gravador para registrar a aula; o professor pode ditar ao aluno cego aquilo que escreve na máquina braile ou na reglete; os colegas podem descrever as figuras de um livro. O aluno pode ler e escrever em braile uma parte do material e utilizar recursos sonoros em outros momentos. O aluno com baixa visão pode copiar uma parte da tarefa e ler o restante num material preparado com antecedência, que preencha as condições de legibilidade e conforto visual requeridas por ele. As estratégias são variadas e dependerão, como foi sugerido neste texto, da compreensão que a escola e o professor tiverem de como os processos de desenvolvimento operam, do que é fundamental para a aprendizagem, do que é relevante para a atividade escolar e dos modos singulares de desenvolvimento e aprendizagem das crianças.

Referências bibliográficas

BARRAGA, N. (1986). *Textos reunidos*. Madri: Once.

BATISTA, C.G. (2005). Formação de conceitos em crianças cegas: questões teóricas e implicações educacionais. *Psicologia*: teoria e pesquisa, 21 (1), p. 7-15.

_____ (2001). Deficiência visual, alterações no desenvolvimento e o processo de escolarização. *Boletim de Psicologia*, LI, n. 115, jul.-dez., p. 187-200.

BATISTA, C.G. & ENUMO, S.R.F. (2000). Desenvolvimento humano e impedimentos de origem orgânica: o caso da deficiência visual. In: NOVO, H.A. & MENANDRO, M.C.S. *Olhares diversos*: estudando o desenvolvimento humano. Vitória: Ufes, p. 157-174 [Programa de Pósgraduação em Psicologia].

CARVALHO, K.M.M.; GASPARETTO, M.E.F.; VENTURINI, N.H.B. & KARA-JOSÉ, N. (1992). *Visão subnormal* – Orientações ao professor do ensino regular. Campinas: Unicamp.

CORN, A. (1987). Funcionamiento visual: un modelo teórico para individuos con baja visión. *Revista Discapacidad Visual*, ano IV, n. 53. Córdoba, Icevh.

LAPLANE, A.L.F. & BATISTA, C.G. (2003). Um estudo das concepções de professores de ensino fundamental e médio sobre a aquisição de conceitos, aprendizagem e deficiência visual. In: Anais do I Congresso Brasileiro de Educação Especial, I Encontro da Associação Brasileira de Pesquisadores em Educação Especial e IX Ciclo de Estudos sobre Deficiência Mental. *Comunicações Orais*, sessão 3, p. 14-15.

OCHAITA, J. & ROSA, A. (1995). Percepção, ação e conhecimento nas crianças cegas In: COLL, C.; PALACIOS, J.; MARCHESI, A. *Desenvolvimento psicológico e educação* – Vol. 3: Necessidades educativas especiais e aprendizagem escolar. Porto Alegre: Artes Médicas.

PINO, A. (2000). O social e o cultural na obra de Vygotsky. In: *Educação e Sociedade*, ano XXI, n. 71, jul., p. 45-78.

REILY, L. (2004). *Escola Inclusiva*: linguagem e mediação. Campinas: Papirus.

SACKS, O. (1997). Ver e não ver. In: *Um antropólogo em Marte*. São Paulo: Companhia das Letras, p. 123-164.

VEITZMAN, S. (2000). *Visão subnormal*. Rio de Janeiro: Cultura Médica [Coleção de Manuais Básicos CBO].

VYGOTSKY, L.S. (2000). *Obras Escogidas*. Madri: Visor.

_____ (1996). *Teoria e método em psicologia*. São Paulo: Martins Fontes.

_____ (1984). *A construção social da mente*. São Paulo: Martins Fontes.

8
Autismo e inclusão: possibilidades e limites

*Cleonice Alves Bosa**
*Síglia Pimentel Höher***

Atualmente, de acordo com o DSM-IV-TR (APA, 2002), o autismo caracteriza-se pelo comprometimento severo em três áreas do desenvolvimento: habilidades de interação social recíproca, de comunicação, e presença de comportamentos, interesses e atividades estereotipadas. O comprometimento no desenvolvimento social é caracterizado por dificuldade na interação social recíproca e espontânea, imitação e brincadeira simbólica com outras crianças, afetando, entre outros aspectos, o desenvolvimento de amizades. Quanto ao comprometimento das modalidades de comunicação, é relatado atraso na aquisição da fala e gestos, uso estereotipado e repetitivo da linguagem (repetição de palavras, frases ou mesmo diálogos inteiros, de forma "mecânica") e dificuldades em iniciar e manter uma conversação. Finalmente, podem ocorrer padrões restritos e repetitivos de comportamentos, interesses e atividades, como por exemplo uma adesão inflexível a rotinas. Estes comportamentos são expressos, por

* Doutorado pelo Instituto de Psiquiatria, IOP, Grã-Bretanha; mestrado em Psicologia do Desenvolvimento pela Universidade Federal do Rio Grande do Sul; graduação em Psicologia pela Universidade de Passo Fundo, RS.

** Mestrado em Psicologia do Desenvolvimento pela Universidade Federal do Rio Grande do Sul; graduação em Psicologia pela Universidade Federal de Santa Maria, RS.

exemplo, na insistência em seguir o mesmo trajeto, em uma sequência de atividades domésticas específica (Ex.: na forma de arrumar a mesa ou o quarto) ou ao enfileirar objetos nas brincadeiras, sem aparente função. Mudanças súbitas nestas rotinas desencadeiam uma grande desorganização do comportamento (Ex.: choro, gritos, agitação), sendo que a organização do ambiente auxilia na prevenção destas crises.

Entre os problemas de comportamento, frequentemente associados ao autismo estão os comportamentos automutilativos (Ex.: bater-se, morder-se, ferir-se com objetos), alta sensibilidade a barulhos comuns, interesse pelo cheiro e textura dos objetos ou partes do corpo de pessoas (orelhas, cabelo, barriga, etc.) (GADIA et al., 2004.; RUTTER; TAYLOR & HERSOV, 1996). Estes comportamentos parecem estar associados ao nível de desenvolvimento cognitivo e da severidade dos "sintomas".

Neste sentido, ressalta-se que as características dos sintomas variam enormemente de uma criança para outra, assim como o perfil de desenvolvimento. O retrato de um indivíduo com autismo totalmente ausente e vivendo em um mundo à parte não se mantém quando se consideram as pesquisas sobre as potencialidades destas pessoas. Portanto, a abordagem educacional deve envolver um trabalho de "alfaiate", cujas estratégias levem em conta as singularidades de cada aluno (BOSA, 2006).

Identificação dos sinais precoces do autismo: possível tarefa da Educação Infantil

Muitos pais já "desconfiam" de problemas no desenvolvimento social do filho, geralmente aos 18 meses. É comum os pais serem alertados sobre isso na educação infantil, através das professoras. Infelizmente, também é comum os pais acharem que o "problema" está na escola e não no filho. A consequência disto é a frequente mudança de escola, ocorrendo uma "negação" das dificuldades reais da criança. Desse modo, o processo diagnóstico tende a iniciar mais tarde, em geral quando há atraso importante da "fala". Apesar da importância da educação infantil tanto na identificação destes sinais quanto na intervenção precoce, observamos que as discussões nesta área ainda são incipientes. Este debate deve ganhar relevo com urgência, uma vez que, no segundo ano de vida, o comportamento social das crianças com autismo claramente as distingue daquelas sem esta condição.

Kanner, em seu artigo clássico (1943), chamou a atenção para os sinais precoces de autismo. Afirmou que as crianças com autismo apresentam comprometimentos sociais desde o início da vida. Desde então, muitas dúvidas e controvérsias têm surgido. Por exemplo, existe um bebê "autista"? Os relatos de Kanner identificaram, em alguns dos onze casos que acompanhou, as primeiras dificuldades ao redor dos 24 meses. Mais recentemente, alguns estudos demonstraram a menor frequência de contato olho a olho, sorriso e orientação para a face durante as interações com suas mães, desde os primeiros meses de vida do bebê. Existem também resultados sobre a menor frequência do balbucio ou de resposta ao ser chamado pelo nome, em comparação aos bebês de grupos de controle, observados no final do primeiro semestre. Porém, outros estudos falharam em fornecer estas evidências, pelo menos quanto à ocorrência destes comprometimentos no primeiro semestre de vida (GUIDETTI; TURQUOIS; ADRIEN; BARTHÉLÉMY & BERNARD, 2004). Esta incongruência entre os achados pode ter algumas explicações. Os comprometimentos "sociais" podem, de fato, não estar presentes desde o primeiro semestre de vida do bebê, ou, se estão, podem não ter sido reconhecidos por serem demasiadamente sutis e os pais serem inexperientes a respeito do que esperar do desenvolvimento infantil. Além disso, os pais podem não identificar qualquer "anormalidade" no comportamento do filho, pelo sofrimento que isso despertaria. Ao contrário, os pais podem atribuir possíveis estereotipias do filho a uma grande preocupação com organização ou a brincadeiras. Frequentemente, os pais reconhecem comportamentos semelhantes em familiares, afirmando que o filho "puxou" ao avô, etc.

No segundo ano de vida, a habilidade para compartilhar a curiosidade e interesse sobre o mundo ao redor é particularmente marcante em crianças com desenvolvimento típico. Esta habilidade é expressa através da atividade gestual, da qualidade do olhar e da expressão emocional, de forma integrada. É nessa fase, em especial, que os pais geralmente começam a suspeitar de que algo não vai bem, pois o filho raramente busca ou "chama" pelo adulto para compartilhar suas experiências de forma espontânea. É muito importante diferenciar esse tipo de situação daquela na qual a criança "responde" à estimulação dos pais ou busca a sua proximidade, quando está cansada, com fome, ou precisando de assistência para obter algo. O que parece estar comprometido é a natureza espontânea e recíproca da busca pelo adulto (e mais tarde de outras crianças) pelo simples prazer e necessidade de compartilhar experiências. Parece faltar à criança a "intuição" de que as pessoas têm interesses semelhantes aos dela, mas ao mesmo tempo tão diferentes. Existem vários estudos demonstrando que a baixa frequência desta habilidade, chamada de atenção compartilhada, parece distinguir crianças com autismo daquelas com outros comprometimentos no desenvolvimento como, por exemplo, com deficiência mental ou sensorial e com transtornos da comunicação (BOSA, 2002). Parece haver, por exemplo, menor frequência da atividade social gestual (dar tchau, soprar beijos, acenar com a cabeça em sinal de assentimento ou negação); mostrar ou trazer objetos para o campo visual do adulto (fora do contexto de solicitação de assistência); virar a cabeça em direção ao adulto, quando chamado pelo nome; apontar (como forma de fazer "comentários" e não para pedir coisas), etc. Chamamos a atenção para a qualidade do comportamento (espontâneo, amplo, flexível e cooperativo) que se manifesta em uma variedade de contextos. Portanto, relembramos as diferenças individuais que ocorrem e impedem que sejam encontrados os mesmos tipos e formas de comprometimentos em todos os indivíduos. Além disso, alertamos para a inadequação de julgamentos baseados em "respostas isoladas", cuja ocorrência é esporádica.

Desse modo, pais e profissionais devem estar atentos à qualidade da busca pelo adulto. É comum crianças com autismo direcionarem a atenção do adulto, predominantemente para situações que fazem parte de seus interesses restritos ou estereotipados. Um exame mais apurado revela que as "iniciativas de compartilhamento" podem, de fato, restringirem-se a personagens de desenhos animados, marcas de carros, texturas de objetos (muros, folhas, etc.) entre outros – foco de interesse específico da criança. Esse aspecto é fundamental, pois o diagnóstico de autismo pode ser enganosamente descartado com base na premissa de que a criança é "comunicativa", sem que se leve em conta a natureza da comunicação.

Por outro lado, a noção de que essas crianças evitam o contato com as pessoas de forma deliberada e persistente não tem recebido apoio empírico. A observação da interação com os pais, por exemplo, se caracteriza por uma alternância entre a busca e o retraimento, sendo que os laços de apego também podem ser identificados. A qualidade comunicativa dos comportamentos de apego é que parecem ser qualitativamente diferentes. Sanini e Bosa (2005) relatam que a "intenção" de pedir colo, por exemplo, pode não ser expressa de forma clara e convencional (Ex.: esticando os braços e olhando para a face do adulto), mas o comportamento de "agarrar-se" ou tentativas de "escalar" o corpo do adulto podem estar presentes. Sobre o contato físico, as autoras ressaltam a importância do contexto (se a pessoa é familiar ou não) e em que circunstâncias isso ocorre, observando que a criança tende a aceitar melhor o contato físico quando a iniciativa parte dela própria e em situações "previsíveis". Desse modo, a criança tende a aceitar melhor os "beijos" em situação de saudação ou despedida, talvez pela natureza "ritualizada" destes gestos. Contudo, algumas particularidades permanecem nesta área, pois frequentemente oferecem o rosto para ser beijado, ao invés de beijar.

A qualidade das brincadeiras é outra área que precisa ser observada, tais como a frequência, contexto e amplitude da atividade exploratória. A forma como a criança se relaciona com os brinquedos é informativa sobre o seu nível de linguagem e seu mundo interno (afetivo). O brinquedo simbólico (Ex.: fazer um carrinho "andar" ou "alimentar" uma boneca) também tem sido observado em pré-escolares com autismo, porém de modo limitado, repetitivo e pouco espontâneo (CHARMAN, 1997). Já a manipulação e exploração de objetos, em geral, estão preservadas, embora algumas características chamem a atenção (interesse pelo movimento e queda dos objetos). Encaixes e emparelhamento de materiais estão entre as atividades preferidas, sendo que algumas crianças revelam habilidades avançadas neste tipo de brinquedo.

As considerações aqui apresentadas apontam para a importância dos debates sobre o papel da educação infantil na identificação precoce das características do autismo e na mobilização da família para o início do processo diagnóstico. Outro debate importante refere-se às possíveis explicações para as dificuldades de desenvolvimento destas crianças.

As possíveis explicações dos fenômenos: a contribuição da psicologia

Alguns modelos teóricos surgiram na psicologia como tentativa de explicar o retraimento social em pessoas com autismo e a natureza pouco flexível e repetitiva do comportamento (BOSA & CALLIAS, 2000). Essa compreensão é fundamental porque fornece subsídios para lidar com estes indivíduos em diferentes contextos.

Dawson e Lewy (1989), por exemplo, com base em seu modelo de hipersensibilidade sensorial, colocam que as interações sociais com crianças autistas podem ser dificultadas por um aspecto central – o ser humano é uma fonte rica em estímulo (visual, auditivo e tátil), cujo impacto na criança com autismo pode ser a sobrecarga sensorial. As "pausas" na interação, muitas vezes percebida como uma "rejeição" à aproximação do outro, seria uma forma de se restabelecer dessa sobrecarga de estimulação. De fato, comportamento similar pode ser observado em bebês com desenvolvimento típico, principalmente no primeiro semestre de vida, durante interações sociais (TREVARTHEN, 2000).

Sobre a baixa frequência do contato ocular, a explicação seria a dificuldade em compreender a função do olhar na comunicação, em oposição à noção de que deliberadamente se "recusa" a olhar para o outro. Esta dificuldade assinala comprometimentos em uma área mais sofisticada do desenvolvimento social que é a da Teoria da Mente, isto é, a capacidade de "ler a mente" de outras pessoas, compreendendo as intenções dos outros a partir de suas ações (BARON-COHEN & BOLTON, 1993). Esta habilidade permite que a criança, ao redor dos quatro anos de idade, compreenda os estados mentais dos outros e de si, tais como pensamentos, crenças e desejos. Desta forma, a pessoa com autismo teria uma espécie de "cegueira mental", apresentando grande dificuldade em se colocar no ponto de vista afetivo do outro.

Outra possível explicação seria anormalidades do funcionamento do lobo frontal, responsável pela percepção e processamento de estímulos sociais essenciais, tais como percepção da face, direção do olhar, expressões gestuais e faciais da emoção, etc. (ZILBOVICIUS; MERESSE & BODDAERT, 2006). Estudos utilizando métodos de imagem cerebral demonstram hipoativação da maior parte das áreas cerebrais envolvidas neste processo, com possíveis consequências para o comportamento social destes indivíduos.

Finalmente, a adesão a comportamentos circunscritos e repetitivos parece ter envolvimento das áreas cerebrais responsáveis pelo planejamento e execução de tarefas, além de flexibilidade comportamental (função executiva). Esta habilidade é particularmente importante quando se lida com situações novas e imprevisíveis. A perda do senso de controle sobre o que ocorre a sua volta parece ser uma das condições mais associadas aos padrões de comportamentos desadaptativos e desorganizados, apresentados por alguns dos indivíduos com autismo.

Em síntese, a discussão aqui apresentada teve como meta principal dissolver alguns "mitos" relacionados ao conhecimento sobre autismo, em função de suas implicações para o processo de sua identificação precoce. A noção engessada de uma criança desprovida de habilidades sociais mascara a real natureza das dificuldades e atrasa o diagnóstico, quando não o impede totalmente. A revisão da literatura nos leva a concluir que o cerne da questão não é apenas se uma determinada habilidade ou comprometimento está presente ou não, mas a forma com que se revela em termos de frequência, intensidade e amplitude de contextos. Acima de tudo, o conhecimento sobre os aspectos evolutivos da criança, especialmente relacionados à comunicação, é fundamental por servir de parâmetro para o que se considera "atípico". Concomitantes às discussões sobre os processos internos característicos do autismo estão aquelas voltadas para a importância do ambiente no desenvolvimento destas crianças. O ser humano é um ser social em essência e acreditamos que o seu desenvolvimento atrela-se à qualidade das interações sociais que ele experimenta. As interações iniciais com pessoas significativas, em geral os cuidadores, são o cerne deste processo, mas não se limitam a este contexto. Entretanto, as pesquisas sobre o impacto do autismo nas famílias demonstram o isolamento enfrentado pela maioria delas (GOMES & BOSA, 2004; SCHMIDT & BOSA, 2003). Neste caso, nos questionamos qual seria a real extensão dos "comprometimentos" dos sujeitos com autismo. Em que medida a falta de acesso a experiências sociais, além das familiares, contribuiria para estas dificuldades? Acreditamos que as discussões sobre o papel das oportunidades de interação social para o desenvolvimento da sociabilidade têm perdido relevo para as questões curriculares, por exemplo, na questão da escolarização destes indivíduos. Pensamos que a inclusão escolar possa ser uma possibilidade de desenvolver habilidades sociais a partir da convivência junto a outras crianças com desenvolvimento "normal" – uma experiência que é, acima de tudo, um direito.

O papel da escola comum no contexto de inclusão de alunos com autismo

No Brasil, o atendimento igualitário às demandas individuais de cada criança estão previstas na Lei 8.069, de 1990 (Estatuto da Criança e do Adolescente – Art. 54, par. III), exigindo a garantia do "atendimento educacional especializado aos portadores de deficiência, preferencialmente na rede regular de ensino". Entretanto, conforme Baptista, Vasques e Rublescki (2003), apesar de amplamente discutida no contexto brasileiro, a questão da inclusão mobilizou discretas ações das políticas públicas em relação à concretização dessa proposta de educação. A proposta da inclusão implica em uma mudança de paradigma e requer o empreendimento de todas as partes envolvidas: escola, pais, professores, sociedade e estado (BEYER, 2005; GOLDBERG, PINHEIRO & BOSA, 2005). É necessário, em primeiro lugar, quebrar as resistências oriundas de informações equivocadas sobre a proposta da inclusão. Soma-se a isso a necessidade de assessoria e treinamento dos professores, tanto na formação inicial quanto na continuada e a reestruturação escolar para receber todos os alunos e reconhecê-los como iguais, justamente naquilo em que cada um se diferencia. Alguns estudos (BAPTISTA & OLIVEIRA, 2002; CACCIARI; LIMA & BERNARDI, 2005; GOLDBERG et al., 2005; LIRA, 2004; RUBLESCKI, 2004) apontam para a importância da concepção dos professores sobre o tema, uma vez que esta determina a sua prática. Uma atuação junto ao professor e à escola como um todo é fundamental para que se estabeleçam os efetivos princípios da inclusão e qualidade do ensino para todos, em detrimento de uma "integração segregadora".

No entanto, conforme Tezzari e Baptista (2002), a possibilidade de inclusão de crianças deficientes está associada àquelas que não implicam uma forte reestruturação e adaptação da escola. Neste sentido, crianças com prejuízos e déficits cognitivos acentuados como psicóticos e autistas não são consideradas em suas habilidades educativas (BAPTISTA & OLIVEIRA, 2002). A crença de que as crianças, cujas deficiências são consideradas "graves", não demandam possibilidades de intervenção educativa, exige que não só a concepção sobre o portador de deficiência seja revisto, quanto o papel social da escola (MAZZOTA, 2001). A inserção de crianças com necessidades educativas especiais na escola comum, ainda hoje, traz consigo o modelo médico baseado em uma prática clínico-terapêutica, herdada do processo de integração, que não considera a necessidade de uma reforma e adaptação do sistema escolar como um todo, para a inclusão de crianças "deficientes" (BAPTISTA & OLIVEIRA, 2002). De acordo com Mazzota (2001), as necessidades educacionais especiais são frequentemente acompanhadas de necessidades especiais de outras ordens, requerendo a intervenção da escola. Entretanto, essa intervenção deve ser realizada no sentido de encaminhar, orientar ou viabilizar o atendimento necessário, de forma indireta, cooperativa e integrada à educação escolar. Assim, é possível realizar um trabalho integrado, sem que a função da escola se perca, evitando-se a disseminação de uma proposta de "integração segregadora", focada na "doença" do indivíduo. É necessário o distanciamento de um paradigma clínico-terapêutico que foi dominante por muito tempo, para o fortalecimento de um paradigma pedagógico (BAPTISTA et al., 2003).

Karagiannis, Stainback e Stainback (1999) enfatizam os benefícios da inclusão, quando existem programas adequados que permitam a concretização de sua verdadeira proposta e apontam os ganhos para todos os envolvidos – professores, alunos e sociedade. Além disso, os autores referem que, mesmo que uma criança apresente deficiências cognitivas importantes e possua pouca capacidade para absorver conteúdos do currículo da educação comum, o que importa é ela poder beneficiar-se das atividades não-acadêmicas e da convivência com crianças que se desenvolvem "normalmente". Infelizmente, esta não parece ser a realidade da maioria dos sujeitos com autismo.

Conforme Baptista e colaboradores (2003), qualquer intervenção, seja no plano educativo ou terapêutico, deve partir do conhecimento de cada sujeito. Entretanto, em relação às crianças especiais, sobretudo àquelas com autismo, este aspecto é muitas vezes negligenciado. Muitas vezes, o sujeito é visto somente sob o ângulo das suas limitações, o que influencia nas crenças quanto às suas capacidades de inserção na escola comum.

Um estudo exploratório sobre as expectativas dos professores frente à possibilidade de inclusão de alunos com autismo em suas classes (BOSA, 2000) demonstrou que os professores manifestaram uma tendência a centralizar suas preocupações em fatores pessoais, como por exemplo, medo e ansiedade frente à sintomatologia da criança. O interessante é que entre os principais temores estava a dúvida em como lidar com a agressividade dos alunos. Este resultado é intrigante, uma vez que a agressividade não é um comportamento prototípico de autismo, aparecendo em uma variedade de condições.

Os resultados do referido estudo confirmam os achados da literatura, ao demonstrar que os professores apresentam ideias distorcidas a respeito do autismo, principalmente quanto à (in)capacidade de comunicação. Não surpreendentemente, essas concepções parecem influenciar as práticas pedagógicas e as expectativas acerca da educabilidade desses alunos. As dificuldades dos professores, de um modo geral, se apresentaram na forma de ansiedade e conflito ao lidar com o "diferente". Houve a tendência de o professor adotar estratégias que, de certa forma, inibem a expressão dos "sintomas autistas" (Ex.: "manter o aluno ocupado"). Tal estratégia era utilizada mais como uma tentativa de "dominar" a própria ansiedade do que como uma prática pedagógica, calcada nas necessidades do aluno. Ideias pré-concebidas e caricaturizadas sobre o autismo, principalmente a partir da mídia, influenciam as expectativas do professor sobre o desempenho de seus alunos, afetando a eficácia de suas ações quanto à promoção de habilidades. O trabalho pedagógico integrador transforma limitações em um desafio para todos, através de uma postura de confiança na capacidade de mudança do aluno, em situações de confronto (BAPTISTA, 2002).

Entretanto, em outro estudo que examinou os sentimentos de professores diante do seu trabalho com alunos autistas (GOLDBERG et al., 2005), aparece fundamentalmente a frustração e o medo diante do desafio e da descoberta: "...tem que estar preparado para... se frustrar, porque às vezes você prepara um aluno beija-flor, depois você começa a trabalhar, ele vira um urubu enorme".

As autoras analisam que o processo de descoberta do "aluno real" (o urubu) em oposição àquele idealizado (o beija-flor) tende a ser vivenciado como algo ameaçador e aterrorizante, possivelmente em função de ideias distorcidas acerca do autismo. Isso porque, neste mesmo estudo, o aluno com autismo foi percebido como alguém fechado em si próprio e refratário às experiências com o mundo ao seu redor. Para as autoras, a visão do aluno como alguém vivendo num mundo impenetrável é preocupante, pois como pode o professor apostar na sua educabilidade se o vê como vivendo num "mundo à parte?" Por isso, é fundamental a construção de uma "percepção" sobre o aluno com base no convívio com o mesmo, numa postura de abertura para com o "diferente" e na apropriação de conhecimentos.

O tema "autismo" evoca com muita intensidade as limitações em termos de chave de acesso, de comunicação e de perspectiva de evolução, mecanismos que estariam associados à crença na impossibilidade de permanência deste sujeito em outros espaços, como o ensino comum (BAPTISTA, 2002). Todavia, o desenvolvimento do comportamento social requer, entre outros aspectos, oportunidades de troca com o meio. Desta forma, torna-se importante inaugurar novas formas de escuta, de olhar e de entendimento, valorizando e apostando no potencial do educando. O sujeito só pode crescer se houver uma aposta permanente em sua educabilidade. A compreensão do funcionamento do aluno baseada no conhecimento e não na ingenuidade permite que a questão dos "sintomas" seja redimensionada e entendida a partir de um contexto. O foco desloca-se do "sujeito" que precisa ser "modificado" para o ambiente que precisa ser "transformado" para acolher as particularidades deste sujeito. Ilustraremos este aspecto com a seguinte situação:

Paulo, apesar de ter 5 anos, ainda não aprendeu a falar. Tem um diagnóstico de autismo e está na educação infantil há 10 meses. Nas primeiras semanas, chorava muito e batia em si próprio, quando a professora insistia para que fizesse uma atividade. Sempre que tinha oportunidade, saía constantemente da sala de aula. Nos momentos de brincadeira em grupo, atirava os brinquedos para longe, observando a queda. Não aceitava atividades de lápis e papel ou jogos de construção. Na hora do recreio isolava-se e não suportava pisar na areia ou grama. Chorava muito quando chegava a hora do recreio, mas em outros momentos chorava mais ainda quando tinha que voltar para a sala.

No final do ano, Paulo já aceitava explorar todo o pátio e permitia a aproximação de alguns colegas. Buscava alguns colegas espontaneamente, em brincadeiras de "pega-pega" ou com blocos grandes de madeira, os quais enfileirava ou empilhava. Aceitava atividades de colagem, embora por pouco tempo. Gostava de música e já aceitava permanecer na rodinha, folheando os livros. Ia e retornava do recreio, sem grandes dificuldades. Demonstrava muito interesse por letras, números e figuras geométricas, embora a sua representação gráfica estivesse ainda na fase de garatujas.

• Como podemos compreender o comportamento de Paulo, a partir de nossos conhecimentos?

"chorava muito e batia em si próprio, quando a professora insistia para que fizesse uma atividade". O período de adaptação a um ambiente desconhecido é um desafio para qualquer criança, portanto não surpreende que em Paulo as reações sejam ainda mais intensas. Paulo chora, está com medo e assustado, se pudesse falar diria: quero ir embora... para minha casa! Mas como ter seu desejo atendido se a palavra lhe falta? Ele utiliza as ferramentas das quais dispõe – agride a si próprio porque a reação do ambiente é imediata: a demanda cessa (insistência em uma atividade). Já descrevemos as dificuldades de comunicação das crianças com autismo e o quanto os comportamentos de autoagressão podem estar associados aos déficits cognitivos e de linguagem. Neste caso, bater-se pode ter uma função "comunicativa" (desadaptativa, é claro) cuja finalidade é o protesto contra uma exigência ou demanda, à qual não consegue corresponder. Compreendendo esta função, Paulo pode ser encorajado a aprender outras formas de protesto mais adaptativas como um gesto, por exemplo. Outro aspecto que merece ser examinado é a natureza da atividade que estava sendo proposta insistentemente. Retomemos a noção de que os comportamentos autoagressivos estão associados a um atraso no desenvolvimento cognitivo. Desta forma, o "protesto" pode ser contra uma atividade que está muito acima das capacidades de Paulo naquele momento. É mais ou menos como exigir que uma criança de 12 meses se equilibre em apenas um pé. Aliás, esta é a razão para a recusa de Paulo em participar de atividades com lápis e papel ou jogos de construção. Ambos requerem habilidade representacional (simbólica), o que ainda é um desafio para esta criança, que, ao contrário, prefere observar a queda dos objetos, empilhar e enfileirar blocos de madeira, folhear livros e brincar de "pega-pega". Estas ações são "sensoriais", possuem uma qualidade repetitiva, e, por isso, se tornam tão atrativas e compreensíveis. Na verdade, partindo deste princípio, já podemos compreender também por que a brincadeira de pega-pega é mais aceitável do que de "esconde-esconde", por exemplo. Esta última é muito mais sofisticada do ponto de vista cognitivo, exigindo maior entendimento de regras e do "objetivo" da própria brincadeira. Isso não quer dizer que não se deva propiciar estes contextos de brincadeiras para a criança porque, afinal, já afirmamos anteriormente que o trabalho pedagógico integrador transforma limitações em um desafio porque existe a confiança na capacidade de mudança do aluno.

As saídas constantes da sala de aula e o isolamento no recreio podem ser compreendidas sob diversos ângulos. Primeiro, já sabemos o quanto a interação social pode ser "superestimulante" para estas crianças e que, às vezes, este isolamento tanto serve para escapar de uma demanda social que ele não compreende, quanto para se refazer da sobrecarga vivenciada na situação grupal. Acrescenta-se a isso agitação e barulhos por vezes intoleráveis. Neste caso, insistir na permanência do aluno, naquele ambiente, pode "bombardeá-lo" com sensações incontroláveis e assustadoras, tais como sentir a grama sob os pés. Evidentemente, recursos devem ser alocados no sentido de se contar com uma pessoa de suporte nestes momentos. Uma cuidadosa avaliação da situação permite decidir quando e como o aluno pode tolerar permanecer em sala de aula por um tempo maior, reduzindo-se as saídas que, sem dúvida, também podem vir a ser "manipulativas". Também com base nas dificuldades linguísticas e cognitivas, assim como os déficits nas funções de planejamento e sequência, podemos compreender a dificuldade da criança em passar de uma situação para outra, repentinamente (idas e vindas do recreio). Recorrendo-se a mecanismos que preparem para e sinalizem a mudança como, por exemplo, mostrando um objeto que esteja associado ao recreio no pátio (Ex.: balde e pá) pode ser de grande auxílio.

Concluindo, a inclusão escolar de pessoas com autismo é algo possível, desde que fundamentada no conhecimento, garantidos os recursos necessários e a clareza acerca do papel da escola. Além disto, é de fundamental importância o conhecimento acerca das particularidades no desenvolvimento destes indivíduos e das ações pedagógicas que respeitem e potencializem este jeito diferente de ser.

Referências

ASSOCIAÇÃO PSIQUIÁTRICA AMERICANA (2002). *Manual diagnóstico e estatístico de transtornos mentais* – TR. Porto Alegre: Artes Médicas.

BAPTISTA, C.R. (2002). Integração e Autismo: análise de um percurso integrado. In: BAPTISTA, C.R. & BOSA, C. (orgs.). *Autismo e educação*: reflexões e propostas de intervenção. Porto Alegre: Artmed, p. 127-139.

BAPTISTA, C.R. & OLIVEIRA, A.C. (2002). Lobos e médicos: primórdios na educação dos "diferentes". In: BAPTISTA, C.R. & BOSA, C. (orgs.). *Autismo e educação*: reflexões e propostas de intervenção. Porto Alegre: Artmed, p. 93-109.

BAPTISTA, C.R.; VASQUES, C.K. & RUBLESCKI, A. (2003). Educação e transtornos globais do desenvolvimento: em busca de possibilidades. *C. da Appoa*, 114, p. 31-36.

BARON-COHEN, S. & BOLTON, P. (1993). *Autism*: the facts. Nova York. Oxford University Press.

BEYER, H.O. (2005). *Inclusão e avaliação na escola de alunos com necessidades educacionais especiais*. Porto Alegre: Meditação.

BOSA, C.A. (2006). Autismo: intervenções psicoeducacionais. *Revista Brasileira de Psiquiatria*, 28, p. 47-53.

_____ (2002). Atenção compartilhada e identificação precoce do autismo. *Psicologia*: Reflexão e Crítica, 15, p. 77-88.

_____ (2000). *Percepção dos professores sobre autismo e inclusão*. Porto Alegre: UFRGS [Trabalho apresentado no Curso de Extensão sobre a Inclusão de Diferença no Contexto Escolar: Autismo e Psicoses Infantis].

BOSA, C.A. & CALLIAS, M. (2000). Autismo: breve revisão de diferentes abordagens. *Psicologia:* Reflexão e Crítica, 13, p. 167-177.

BRASIL (2001). *Estatuto da Criança e do Adolescente.* São Paulo: Conselho Estadual dos Direitos da Criança e do Adolescente de São Paulo.

CACCIARI, F.R.; LIMA, F.T. de & BERNARDI, M.R. (2005). Ressignificando a prática: um caminho para a inclusão. *Construção psicopedagógica*, 10.

CHARMAN, T. (1997). The relationship between joint attention and pretend play in autism. *Development and Psychopathology*, 9, p. 1-16.

DAWSON, G. & LEWY, A. (1989). Arousal, attention, and socioemotional impairments of individuals with autism. In: DAWSON, G. (org.). *Autism*: new perspectives on nature, diagnosis, and treatment. Nova York: Guilford, p. 3-21.

GADIA, C.; TUCHMAN, R. & ROTTA, N. (2004). Autismo e doenças invasivas do desenvolvimento. *Jornal de Pediatria*, 80, p. 583-594.

GOLDBERG, K.; PINHEIRO, L.R.S. & BOSA, C. (2005). A opção do professor pela área de educação especial e sua visão acerca de um trabalho inclusivo. *Perspectiva*, 107, p. 59-68.

GOMES, V. & BOSA, C.A. (2004). Estresse e relações familiares na perspectiva de irmãos de indivíduos com transtornos globais do desenvolvimento. *Estudos de Psicologia*, 9, p. 553-561.

GUIDETTI, M.; TURQUOIS, L.; ADRIEN, J.L.; BARTHÉLÉMY, C. & BERNARD, J.-L. (2004). Aspects pragmatiques de la communication et du langage ches des enfants typiques et des enfants ultérieurement diagnostiqués autistes. *Psychologie Française*, 49, p. 131-144.

KANNER, L. (1943). Affective disturbances of affective contact. *The Nervous Child*, 2, p. 217-250.

KARAGIANNIS, A.; STAINBACK, S. & STAINBACK, W. (1999). Fundamentos do Ensino Inclusivo. In: STAINBACK, S. & STAINBACK, W. *Inclusão* – Um guia para educadores. Porto Alegre: Artmed.

LIRA, S.M. de (2004). *Escolarização de alunos com Transtorno Autista*: histórias de sala de aula. Rio de Janeiro: Uerj [Dissertação de mestrado].

MAZZOTA, M.J.S. (2001). Inclusão e integração ou chaves da vida humana [www.educacaoonline.pro.br].

RUBLESCKI, A.F. (2004). *A caminho da escola...* Um estudo sobre a educação integrada de crianças com autismo e psicose infantil. Porto Alegre: UFRGS [Dissertação de mestrado].

RUTTER, M.; TAYLOR, E. & HERSOV, L. (1996). *Child and adolescent psychiatry*: modern approaches. Oxford: Blackwell Science.

SANINI, C. & BOSA, C.A. (2005). *Indicadores de apego em crianças com e sem autismo* [Manuscrito].

SCHMIDT, C. & BOSA, C.A. (2003). A investigação do impacto na família: revisão crítica da literatura e proposta de um novo modelo. *Interação em Psicologia*, 7, p. 111-120.

TEZZARI, M. & BAPTISTA, C.R. (2002). Vamos brincar de Giovani? – A integração escolar e o desafio da psicose. In: BAPTISTA, C.R. & BOSA, C.A. (orgs.). *Autismo e educação*: reflexões e proposta de intervenção. Porto Alegre: Artmed.

TREVARTHEN, C. (2000). Intrinsic motives for companionship in understanding: their origin, development, and significance for infant mental health. *Infant Mental Health Journal*, 22, p. 95-131.

ZILBOVICIUS, M.; MERESSE, I. & BODDAERT, N. (2006). Autismo: neuroimagem. *Revista Brasileira de Psiquiatria*, 28, p. 21-28.

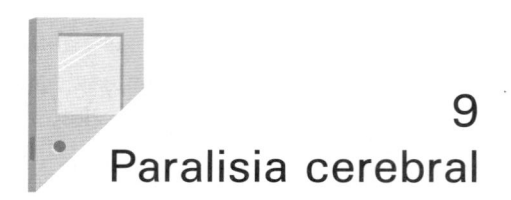

9
Paralisia cerebral

Ana Maria dos Santos Silveira*
Adriane Maria Santos Kroeff**

Paralisia Cerebral é o resultado de uma lesão ou mau desenvolvimento do cérebro, de caráter não progressivo, existindo desde a infância. A deficiência motora se expressa em padrões anormais de postura e movimentos associados a um tônus postural anormal.
K. Bobath, 1971.

Já no ano de 1943, os primeiros casos de Paralisia Cerebral foram descritos na literatura pelos estudos de um ortopedista inglês, William John Little. Seus estudos foram baseados em um grupo com 47 crianças, que apresentavam um quadro clínico de rigidez espástica. Freud foi quem denominou de PC – Paralisia Cerebral; enquanto estudava a Síndrome de Little e Phelps generalizou o termo PC para diferenciá-lo de Paralisia Infantil causada pelo vírus da poliomielite, que causa paralisia flácida (apud ROTTA et al., 1984).

* Mestrado em Educação com especialidade em Paralisia Cerebral pela Universidade Federal do Rio Grande do Sul; graduação em Fisioterapia pela Universidade Federal de Pernambuco.

** Doutorado em Deficiência Auditiva, Heilpädagogische Fakultät, Universitat Zu Koln, U.K., Alemanha; graduação em Fonoaudiologia pelo Instituto Metodista de Educação e Cultura, Brasil.

Em 1862, Little considerou, entre outras causas que eram responsáveis pelo quadro clínico de rigidez espástica, que a Paralisia Cerebral estava relacionada às diversas condições de nascimento como:

- apresentação pélvica;
- trabalho de parto prolongado;
- prematuridade;
- demora para chorar e respirar ao nascer;
- convulsões e estado de coma nas primeiras horas de vida;
- traumatismo.

Atualmente sabe-se através de diversos estudos científicos que no sistema nervoso em desenvolvimento ocorrem intercorrências clínicas que alteram a sua formação. Vários fatores determinantes no neurodesenvolvimento embrionário explicam a ocorrência de má-formações, anormalidades de origem genética ou de interferências no desenvolvimento do sistema nervoso central (SNC). O cérebro comanda as funções corporais, sendo que cada área do cérebro é responsável por determinada função. O desenvolvimento do cérebro tem início logo após a concepção. Nas primeiras semanas gestacionais, até a 22ª semana ocorrem as interconexões neuronais, que de forma progressiva se organizam em redes neurais que determinam a funcionalidade motora, sensorial e cognitiva. A partir da 24ª semana são estabelecidas as condições de sobrevivência do feto, em função da diferenciação organizacional e a maturação neuronal. A maturação da regulação cerebrovascular é outro fator relacionado à ocorrência de lesões cerebrais, como as isquemias. Os traumatismos crânio-encefálicos podem ocorrer por trauma obstétrico ou por acidentes pós-natais.

Diversos fatores ainda podem interferir na fase gestacional no período de formação cortical.

Os fatores intrínsecos que interferem no crescimento e desenvolvimento do sistema nervoso central são:

- os genéticos;
- os hormonais.

Os fatores extrínsecos são:

- os nutricionais;

- os ambientais (irradiações, intoxicações, álcool, droga, fumo, entre outros);
- os psicológicos maternos;
- causas desconhecidas.

Qualquer intercorrência interna ou externa pode modificar o seu desenvolvimento, antes, durante ou após o parto:

Causas antes do nascimento

- ameaça de aborto, traumas que atingem o abdômen materno;
- aborto espontâneo prévio e ou natimortos;
- gestação gemelar;
- cíclos menstruais longos e irregulares;
- exposição ao Raio X durante o primeiro trimestre gestacional;
- incompatibilidade de RH materno e paterno;
- infecções maternas contraídas durante a gestação (rubéola, sífilis, toxicoplasmose);
- diabete materna ou toxemia de gravidez;
- pressão alta da gestante;
- intervalo entre gestações menores que três meses.

Causas durante o parto

- falta de oxigênio ao nascer, lesionando o cérebro (anoxia);
- sofrimento fetal;
- trabalho de parto prolongado;
- uso de fórceps;
- manobras obstétricas;
- prematuridade;
- intercorrência clínica.

Causas após o nascimento

- sarampo;
- meningite;

- encefalite;
- traumatismo cranioencefálico;
- falta de oxigênio por causas diversas;
- convulsões;
- desidratação significativa;
- desnutrição severa;
- intoxicação severa através de venenos ou medicações;
- exposição a drogas, álcool.

Quanto ao quadro clínico, a Paralisia Cerebral é classificada de acordo com a localização da lesão no cérebro e pela gravidade das alterações que dependem da extensão da lesão:

• **Paralisia Cerebral Espástica:** apresenta aumento da força muscular, denominado cientificamente de hipertonia. Sua incidência é de aproximadamente 70% dos casos. Existe um comprometimento do sistema piramidal;

• **Paralisia Cerebral Atáxica:** frequentemente apresenta base hipotônica, há dificuldades para manutenção das posturas e regulação dos movimentos. A motricidade fina está prejudicada, apresenta leve oscilação da cabeça, tremor intencional e reações de equilíbrio prejudicadas. Neste caso a percepção apresenta-se muitas vezes com alterações. Esta modalidade pode ser encontrada acompanhada de espasticidade, atetose ou ambas. As crianças com este distúrbio têm dificuldade para realizar movimentos rápidos ou finos e sua marcha é insegura, com os membros inferiores bem afastados. A ataxia pura na Paralisia Cerebral é raramente encontrada;

• **Paralisia Cerebral Coreoatetósica:** apresenta comprometimento do sistema extrapiramidal; o sistema muscular é instável porque o tônus postural é flutuante, apresentando movimentos involuntários, que podem passar de hipertônico a hipotônico, gerando padrões de alterações rápidas e imprevisíveis. Procura-se basicamente estimular o controle do tônus para se obter movimentos mais controlados e menos amplos. As reações de equilíbrio e retificação postural devem ser estimuladas e moderadas, buscando melhor harmonia e fluência;

• **Paralisia Cerebral Mista:** é caracterizada pela combinação de dois tipos de paralisia, sendo mais frequente o tipo espástico com o tipo coreoatetoide, que ocorrem em muitas crianças.

De acordo com o comprometimento neuromuscular pode-se classificar como:

• **Quadriplegia ou tetraplegia:** quando afeta todos os membros, braços, pernas, tronco e cabeça, o que torna a criança mais dependente da ajuda de outras pessoas para higiene, locomoção e alimentação. Este tipo de paralisia está geralmente relacionada com problemas que determinam sofrimento cerebral difuso grave, ou malformações cerebrais graves;

• **Triplegia:** quando afeta o movimento de três membros, comprometendo membros superiores e inferiores de acordo com a área lesionada;

• **Diplegia:** quando afeta ambos os membros inferiores e é quase sempre relacionada com a prematuridade. É uma forma menos grave do que a tetraplegia e na grande maioria dos casos a criança adquire marcha independente antes dos oito anos de idade;

• **Hemiplegia:** quando afeta apenas o membro superior e o inferior de um dos lados do corpo, por exemplo perna e braço esquerdo. Geralmente o prognóstico motor é regular e adquirem na maioria dos casos marcha independente;

• **Monoplegia:** quando afeta apenas um membro.

Após a elucidação diagnóstica clínica e funcional, o passo seguinte é estabelecer a proposta clínica e terapêutica considerando o quadro de deficiências e a idade cronológica da criança. Geralmente a criança com Paralisia Cerebral necessita de uma equipe de atendimento, que se compõe de diversas áreas como:

Área médica: trabalha com a elucidação diagnóstica, intervenção clínica e apoio à área de tratamento de reabilitação. Na área médica tem-se diversos profissionais envolvidos, entre eles:

• pediatra;
• neurologista;

- ortopedista;
- oftalmologista;
- otorrinolaringologista;
- fisiatra.

Área de reabilitação: integrada por diversos profissionais que trabalham geralmente de forma interdisciplinar, tendo a responsabilidade em forma conjunta, de estabelecer as metas de reabilitação a serem alcançadas com ênfase na elucidação diagnóstica e intervenção clínica com o apoio da área médica:

- fisioterapia;
- fonoaudiologia;
- terapia ocupacional;
- psicologia;
- psicopedagogia;
- pedagogia;
- serviço social.

As crianças com Paralisia Cerebral que iniciam o tratamento precoce de estimulação até o sexto mês de vida, aproximadamente, apresentam melhores recuperações devido a sua plasticidade neuronal ser mais eficiente durante os primeiros anos de vida.

A plasticidade neurológica é a capacidade que o cérebro possui de modificar as reações da criança, pelo processo de estimulação no qual são trabalhados os padrões de inibição reflexa e consequentemente a facilitação dos padrões neuromotores de desenvolvimento postural, nos quais se processam a reorganização em diferentes níveis macroscópicos e microscópicos (ANUNCIATO, 1994). Pelo surgimento de novas sinapses, o cérebro se reorganiza e responde a estimulação na idade inicial. No entanto, apesar de contarmos com a ajuda da plasticidade neuronal, a criança com disfunção motora ainda apresenta limitações para explorar seu meio ambiente, consequentemente o déficit sensorial está presente e diretamente relacionado com o déficit perceptual e cognitivo.

A importância da exploração do meio e a vivência das ricas experiências poderão ajudar a criança também no favorecimento para o desenvolvimento da linguagem, da fala, da compreensão, construindo as referências da inteligência, desde que se possa favorecer o desenvolvimento motor como facilitador.

O comprometimento motor grave pode mascarar a percepção da inteligência normal da criança e atrapalhar a participação dela no âmbito social, emocional, esquema corporal, entre outros, considerando que o funcionamento da criança é único.

Os distúrbios associados como déficits visuais, auditivos, cognitivos, de linguagem, de fala, de percepção intelectual, assim como entre outros epilepsia, e convulsões, são elementos que estão intimamente interligados ao padrão neuromotor de desenvolvimento da criança e somados são fatores determinantes no prognóstico evolutivo.

O trabalho multiprofissional é fundamental para o tratamento da criança, e o seu funcionamento é por inteiro e não por partes, qualquer que seja a área que ela esteja sendo trabalhada. Isto deve ocorrer sempre de forma integrada. Por isso o aprendizado da criança se traduz pelos resultados da coordenação dos sistemas:

• sensorial;

• perceptivo;

• motor.

Estes sistemas são fundamentais para a formação da imagem cerebral da criança e a sua interação com outras crianças e com os estímulos que são oferecidos pelo meio.

Na programação de estimulação precoce é muito importante o relacionamento afetivo entre a criança e o profissional, pois esta se processará através do brinquedo. O objetivo da criança é brincar e o do profissional é atingir metas, que através do brinquedo contribuam para o neurodesenvolvimento da criança e concomitantemente incluir os responsáveis pela criança no atendimento. Usando por exemplo a relação mãe-filho, pai-filho, avós-neto trabalha-se o aprendizado destes sobre o que ocorre no atendimento, para que estes possam ser a referência e a continuidade desta estimulação no meio em que vivem.

O trabalho da fisioterapia começa na estimulação precoce no tratamento da criança com paralisia cerebral a partir do seu nascimento, trabalhando os padrões neurofuncionais integrados com as demais áreas de tratamento e ao estágio de desenvolvimento da mesma. Nesta fase, devido à plasticidade cerebral, a intervenção da fisioterapia favorece a construção dos padrões normais de movimento.

Após o período da estimulação precoce que se estende até o terceiro ano de vida, a criança parte para os atendimentos específicos com o objetivo de aprimorar seus padrões de movimentos, já estabelecidos durante a estimulação precoce. Nesta fase a criança aprende a usar seus movimentos e a proposta terapêutica é oferecer condições necessárias para que esta use suas capacidades motoras. As intervenções cirúrgicas geralmente ocorrem nesse período, assim como o uso de ortoses. Em alguns casos, também é usado pela área médica a toxina bortulínica que favorece o manuseio temporário pelo fisioterapeuta. A programação terapêutica da criança é intensificada, considerando suas deficiências residuais e o estabelecimento de seu prognóstico. O fisioterapeuta continua acompanhando o paralisado cerebral por toda sua caminhada.

A atuação do fonoaudiólogo tem como objetivo a criação de estratégias para atender aos distúrbios de comunicação. A fala requer uma coordenação da musculatura que controla os movimentos de respiração, fonação e articulação. Muitas dessas crianças apresentam dificuldades na deglutição, na respiração e no controle da baba, devido à desordem dos movimentos faciais, o que vai interferir diretamente na voz. Muitas vezes as alterações dos padrões sensoriais e da formação das cadeias sonoras são resultado da dificuldade do posicionamento corporal e das atividades reflexas. Temos que observar que cada criança apresenta diferentes graus de comprometimento nas alterações motoras, que refletem diretamente na construção dos sistemas de comunicação.

Os atrasos cognitivos e suas desordens podem ser mascarados pelos problemas perceptuais ou motores, porque as crianças interagem com o meio principalmente de forma sensório-motora.

No atendimento precoce, também se tem o objetivo de estabelecer uma relação de comunicação da criança com paralisia cerebral com seus pais, e dela para com o terapeuta. O trabalho conjunto da família com a equipe é muito importante para que todos usem o mesmo tipo de comunicação. O potencial de comunicação da criança dependerá de seu quadro clínico e dos movimentos que poderão ser estabelecidos. Referente aos tipos de comunicação, pode-se citar entre outras:

• **Comunicação auditivo-vocal:** função oromotora e respiratória como determinante da capacidade fonatória (Ex.: expressa-se normalmente, sem comprometimento da articulação ou utiliza-se de vocalizações para se comunicar, quando esta está comprometida).

• **Comunicação visuomotora:** a criança apresenta a capacidade de fazer o reconhecimento dos objetos, formas e outros, através de seu olhar, estabelecendo seu código próprio (Ex.: fechar os olhos para negar, piscar duas vezes quando quiser água).

• **Comunicação motor-cinestésica:** é a forma como a criança interage com os objetos, pegando-os para demonstrar seus desejos (Ex.: pegar um copo quando está com sede).

• **Comunicação através de símbolos:** utiliza símbolos para sua comunicação, adaptados ao seu potencial de movimentos, sejam através de fichas, planilhas ou computador (Ex.: Símbolos Bliss).

• **Comunicação por mímica ou expressões faciais:** ocorre com uma participação de um adulto que interpreta e responde por ela (Ex.: cria seu código independente para expressar suas necessidades que são interpretadas através do adulto).

O terapeuta ocupacional tem como objetivo verificar o desempenho ou não das atividades da criança em relação ao ambiente que ela vive, às reações posturais e habilidades motoras, como:

• uso do tônus e facilitação para o movimento normal;
• preensão e coordenação motora manual;
• estimulação sensorial;
• atividades de vida diária (ADV) – higiene, alimentação e vestuário;
• adaptações de ortoses;
• orientações familiares;
• orientações escolares;

- avaliação das habilidades na idade adulta para promover a capacitação para o trabalho;
- ajudar a escola no desenvolvimento da coordenação gráfica;
- adaptação do lápis como facilitação para a preensão;
- fixação do caderno;
- posicionamento da criança de forma adequada na sala de aula;
- treinamento de familiares para uso dos materiais escolares de forma adequada em casa.

A intervenção precoce na área de terapia ocupacional tem grandes possibilidades de ajudar a criança. No entanto as dificuldades socioeconômicas de nosso país interferem diretamente na aquisição dos recursos terapêuticos necessários para o uso de adaptações ou de orteses que auxiliam e permitem a acessibilidade à vida diária.

O desenvolvimento motor está correlacionado com o desenvolvimento social e habilidades intelectuais, assim como com as restrições sensoriais. As funções das mãos, o manuseio de objetos mostram os movimentos de coordenação. O objetivo é atender às necessidades especiais de cada criança buscando metas compatíveis para trabalhar suas deficiências, incapacidades sensomotoras, intelectuais, emocionais, sociais e econômicas, assim como estimular suas habilidades e capacidades.

A psicologia contribui no atendimento aos pais que se encontram na maioria das vezes muito fragilizados com o caso clínico de seu filho, diante de suas frustrações, pois imaginavam a chegada desse filho de outra forma. Quando uma criança apresenta uma lesão cerebral é necessário que seus familiares desenvolvam um processo de ajustamento a esta nova situação e que trabalhem com parceria com os profissionais envolvidos no caso, para dar-lhes melhores oportunidades no desenvolvimento e na capacitação da criança. Para isto se faz necessário a definição dos papeis que vão dar à família sustentação psíquica para o atendimento da criança. Os pais buscam constantemente respostas para as suas indagações e com o tempo aparece a tristeza e a desolação iniciando o processo de luto pelo acontecido.

É necessário que todos os profissionais que trabalham com a criança também contribuam para o fortalecimento da família para que a criança seja atendida plenamente. A mãe terá que ter o cuidado para assistir os outros filhos e inclusive o seu filho com paralisia cerebral.

O fortalecimento dos laços afetivos, também por algumas vezes, não pode excluir de maneira alguma a criança. Por isso o trabalho do psicólogo tem como meta atender:

- à criança;
- à família;
- à equipe de profissionais;
- à escola;
- aos grupos de pais;
- aos grupos de trabalho que a criança pertence;
- e à comunidade que esta está inserida.

O pai pode dar uma grande contribuição, quando possível a sua presença no atendimento como parceiro desta longa caminhada. Para a criança e também para a mãe, ele tem o perfil de companheiro, amigo, parceiro e em casa no seio familiar ele também traduz afeto e segurança, divide os cuidados para com a família enquanto a mãe atende outros afazeres, brinca com o filho, tornando muito rica as vivências destes momentos.

A família é importante na formação psíquica da criança para que ela possa construir a sua independência e a sua individualidade e perceba o papel de cada um, os limites, o cuidado para que não surja a superproteção que também se torna um fator limitante para a própria criança.

A atuação da psicopedagogia para o momento da criança com paralisia cerebral é muito importante, considerando que durante a estimulação o meio, somado a sua supervisão profissional, pode dar o início correto para a pré-formação para esta etapa do trabalho. Considerando que a psicopedagogia trabalha em conjunto com os outros profissionais, é conhecido por esta o nível de funcionamento neuropsicomotor da criança, e a inclusão com a escola recebe, desta, um preparo para a fase escolar.

No momento observado para a prontidão para a escola da comunidade, cabe à psicóloga e psicopedagoga o preparo desta inclusão. Neste momento, tem que se observar também o acesso às salas de aula, ao banheiro, que devem ter a adaptação necessária. Conversar com os futuros colegas da criança sobre o novo aluno e suas capacidades, não esquecendo que poderá acontecer a lentidão motora para a escrita e outras atividades, como funcionará esta questão dentro do grupo, inclusive nos horários de recreação entre outros. O trabalho interligado com a escola conta também com o trabalho da terapeuta ocupacional e com as demais áreas de atendimento para o que se fizer necessário conforme as necessidades especiais da criança.

A supervisão das tarefas escolares deverá receber acompanhamento em casa ou na instituição que ela frequenta. Nesta fase a criança passa a ter dupla jornada:

• a programação de tratamento;

• a escola.

Devemos ter a preocupação com a sobrecarga de tarefas, considerando que o desempenho da criança poderá ser muito baixo e terminar ocorrendo a exclusão escolar, consequentemente teremos a frustração de todos.

Avaliar a programação e a tolerância a estas tarefas é muito importante!

Quando muito pequena, a criança tem baixa tolerância para uma programação diretamente com muitos profissionais, o atendimento das principais deficiências poderá ocorrer associado ao suporte técnico das demais áreas de tratamento. Tudo isso tem que ser muito bem dosado para que a ansiedade dos pais não sobrecarregue a criança.

Para que não ocorram frustrações, o processo de inclusão desta criança na escola também tem que ser cuidadosamente preparado, envolvendo:

• a criança;

• os pais;

• a escola.

O acompanhamento sistemático da criança pelos profissionais que a atendem e a escola é fundamental para o crescimento da criança e proporcionará cada vez mais o uso de suas potencialidades. Estar atentos para o inverso quando a criança atinge o limite de sua capacitação, para a programação escolar e prepará-la para a prontidão das atividades profissionais, que sejam compatíveis com suas habilidades e capacidades.

O serviço social que faz o acompanhamento da família desde seus primeiros contatos dando a esta o suporte para situações diversas:

- mudança do modelo de vida familiar;
- reestruturação socioeconômica;
- apoio para o longo processo de tratamento;
- apoio para entender os aspectos da escola;
- apoio para preparação das atividades ocupacionais.

Ao longo de todos esses anos a inclusão da criança com paralisia cerebral podemos afirmar que isto é possível, graças ao trabalho de todos.

Hoje encontra-se pessoas com necessidades educacionais especiais nas universidades e sendo absorvidas pelo mercado de trabalho particular e público.

Dentro das possibilidades de cada um, as pessoas com necessidades especiais, de forma geral, vêm caminhando e superando as barreiras que encontram pela frente, graças ao processo de inclusão.

O uso da tecnologia vem favorecendo cada vez mais o processo de inclusão do Paralisado Cerebral.

Bibliografia

ANUNCIATO, N. (1994). O processo plástico do sistema nervoso. *Temas sobre Desenvolvimento*, vol. 3, n. 17, p. 4-12.

BOBATH, B. (1973). *Actividad postural refleja anormal causada por lesiones cerebrales*. Buenos Aires: Panamericana.

BOBATH, K. (1989). *A deficiência motora em pacientes com Paralisia Cerebral*. São Paulo: Manole.

BRANDÃO, S. (1984). *Desenvolvimento psicomotor da mão*. Rio de Janeiro: Enelivros.

PIAGET, J. (1982). *O nascimento da inteligência na criança*. Rio de Janeiro: Zahar.

SILVEIRA, A. (1970-1999). *Experiência de 29 anos no Centro de Reabilitação de Porto Alegre* (Cerepal). Porto Alegre [s.e.].

10
Alunos dotados e talentosos: outra face da inclusão escolar

Zenita C. Guenther *

Quando na diversidade própria de uma sala de aula visualizamos um aluno com sinais de capacidade notavelmente acima dos pares, o que esperar: Júbilo e sucesso, ou problemas e preocupações?... Ou um pouco de ambos e muito de cada um? Tais alunos existem... a probabilidade é que 3 a 5% da população escolar apresentam capacidade superior à média, em alguma área de características humanas. De modo geral eles não criam dificuldades na escola, mas correm riscos de enfrentar problemas de realização pessoal pelo achatamento de sua potencialidade, e perturbações no âmbito social pela frustração, perda ou desvio de seu talento.

A Constituição Federal brasileira garante aos brasileiros de qualquer idade acesso aos níveis mais elevados de ensino, pesquisa e criação artística, segundo a capacidade de cada um, e mesmo a Lei das Diretrizes e Bases de 1971 já contemplava os superdotados. A atual LDBEN (1996), expandindo o art. 9º anterior para todo um capítulo, aponta atenção ao aluno dotado como uma obrigação dos Sistemas de Educação, o que foi regulamentado pela Resolução 02 do CNE, de setembro de 2001.

* Doutorado em Education Foundations Psychology pela University of Flórida; mestrado em Guidance And Counseling pela University of South Florida; especialização em Gifted Education pela University of South Florida; especialização em Educação Pré-escolar pela Indiana University; graduação em Psicologia pela University of South Florida.

Mas, embora reconhecendo há meio século que tais alunos existem, a legislação atual ainda parece saber pouco sobre a área, ao agrupar as diversas expressões de talento e capacidade, que originam necessidades educativas diferenciadas, sob termos genéricos como "superdotação" ou, "altas habilidades". Partindo desse referencial, o que chega às escolas são conceitos imprecisos e vagos, pesados de noções demolidas pela pesquisa, referindo-se *au passant* a um aluno quase invisível e facilmente ignorável, com expectativas de poucos problemas de desempenho escolar. Tal inércia na prática educacional é amparada por uma desconfiança geral de que as crianças dotadas não necessitam provisão especial, e podem se educar e se desenvolver sozinhas.

Questões semânticas e conceituação

Desconsiderando dificuldades de traduções e interpretações, palavras como – superdotados, mais capazes, bem-dotados, talentosos, sobredotados... – (também como "altas habilidades") são termos genéricos, que se remetem a uma espécie de "categoria geral" que engloba, mas não equaliza, a diversidade de expressões de capacidades e talentos humanos. Para nosso trabalho encontramos bases de diferenciação nos estudos sobre Domínios de Capacidade Humana (GAGNÉ, 1994, 2003), derivados das funções cerebrais básicas (CLARK, 1984), que sinalizam pelo menos quatro áreas de aptidão, potencial e predisposições contidas no plano genético, expressas por variados canais de interesse, atividade e desempenho:

1. Domínio da inteligência

A noção de inteligência e capacidade intelectual está enraizada na função cognitiva do cérebro, localizada no córtex frontal. Esse domínio inclui habilidades mentais que conduzem a conhecer, entender, compreender, abstrair, apreender: pensamento analítico e senso de observação (indução, dedução, transposição); pensamento verbal (linear), e espacial (não linear); estabelecimento de relações; memória, julgamento, metacognição.

Nos últimos 20 anos nota-se um certo esforço para desvencilhar o conceito de inteligência da função cognitiva, introduzindo outras diferenciações: Gardner (1983) desafia a noção de Fator G com as

"Inteligências Múltiplas"; Goleman (1994) delineia uma noção de inteligência emocional, não racional; Sternberg (1985), autor da Teoria Triárquica da Inteligência (analítica, criativa e prática), re-define inteligência superior e dotação como resultado da interação de fatores – Wisdon (sabedoria), Inteligência, Criatividade – e uma Síntese Pessoal própria (STERNBERG, 2004) uma afirmação presente em Helena Antipoff desde 1946, quando diz que: "A inteligência encarada no seu todo não pode ser separada da personalidade total".

2. Domínio da criatividade

Criatividade é uma expressão da função intuitiva do cérebro, provavelmente localizada no córtex pré-frontal, diferenciada de outras funções não por oposição à esfera racional, mas por ser uma função "fora da razão" sem ser propriamente "emoção". A noção de criatividade inclui inventividade ao colocar e enfrentar situações, imaginação e pensamento intuitivo; evocação fluente em redes e blocos de ideias e ações inter-relacionadas; invenção, criação, novidade.

3. Domínio socioafetivo

A capacidade socioemocional enraíza-se na função afetiva, localizada na base primitiva do cérebro, principalmente amídala, tálamo e sistema linfático. Compreende áreas de capacidade para conviver em grupos e com grupos; apreciar a convivência grupal e pluralística; encontrar caminhos para experiência de vida em comum satisfatória e aperfeiçoada, com segurança, estabilidade e maturidade emocional. Geralmente agrupa, sob um ângulo, aptidões e traços associados à liderança, energia pessoal, persuasão; e, sob outro, relações humanas, convivência, interação grupal e características interpretadas como maturidade e "inteligência emocional".

4. Domínio sensório-motor

A função física do cérebro, sediada no aparelho sensorial externo e interno, e aparelho motor, é expressa como percepção sensorial e movimento, no domínio de Capacidade Sensório-Motora. Nessa área identificam-se raízes para expressão de capacidade elevada na área sensorial (extraordinária capacidade visual, auditiva, olfativa...) e motora (força, equilíbrio, ritmo, resistência, precisão de reflexos, coordenação visuomotora, auditivo-motora, etc.), habilidades sensório-motoras, coordenação motora, notável controle da mente sobre funções do sistema muscular e ósseo, talento esportivo e elevado desempenho físico e motor.

Genética ou ambiente?

Examinando a origem dos termos empregados aprendemos que dote eram os bens que a mulher levava ao casar-se, e quem possuía dotes era dotado. Talento era o nome dado à moeda da Antiguidade e quem possuía talentos era talentoso. Gagné (2004) diferencia a noção de dote como dom natural, aptidão ou potencial; e talento sugerindo desenvolvimento da aptidão natural em habilidade e desempenho, através de aprendizagem, exercício e prática. Em qualquer conceituação estão sempre presentes – predisposição genética e ambiente, às vezes combinados com traços de personalidade como "motivação", "persistência", "compromisso"...

O processo de identificar presença de potencial buscando favorecer que dotes se expressem em altos níveis de desempenho, ou seja, em talentos, envolve desvendar uma complexa rede de interações entre componentes do plano genético e do ambiente natural. Capacidade humana não é um traço fixo, mas uma potência que pode ser estimulada, ou inibida, pela interação sistemática e intencional entre a configuração de predisposições existentes no plano genético e experiências vividas no ambiente físico e social, durante toda a vida.

Identificação e reconhecimento de dotação e talento

A criança excepcionalmente dotada é uma criança igual às outras, com atributos próprios de sua faixa etária e estágio de desenvolvimento e, como toda criança, sujeita à influência dos diversos fatores ativos no seu ambiente físico e sociocultural. Reconhecer sinais de capacidades e talentos em ambientes escolares tem relação íntima com o sistema de ensino, o que pode vir a ser uma situação estruturalmente problemática, porque a escola é voltada para a população geral, em termos de "normas", "médias" e "maiorias", e mais propensa a corrigir quem está produzindo "abaixo da norma", do que estimular quem está acima.

Para orientar planos de ação e fazer previsões sustentáveis, as ciências humanas e sociais utilizam princípios derivados da Lei das Probabilidades, pela qual se espera que 3 a 5% da população sejam pessoas com elevado grau de capacidade e talento, em alguma área. Sendo a lei da probabilidade regida pelo acaso, dotação e talento devem existir em todos os segmentos da população. Mas o que se verificou nos meios educacionais é que são encontrados mais alunos dotados nas classes abastadas que nas classes pobres, dentro da população. A consciência de que fatores relacionados à origem socioeconômica interfeririam na identificação das crianças talentosas desestabilizou o conceito de "ser superdotado". Era preciso re-aprender a encontrar os talentos nas crianças, em toda a população... A pergunta deixou de ser "Essa criança é, ou não é superdotada" e tornou-se: Por que caminhos e vias podem se reconhecer sinais de que uma criança tem potencial maior que a média da população comparável.

E os testes?

A primeira ideia para reconhecimento de talentos, originada nos princípios psicométricos que floriram na 1ª metade do século passado, delineou estratégias baseadas em conceitos fixos de características humanas, quantificadas por meio de testes, medidas e avaliações. Ainda hoje psicólogos costumam medir Inteligência com testes de QI (índice da relação possível entre a idade cronológica e uma apreciação de idade mental), definindo capacidade elevada, ou dotação, pelo número de pontos alcançados. Mas sempre houve problemas com essa prática, principalmente porque os testes são influenciados pelo que a criança aprende, ou lhe é ensinado, depende de ter ouvido aquelas palavras e ter sido exposta àquelas informações, o que não retrata a capacidade própria da criança, mas o que é aprendido no meio.

A busca do talento, atualmente, não contempla selecionar crianças que alcançam um determinado padrão de desempenho, como pontos em um teste, "respostas" em um questionário, ou outro meio de se detectar um "resultado". O novo conceito de capacidade e talento visualiza um processo desenvolvido ao longo do tempo, baseado na sequência de acontecimentos naturais, orientado por observação contínua, direta e sistemática nas diversas situações de ação, produção, posição e desempenho em que a criança está envolvida.

Quem melhor observa?

O professor de sala de aula convive diariamente com a criança na escola, em situações as mais variadas, portanto está em boa posição para observar seus alunos. Mas historicamente foi instalada a noção de que professores não são bons detectores de talento acima do que é exigido para desempenho escolar (PEGNATO & BIRCH, 1959). Entretanto eram sempre professores quem "indicavam" a criança a ser testada, examinada, observada por outros profissionais, portanto era o professor quem primeiro "reconhecia", portanto identificava, sinais de talento nas crianças.

A noção de que o professor faz julgamentos inapropriados em relação à criança dotada foi desafiada por Gagné (1994), demonstrando que, ao contrário, professores são confiáveis e capazes para detectar sinais de talento em seus alunos, desde que sejam preparados apropriadamente, em momento anterior ao processo de observação (SHIPLEY, 1978).

A identificação e busca de talentos na escola deve ser parte do processo de conhecimento profundo de todos os alunos, sem focalizar atenção em problemas, deficiências e dificuldades. Essa é uma atitude fora de sintonia com a postura da escola, onde o processo é estabelecido pela média do grupo, e não pelo máximo que cada um pode alcançar. Portanto o professor precisa estar muito atento aos sinais de capacidade da criança, procurando detectá-los nas situações da vida diária na sala de aula, em termos de desempenho e produção, e não de problemas.

1. Para localizar capacidade elevada no Domínio da Inteligência, uma área altamente valorizada em toda a cultura ocidental, o professor deve estar atento:

1) Ao aluno que expressa curiosidade, mexe, pergunta, desmonta, cutuca, examina, enfrenta desafios, mostra senso de humor, boa memória, aprende com facilidade e tem um bom fundo de informações. Esses são sinais de inteligência geral e vivacidade mental. Nas crianças crescendo em ambiente de muita complacência e pouca disciplina, tais comportamentos na fase inicial da vida são às vezes erroneamente interpretados como hiperatividade. Quan-

do traços de vivacidade são combinados com gosto e eficiência ao lidar com palavras, precisão e riqueza de vocabulário expressivo, sucesso em áreas cujo domínio depende de pensamento linear, compreensão e expressão verbal, caracteriza-se presença de talento verbal.

2) O aluno que mostra ter "cabeça própria", independência, persistência, compromisso, concentração, motivação interna e iniciativa, é confiante, seguro, tem boa organização interna, raciocínio e lógica, alcança sucesso em áreas cujo domínio privilegia o pensamento espacial não linear, como ciências físicas e matemáticas, sinaliza inteligência geral e pensamento abstrato.

2. No domínio da criatividade e pensamento criador vamos procurar nas crianças sinais de produção original e fluente, pensamento holístico e não linear, percepção acurada, intuição, elevado senso crítico, autocrítica, sensibilidade, perceptividade; são pessoas geralmente consideradas "diferentes", fora de "padrões" do grupo, em qualquer faixa etária, e um aluno de pouca aceitação nas aulas comuns, onde se mostra muitas vezes entediado e desinteressado.

3. Alunos com Capacidade Socioafetiva que revelam sinais de sintonia com o grupo, envolvimento com planos, tarefas, objetivos e atividades em grupo, profundo senso de justiça e probidade na vida em comum, capacidade de irradiar energia própria para o grupo, bem como inspirar e receber confiança do grupo, estão sinalizando presença de liderança. Por outra via, o gosto por cooperação e assistência mútua, participação e convivência grupal marcada por solidariedade, preocupação e sensibilidade aos outros, aceitação, companheirismo, consideração, interesse em ouvir e compreender os colegas, bondade e amizade no trato com os outros são sinais de capacidade na área de Relações Humanas.

4. No Domínio das Habilidades sensório-motoras os sinais de capacidade são detectados pelo desempenho qualitativamente superior em habilidades sensório-motoras, notável acuidade sensorial, controle da mente sobre funções do sistema muscular e ósseo, força, saúde, resistência, coordenação, precisão, ritmo e graça no manejo do próprio corpo, gosto e dedicação a variadas atividades físicas e experiências rítmicas em esportes, artesanato, mecânica, ginástica, dança...

Talentos diferenciados e combinados

Embora as áreas de capacidade sejam categorizadas para compreensão da sua natureza, os atributos e traços se expressam em configurações globais, como maneiras de ser, agir e reagir, nas atitudes e modo como a criança se posiciona perante as situações enfrentadas. Um "talento" pode ter raízes em mais de um domínio, e uma mesma pessoa tanto pode apresentar sinais de um talento pronunciado, como combinação de diversas capacidades integradas, perceptível na maneira de ser, responder, agir, atuar, desempenhar e produzir.

Inclusão do aluno dotado e talentoso na escola

Depois de longo tempo concentrando-se em médias, medianas, proporções e maiorias, a Ciência da Educação está mais consciente de que educação é um processo que se torna concreto em cada pessoa, e não em uma abstração grupal, ou social e, à medida que a área evolui, a necessidade de reconhecer e trabalhar com minorias torna-se mais visível. Nesse referencial, a Educação Especial para Dotados e Talentosos é inserida no sistema educacional, não para correção de possíveis deslizes na qualidade pedagógica da escola, mas como um esforço direcionado a responder a necessidades de um grupo específico de alunos.

A escola inclusiva

Ao lidar com grande número de crianças e adultos, a prática escolar desenvolveu uma maneira considerada "eficiente" para trabalhar, agrupando os alunos de acordo com algum referencial comum. A princípio foi idade cronológica, ou distância da casa à escola, mas com o advento dos testes foram adotados construtos mais abstratos, tais como idade mental, seriação escolar, ou desenvolvimento sociocultural.

A lei das probabilidades indica que a distribuição de características humanas pela população segue a curva normal, na qual 3 a 5%

dos indivíduos, a cada extremo, situam-se tão distanciados da média que perdem o ponto de identificação, correndo risco de serem vistos como uma população diferente. Pela exclusão desses segmentos diferenciados "homogeneização" tornou-se a face respeitável da massificação!

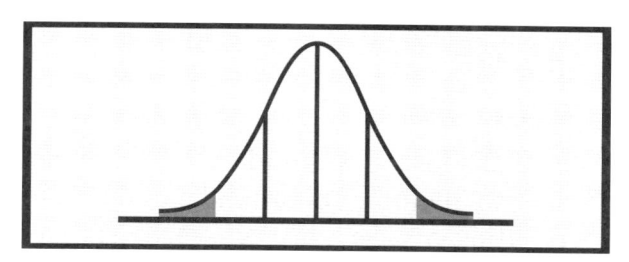

Ao redor da média ficam cerca de 70% da população, abaixo da média 10% e acima da média 10% – formando a "população normal". Os 3 a 5% a cada extremo são os "excepcionais".

Uma **escola** é **inclusiva** quando toda criança tem seu lugar em sala de aula integrada à convivência com pares etários diversificados. Portanto a escola precisa aprender a lidar com a diversidade do alunado, aceitando a todos e cada um como ele é, na qualidade de "seres humanos", cidadãos, membros da comunidade, e assumindo o compromisso de **oferecer a cada aluno aquilo de que ele necessita para se desenvolver, aperfeiçoar**. Nesse modo de pensar não se aceita submeter turmas de alunos a idêntico tratamento pedagógico, mesmo que tal pareça apropriado à maioria do grupo.

A **Educação Inclusiva** se esforça em agregar todos os educandos ao projeto educacional maior, implicando essa posição em dirigir o processo pedagógico de forma tal que a diversidade do alunado seja um fator positivo e fonte de estimulação, e não um problema a ser enfrentado.

O ideário da Escola Inclusiva cresceu na área da Educação Especial. Os fatos indicavam que alunos excepcionais educados em escolas especiais acabavam por receber uma escolarização insuficiente e diluída, focalizada não no processo educativo, mas em tratamentos e correções terapêuticas. Assim, embora melhor equipada e mais dispendiosa, a escola especial provou dar à criança excepcional uma educação inferior ao que recebiam as outras crianças, na escola comum. Verificou-se que, separada das outras, a criança especial empobrece sua experiência de vida e a própria experiência escolar. No convívio da escola regular, mesmo enfrentando situações de diversidade e dificuldades diferenciadas, o processo da educação é ampliado, aproximando a criança excepcional dos pares etários com quem convive, na comunidade.

A força da "media"

Por efeito da regressão em direção à média (veja a curva acima) os indivíduos posicionados na extremidade inferior recebem, no grupo, maior estimulação, melhores oportunidades de exercitar suas habilidades, mais desafios, o que exige o esforço que provoca desenvolvimento. Entretanto, essa mesma "média grupal" puxa os alunos acima da média para baixo, para um nível inferior ao que poderiam produzir, e os mais capazes são levados a diminuir produção, desempenhar sem esforço, o que limita a estimulação necessária para provocar desenvolvimento.

Ao forçar os extremos para o nível da maioria, a produção média pressiona todos os alunos com igual potência, trazendo os mais capazes para abaixo de seu nível ótimo de estimulação e produção. Por isso alunos dotados e talentosos precisam ser olhados com mais cuidado no cenário da escola inclusiva, do que nas tradicionais "turmas homogeneizadas". O argumento central da inclusão, de que todos se tornam mais iguais, é verdadeiro, mas o efeito final para o aluno dotado será o contrário do que acontece ao aluno com deficiência (GALLAGHER, 1997b).

Plano de ação

Uma vez sinalizada a existência de capacidade elevada, provisões educacionais devem ser dinamizadas a fim de assegurar aos alunos mais capazes e talentosos pleno desenvolvimento, na direção desejável a uma vida satisfatória para o indivíduo e sociedade. No cenário escolar existem duas avenidas de estratégias organizacionais orientadas para assegurar atenção às diferentes expressões de talentos e necessidades educacionais:

Aceleração e complementação curricular,

Enriquecimento e suplementação de aprendizagem.

Aceleração

Compatibilizando ritmo de produção e temporalidade escolar

Uma forma de provisão relativamente fácil para se atender a uma criança dotada de vivacidade mental, com bom ritmo de aprendizagem, é a aceleração, que geralmente significa mover a criança para séries acima de sua faixa etária. No Brasil a LDBEN prevê a aceleração seriada, mediante avaliação de conhecimentos curriculares feita pela própria escola. Porém "aceleração" pode significar qualquer provisão que permita ao aluno caminhar com o aprendizado mais depressa que o grupo de colegas (GUENTHER & FREEMAN, 2000).

São modalidades de aceleração:

1) entrar mais cedo na fase ou nível seguinte, no sistema de ensino;

2) saltar uma ou mais séries escolares;

3) acelerar por área – frequentar séries mais adiantadas em determinadas disciplinas;

4) cursar níveis paralelos – por ex.: Ensino Fundamental ao mesmo tempo em que o Médio.

Estudos sobre aceleração de alunos saltando séries, ou com entrada antecipada aos diferentes níveis de escolarização, têm despertado interesse nas últimas décadas, principalmente na área de dotação e talento. Um ponto de convergência entre esses estudos é que virtualmente todos indicam não haver problemas com os alunos acelerados, durante a vida escolar, ou mais tarde na vida adulta. Entretanto pais e professores continuam a mostrar resistência à aceleração, apontando medos e receios que nunca se comprovaram em estudos científicos, talvez porque a aceleração parece ir contra noções tradicionais sobre desenvolvimento social. Por outro lado, como haveria de reagir uma criança, quando sua capacidade e vontade de aprender são freadas sistematicamente para acompanhar o ritmo de produção de uma turma mais lenta?

A questão central em aceleração não deve ser a idade do aluno, e sim o ritmo de aprendizagem e produção mental, posição que adotamos no Cedet, mas essa variável nunca é considerada pela escola. Mais frequentemente são apontados "maturidade emocional", "deslocamento de grupo etário" ou mesmo um nebuloso conceito de "queima de etapas" como razões para não permitir aceleração aos alunos e pais que solicitam.

Avançando séries

A discordância sobre a necessidade de manter a criança dotada junto com seus pares de idade parece variar de uma cultura para outra. Alguns países não permitem aceleração escolar, outros permitem em circunstâncias especiais. A medida é rara na Rússia, embora não seja proibida. Já na China a escola pode receber a criança de qualquer idade em qualquer nível de Educação, desde que passe nos exames daquele nível. Na Inglaterra há um fluxo constante de alunos avançados em áreas diferenciadas do currículo escolar, sendo permitido aceleração parcial através das instituições de ensino de níveis mais elevados e Universidade Aberta (FREEMAN, 1999). Israel tem um sistema de acesso à universidade em tempo parcial, para atender aos alunos mais dotados e academicamente avançados.

Nos Estados Unidos o impulso a favor da aceleração vem dos estudos de Stanley e Benbaw, afirmando que "aceleração melhora a motivação e a sofisticação acadêmica dos alunos dotados", e medos de problemas emocionais e de natureza social são amplamente exagerados. Apoio para aceleração vem também da Austrália, num estudo de caso de 10 anos acompanhando 15 crianças de QI 160 e mais (GROSS, 1993).

Recentemente foi feito na Austrália um levantamento abrangendo ampla gama de estudos, e entrevistando cerca de mil alunos acelerados, professores e familiares (MACKENZIE-SYKES, 2002). A conclusão irrefutável é que não parece haver qualquer problema claro ou velado com os alunos, em qualquer nível de ensino ou faixa etária. Entretanto pais e professores – professores consideravelmente mais que pais – continuam a mostrar ferrenha resistência à aceleração. Os pesquisadores concluem que essa posição sinaliza falta de informação por parte dos professores, filtrando da escola para as famílias, e para a comunidade.

O sucesso da aceleração depende da flexibilidade do sistema, de quantos alunos são acelerados, do nível de maturidade geral da criança e do apoio do professor que recebe o aluno. Geralmente se presume que aceleração implica conteúdo mais complexo, porém pode acontecer que, após ter sido acelerada, a criança continua trabalhando nas mesmas linhas rotineiras, o que não resolve o problema de estimulação. Também existem ocasiões em que saltar para a série seguinte é a única opção, e, quando alguns cuidados são tomados, essa é uma medida comprovadamente bem-sucedida e benéfica ao aluno.

Quanto mais nova é a criança, mais fácil sua integração emocional em uma turma de crianças mais velhas, ao passo que a mudança de turma na adolescência parece exacerbar as diferenças entre eles (WALBERG, 1995). Intelectualmente, também, os efeitos da aprendizagem acelerada parecem mais pronunciados, e mais fáceis, quando a criança é mais nova em idade.

Adiantando a 1ª série

Um dos assuntos mais discutidos entre educadores de dotados é a aceleração em educação infantil, encaminhando para o Ensino Fundamental crianças de 4 ou 5 anos. Pessoalmente acredito que a aceleração possa ser resposta para uma grande parte dos alunos na transição pré-escola-1ª série. Para a criança que gosta do trabalho escolar, sintoniza-se bem com colegas, tem boa base de experiência de vida, e principalmente é criada em meios escolarizados, adiantar a 1ª série não traz qualquer problema. Aliás, nossa legislação permite, e atualmente aconselha matrícula aos seis anos, e a maior parte dos países no mundo iniciam escolarização aos seis e até cinco anos.

É sempre o estudo aprofundado de cada criança, em cada situação, que vai apontar que caminhos parecem apropriados. Evidentemente, se estamos lidando com uma criança que, embora saiba ler ou tenha outra habilidade mental avançada, demonstra sintonia maior com os adultos e pouca habilidade para lidar com situações de interação grupal e pares etários, é provável que a aceleração possa dificultar, ao invés de facilitar, seu desenvolvimento geral.

Mas em qualquer hipótese a aceleração, pura e simples, não garante desenvolvimento das capacidades específicas de todas as crianças em todos os domínios de capacidade, e "algo mais" deverá ser provido, mesmo com crianças aceleradas, sob alguma forma de suplementação, sofisticação, estimulação e enriquecimento.

Enriquecimento e suplementação

Enriquecimento educativo é um esforço de estimulação intencional e planejada que busca o crescimento da criança ampliando e aprofundando o currículo escolar básico, com conhecimentos, informações e ideias que a tornam capaz para uma consciência maior do contexto abrangente de cada tema, assunto, disciplina ou área do saber. O ponto central do enriquecimento é inter-relacionar a aprendizagem de um assunto com outras áreas, e jogar com as ideias de maneira a fazer surgir novas ideias. Os maiores ganhos para a criança estão na vantagem de chegar a um melhor nível de compreensão, encontrar, combinar e formar novos conceitos e novas ideias, e a possibilidade de melhorar o autoconceito pela sensação de maior segurança.

Um programa de enriquecimento da Universidade de Purdue (EUA) foi estudado durante 10 anos (MOON, 1994), indicando que alunos dotados passam por diferentes estágios no desenvolvimento do talento, portanto qualquer provisão é mais efetiva se estiver sintonizada com a fase de desenvolvimento de cada um, e a educação deve manter altos padrões de produção, com oportunidades para estudos aprofundados nas áreas de interesse de cada criança.

Atividades extraclasse e enriquecimento: não são sinônimos

Quando se fala em "desenvolver talento", os educadores parecem logo pensar em atividades extras como artes, teatro, esportes, debates e feiras. Embora sejam iniciativas proveitosas para todos os alunos, essas ações não se orientam para a capacidade específica de cada criança, e assim só por acaso podem trazer algum desenvolvimento, o que as desqualifica como educação especial. Melhor seria considerá-las como o que efetivamente são: ocupação de tempo livre.

Uma forma de se organizar o enriquecimento educativo, de modo que cada criança receba aquilo que melhor responde aos seus interesses, características e necessidades, é através do **Plano Individual**.

Esse estilo de trabalho é especialmente proveitoso quando o aluno é atendido em um centro comunitário agregando várias escolas, recebendo simultaneamente crianças de várias idades e níveis de escolarização, além da esperada variedade de características, interesses e tipos de talento que as crianças naturalmente trazem consigo (FELD-HUSEN, 1995).

Plano individual de trabalho

No Cedet o Plano Individual é, em essência, uma projeção semestral de trabalho educativo feita pela criança junto com o orientador. O processo começa por analisar com a criança o que ela fez no semestre anterior, o que ela sente que foi proveitoso e satisfatório, o que ela julga que ficou inacabado e deveria ser continuado; o que ela deixou de fazer, e por que razão... enfim, faz-se uma avaliação e análise da experiência vivida pelo aluno no período letivo anterior. Para a configuração do plano são seguidos dois eixos de orientação:

1. Interesses e preferências

Um bom plano de trabalho educativo deve ser apoiado amplamente em atividades que dão prazer. Assim começamos por analisar com a criança o que ela gosta, aprecia, faz com prazer e está motivada a continuar cultivando. São levados em consideração os seus pontos fortes e o que ela faz com boa probabilidade de sucesso.

2. Necessidades observáveis

O segundo eixo olha em direção a situações que o aluno é orientado a enfrentar, não necessariamente por prazer, mas porque é preciso aprender, melhorar ou corrigir em algum aspecto. Nesse momento a criança é guiada a sondar áreas a que ela provavelmente deveria dedicar algum tempo e esforço, como um investimento de base. Isso pode ser, por exemplo, estudar Português, se gosta de Literatura, mas não se sente confiante para escrever, ou fazer uma leitura aconselhada na preparação de um projeto sobre um assunto que gostaria de explorar.

Feito um traçado geral, procede-se com o aluno a uma apreciação objetiva sobre as possibilidades de execução, previsão de problemas que talvez possam aparecer, e questões concretas, por exemplo, relação do que está sendo planejado com o tempo de que ele dispõe fora dos trabalhos escolares, incluindo previsão para outros afazeres. Como regra geral o Plano Individual é pensado em termos de 10 horas de trabalho por semana, para evitar o que Gallagher (1997a) chama de "doses educacionais não terapêuticas". Com esse esforço para planejamento conjunto, no qual a criança tem força de decisão e responsabilidade por sua escolha, ela adquire senso de planejamento, aprende a pensar com antecedência sobre o que deseja realizar, e troca impressões e opiniões com os colegas e outros adultos em casa e na escola.

O Plano Individual de Trabalho, uma estratégia muito utilizada em Educação Especial para Talentosos, tem se mostrado um verdadeiro método pedagógico. Mais recentemente o grande Projeto "Sucesso para Todos", de Slavin, coloca também o plano individual como a melhor forma de organizar o trabalho com crianças desatentas, agitadas, com dificuldades de aprendizagem, ou em alto risco de fracasso escolar. Outra vez vem da Educação Especial inspiração e pistas para melhorar a educação regular.

Instalando um programa na escola

Diferenciar o trabalho educativo com alunos dotados como parte do Projeto Pedagógico da escola vai exigir preparo, estudo e envolvimento de todo o corpo docente e auxiliar. Se os alunos talentosos convivem com professores desinteressados, mal informados, e sem vontade de aprender, dificilmente irão se sentir encorajados a avançar com suas ideias e propósitos. Todo o clima da escola precisa ser favorável e propício à busca da excelência, avançando onde for possível, e reconhecendo o que for produzido por professores e alunos a bom nível de qualidade.

A direção da escola precisa expressar sua aprovação ao nível concreto, proporcionando incentivo aos professores, disponibilizando recursos de aprendizagem, flexibilizando horários e cronogramas, valorizando a qualidade e quantidade de trabalho realizado, tanto na escola como frente às famílias e à comunidade. Se há uma sala disponível para reunir alunos mais capazes dos vários turnos, embora eles sejam provavelmente não mais que 5 ou 6% da população escolar, vamos ocupar esse espaço. Mas não seja essa uma razão a impedir o processo, porque eles podem trabalhar na biblioteca, sala de supervisão, cantina, gabinete, pátio, secretaria... Tudo vai depender do "Plano de Trabalho" específico de cada aluno. Ainda mais, a escola é parte de uma comunidade, e todo programa educacional deve ser enraizado na comunidade, no estudo e utilização de seus recursos, pontos fortes e referenciais, em consonância com suas necessidades, valores, preferências e expectativas, como coletividade.

Como grupo, as crianças dotadas têm notas nas matérias, não apresentam distorções escolares, não têm problemas emocionais, não demandam sempre atenção, e assim não são visíveis na escola. Pode-se dizer que somente os alunos que apresentam "problemas" de comportamento indesejável, ou uma falha reconhecível pela escola conseguem suscitar interesse, mas geralmente sem assegurar que seu potencial seja reconhecido, ou receba atenção. Para que a escola "abra os olhos" e consiga ver os alunos mais capazes, precisa estar alerta para alguns pontos:

1) não há uma entidade única chamada "aluno superdotado";

2) capacidade em uma, ou mais áreas, não assegura desempenho superior em todas as disciplinas escolares, todas as áreas e campos de atividade;

3) diferentes expressões de capacidade demandam diferentes meios educativos.

Em resumo, a escola precisa pensar na criança mais capaz como "especial", e assumir um papel de destaque em relação a ela, no contexto da Educação Inclusiva, principalmente:

1) reconhecendo, encontrando, localizando essas crianças na população de alunos;

2) encaminhando um projeto educacional que atenda às necessidades diferenciadas desses alunos, no sentido de desenvolver o seu potencial e capacidades.

Centros comunitários

Estudos avaliando programas de educação especial para dotados e talentosos ao redor do mundo (FREEMAN, 2002) sugerem que a melhor forma de trabalhar com essas crianças é em programas estabelecidos fora do contexto escolar, atingindo a uma comunidade e região. Essa é a ideia central subjacente aos Centros Comunitários.

Um **Centro Comunitário** para dotados e talentosos é um espaço de apoio especializado trabalhando junto aos sistemas de ensino na busca de escolares sinalizando potencial e talento superior à média da população comparável, com finalidade de prestar assistência educacional. Sua principal característica é desenvolver um plano sistemático de estudar a população escolar, localizando alunos que sinalizam capacidade em áreas determinadas pelos objetivos para os quais o centro é instalado. Entre os exemplos conhecidos no mundo estão: Centro para Jovens Talentosos, de Chicago (STANLEY, 1973; TOURON, 2005), que se dedica preferencialmente à busca de talentos matemáticos; Centro para Desenvolvimento de Talento Acadêmico, do Chile (ARANCIBIA, 2002), para alunos com boas notas e motivação para aprendizagem escolar; e o nosso Centro para Desenvolvimento do Potencial e Talento – de MG, no Brasil (GUENTHER, 2005).

Depois de estudar a área por mais de 30 anos, visitando dezenas de programas em vários lugares do mundo, e analisando a nossa realidade social e escolar, configuramos um projeto comunitário que em doze anos de ação, pesquisa, avaliação perseverante e contínua re-construção, tornou-se um marco referencial no cenário da Educação Especial. Trata-se do ideário conhecido como Cedet – Centro para Desenvolvimento do Potencial e Talento (cf. GUENTHER, 2006a).

Ideário e referencial teórico

A organização do Cedet apoia-se em um referencial teórico construído em bases derivadas do pensamento humanista em Educação, documentado por Helena Antipoff, Abe Maslow, Art Combs, entre outros. Nesse ideário a Educação abraça o compromisso de proporcionar oportunidade, intencionalidade e direção ao projeto educativo para desenvolvimento da criança dotada e talentosa, centrado não especificamente no talento captado, mas nas áreas básicas à formação humanista, que são: a própria pessoa (autoconceito); convivência com os outros (conceito do Outro) e relações com o meio físico e social (visão de mundo). Esses princípios influem não somente em filosofia e ideário geral, mas na própria organização pedagógica do trabalho do Cedet.

A partir dessa base teórica, o projeto pedagógico se organiza em três áreas:

1) **Comunicação, organizações e humanidades**, que cultiva experiências ligadas à vida social e inter-relações humanas, comunicação e vivência comum;

2) **Ciência, investigação e tecnologia**, que lida com o conhecimento científico, relações do homem com o ambiente e meio físico, e caminhos pelos quais pode-se conhecer o mundo de forma organizada e racional;

3) **Criatividade, habilidades e expressão**, que abre espaço para a esfera pessoal dos sentimentos, apreciação da beleza, relações com o próprio corpo, estímulo a habilidades, autocontrole e convívio no manejo de metas em comum.

Dinâmica de funcionamento

Criado e funcionando regularmente desde 1993, em Lavras, uma cidade de perto de 100 mil habitantes, no interior de Minas Gerais, trabalhando em colaboração com as escolas da comunidade em ação coordenada pela Associação de Pais e Amigos para Apoio ao Talento, Aspat, o Cedet é um espaço de apoio e complementação educacional ao aluno dotado e talentoso, nos diversos níveis do Ensino Básico (GUENTHER, 2000). A equipe de profissionais e estrutura logística é mantida pelo Sistema Municipal em colaboração com a Secretaria de Estado da Educação. A rede privada contribui, disponibilizando facilidades, instalações, equipamentos e trabalho voluntário. O envolvimento e participação da comunidade, acentuadamente da Universidade Federal de Lavras, é acionado em consonância com as necessidades detectadas pelo Plano Individual de Trabalho dos alunos.

A rede de ação e interação é regulada pela direção técnica da Aspat. A comunidade assume corresponsabilidade pelo programa, não somente na provisão de recursos e ajuda material, mas principalmente na tarefa de trabalhar conteúdos específicos às atividades desenvolvidas, orientando atividades nos **Grupos de Interesse, Proje-**

tos e Estudos Independentes, em regime de voluntariado especificamente recrutado. Ou seja, uma vez identificada uma necessidade ou interesse no aluno, procura-se na comunidade quem melhor domine aquele assunto e se disponha a trabalhar com uma criança, ou grupo de crianças do Cedet, duas ou três horas por semana. A presença de voluntários no centro não é uma medida de economia, mas uma contingência de qualidade para o projeto pedagógico. A outra coluna de apoio ao projeto educacional é a própria família, em um trabalho contínuo, dinamizado pela Aspat.

A dinâmica de funcionamento é integrada ao trabalho da escola regular, as crianças vão à escola em um período do dia e no outro se dedicam a atividades no Cedet. O projeto educativo orienta-se por um Plano Individual trabalhado com cada aluno, a cada semestre letivo contemplando, além da direção de talento sinalizada na identificação, diferenças de estilo e ritmo de estudo, interesses específicos, e necessidades detectadas pelas sessões de aconselhamento e orientação.

O processo de **identificação**, validado nos primeiros cinco anos do projeto (GUENTHER; BARROSO; BEZERRA & VEIGA, 1997b), desenvolve-se em três estágios:

1) observação direta pelos professores de sala de aula, para colher dados registrados em uma folha de indicadores, realizada nas turmas até a 4ª série do Ensino Fundamental;

2) revisão, reavaliação e complementação das observações dos professores, pela equipe técnica da escola;

3) acompanhamento da criança por um especialista da equipe do Cedet, durante o ano letivo, sob a forma de "observação assistida".

A partir da 5ª série, no caso de aflorar novas indicações de talento, cumpre ao Conselho de Classe da escola, em decisão conjunta, indicar o aluno para observação. Uma vez identificado e inscrito, salvo situações excepcionais, o aluno permanece até o final do Ensino Médio.

O Plano Individual contempla medidas administrativas, como aceleração, e blocos de atividades de enriquecimento e estimulação apropriada a cada criança, de acordo com suas características, inclinações, interesses, necessidades, estilo e ritmo de aprendizagem. Alguns princípios direcionais são inalienáveis, como o cultivo de valores éticos e morais, pelo exemplo e convivência; outros são situacionais, como prover condições para estudo de todos os assuntos e conteúdos solicitados.

As áreas de estimulação organizam as atividades utilizando prioritariamente Grupos de Interesse, os quais são iniciados quando um número de pelo menos 5 crianças apresentam um tronco comum de interesse, curiosidade, ou atração ao tema, com alguma compatibilidade entre elas ao nível de desenvolvimento geral. Os grupos são orientados por alguém da comunidade, que conheça o assunto em profundidade, e se disponha a trabalhar voluntariamente com as crianças.

O Projeto Individual responde a um interesse, necessidade, ou curiosidade de uma ou duas crianças, individualmente, e constitui uma atividade que exige do aluno um grau de maturidade e motivação suficiente para trabalho semi-independente. Esses projetos são também orientados por um voluntário da comunidade que domine o assunto, e se disponha a trabalhar com as crianças, compartilhando seu interesse e expertise.

Temas amplos e interesses transversais são abordados nos Encontros Gerais, que constituem um momento de estimulação variada, novidade e exercício de fazer escolhas entre opções definidas. Um encontro reúne cerca de 100 crianças de cada vez, com talentos e interesses diversificados, apresentando uma ou mais características em comum, tais como idade ou série escolar.

Observações, planos futuros e avaliação de resultados, bem como o processo educacional desenvolvido, é registrado em um acervo de documentação apropriada a cada nível de controle: da escola, do aluno e do próprio centro. Até agora conduzimos três momentos distintos de avaliação institucional, considerando resultados gerais, dois dos quais originaram artigos publicados (GUENTHER, 1996, 2002).

A rede de interação formada pela equipe de especialistas, profissionais da educação e instrutores voluntários, é organizada de modo que as crianças recebam influência de mais de um orientador, na escola, nos grupos, nos encontros, e dentro das áreas de enriquecimento. A equipe central multidisciplinar é preparada e orientada em sessões semanais, e responsabilizada por acompanhar, assistir, fortalecer os voluntários de sua área de formação, bem como o pessoal da escola onde estudam os alunos sob sua orientação. Em situação normal cada facilitador é responsável pelos planos individuais, acompanhamento e orientação de 70 crianças, em duas ou mais escolas.

Com o correr dos anos, estudos sistematizados realizados no Cedet vêm acumulando alguma produção científica e intelectual, principalmente no setor de publicações, eventos e cursos, sempre em busca de alternativas para a preparação e atualização da equipe em serviço. Nessa intenção são realizados Seminários e Encontros Nacionais, além de haver participação em eventos no Brasil e em outros países. A preparação e aperfeiçoamento continuado da equipe do Cedet são atribuição da diretora técnica da Aspat, que idealizou e desenvolveu a metodologia e exerce a supervisão do programa desde o início. Esse trabalho é operacionalizado por uma sessão semanal de pelo menos 4 horas de estudo, embutida na carga de trabalho docente.

O centro funciona em uma casa adaptada, com ambientes apropriados às atividades dos grupos de trabalho e área externa. O Plano Individual possibilita a formação de grupos de 5 a 15 alunos, e nem todos funcionam na sede, já que boa parte desenvolve atividades que exigem ambiente próprio, o qual é encontrado em facilidades e instalações existentes na comunidade, geralmente no local onde está o orientador voluntário. Reuniões coletivas e assembleias são realizadas em auditórios e ambientes cedidos por entidades da comunidade, e as sessões de orientação de alunos e famílias geralmente acontecem no âmbito da escola, ou nas reuniões da Aspat.

A participação da comunidade, que além do trabalho voluntário permite o uso de instalações e equipamento apropriado ao conteúdo ensinado, em um compromisso de colaboração que vem se estendendo e ampliando por todos esses anos, é certamente o nosso ponto forte, pois assegura um nível de variedade, diversidade de temas e qualidade pedagógica que seria impossível alcançar de outra forma.

O programa educativo do Cedet é interrompido para o aluno ao final do Ensino Médio. Porém muitos deles, ainda jovens, e recém-desligados da vida escolar, sentem necessidade de permanecer em contacto com o centro, e são absorvidos pela Associação de Pais e Amigos para Apoio ao Talento (Aspat), através do projeto Aspat Jovem. Esses alunos planejam e realizam atividades, incluindo sessões festivas e recreativas, estágios, intercâmbios, excursões, e se organizam para prestar trabalho voluntário no Cedet e na comunidade.

Algumas peculiaridades

O trabalho educacional no Cedet visa não somente desenvolver as capacidades e talentos das crianças identificadas, mas também promover o crescimento pessoal e formação de personalidade sadia, na linha de valores preconizada pela educação humanista:

a) desenvolvimento de autoconceito realista e positivo;

b) cultivo da sensibilidade, conhecimento e respeito ao outro;

c) construção de um quadro referencial interno que permita uma visão de mundo ampla, rica e bem informada.

Uma das dimensões mais relevantes inclui prover oportunidades a cada criança para inter-relações com outras crianças e jovens mais capazes e talentosos, favorecendo o reconhecimento de um grupo de pares maior, e mais diversificado do que na experiência comum da vida escolar.

Um dos propósitos apontados nos estatutos da Aspat, e no regimento do Cedet, envolve atender a crianças que apresentam talentos diferenciáveis conjugados com dificuldades e deficiências. Embora tais casos sejam numericamente raros, temos encontrado alguns estudantes com deficiência mental e escolar, apresentando ao mesmo tempo uma área destacada de capacidade acima da média da população normal. Essas crianças e jovens mesclam bem com os colegas em grupos de interesse comum, sem configurar qualquer situação de exceção, demonstrando estarem perfeitamente envolvidos na oportunidade de desenvolver o seu talento, em seus próprios termos e condições.

À guisa de conclusão...

Na falta de um Centro Comunitário, a unidade escolar pode começar um trabalho interno com seus alunos mais capazes. Vai necessitar assistência especializada para a programação sistemática e acompanhamento à metodologia desenvolvida no trabalho educacional, pois qualquer atividade educativa, por si mesma, não assegura estimulação específica para cada criança, nos diversos domínios de capacidade humana. Para um trabalho intencional bem planejado e continuado, na escola regular, lembramos as seguintes recomendações:

1. Identificando a criança dotada e talentosa

No esforço de localizar as crianças dotadas na escola, todos precisam estar alertas para:

• sinais de produção superior: produção escolar, e não escolar, de boa qualidade, acima do que é esperado pelo grupo comparável em idade e desenvolvimento;

• sinais de difícil interpretação: pouca produção, mas poderia ser melhor; boa produção em áreas não curriculares; atuação regular marcada por originalidade, qualidade e individualidade;

• interesses, atração, chamamento: situações, atividades ou posições que a criança busca, procura e mantém, e nas quais persiste em se envolver;

• rejeições e fugas: situações que a criança evita, foge, rejeita, às vezes para se ocupar do que lhe interessa e atrai (Ex.: evitar o esporte para ler, ou vice-versa);

• postura e posicionamento pessoal sinalizando qualidade diferenciada em ações, reações, ideias, palavras, ou atitudes, nas diversas situações da vida escolar.

2. Organizando o ambiente escolar

Partindo do princípio que a escola já trabalha em um nível desejável de qualidade pedagógica para todos os alunos, a premissa básica é haver interesse e compromisso de dar atenção às necessidades específicas da criança dotada e talentosa. O corpo de educadores tem que reconhecer e aceitar essa tarefa como uma responsabilidade coletiva da escola, e não uma obrigação somente do professor que tem um aluno especial em sua turma.

Para a criança com dificuldades, de modo geral, o envolvimento direto acontece na fase inicial do Ensino Fundamental, até a 4ª série, mas para os dotados e mais capazes as exigências vão se diferenciando e aumentando, precisamente nas séries finais do Ensino Fundamental e nível médio. A essa altura os interesses afunilam para áreas definidas de desempenho, conhecimento ou atuação, o nível de exigência dos alunos extravasa o currículo regular, e o especialista terá melhores condições de reconhecer as necessidades e encaminhar o plano de ação. À medida que a criança mais capaz cresce e se desenvolve, mais ela exige, e mais precisa ser provida pela escola, em maior grau de extensão, amplitude e profundidade.

3. Apoiando-se em conhecimentos estabelecidos pela pesquisa científica

É imprescindível que as decisões sobre a criança especial sejam abalizadas no conhecimento científico e que haja estudos visando organizar, ampliar e aprofundar o conhecimento disponível ao educador, em nossos meios. O verdadeiro conhecimento não pode ser substituído por algo vago e incerto como o "bom-senso". Tradição e bom-senso em educação especial para dotados e talentosos têm levado a mais erros do que acertos, ajudando a perpetuar mitos já desfeitos por estudos científicos há décadas, e que continuam a influenciar decisões educacionais – incluindo ação de psicólogos da educação.

4. Mudando esquemas estabelecidos

Horários, cronogramas, regulamentos e medidas institucionais devem ser modificados, como permite a legislação, uma vez definidos os pontos centrais de um plano de educação especial. A rotina escolar é lenta, imobilizada por toneladas de leis, resoluções, decretos, portarias, e instruções oriundas das muitas cabeças atuantes na paquidérmica burocracia dos sistemas educacionais... Tudo indica que vai haver resistência, mas com objetivos defensáveis e planos de ação claros e bem fundamentados aumenta-se a possibilidade de ganhar adeptos e abrir espaço para modificações.

5. Buscando ajuda fora da escola

A criança dotada exige sempre mais do que a escola pode oferecer. Para assegurar essa resposta é preciso acionar a comunidade, localizar seus recursos humanos, culturais e materiais, e chamar a todos para compartilhar a responsabilidade de cuidar de nossos talentos, para o futuro. Incluir a comunidade garante presença de recursos materiais e humanos renováveis, que irão enriquecer o programa e garantir qualidade de conteúdo. Uma das tarefas do especialista é tecer uma teia de ajuda institucional e comunitária, e catalisar essas forças configurando um plano efetivo para desenvolver todo o potencial de nossos alunos mais capazes.

Cuidado!

A exclusão dos alunos deficientes leva a sociedade a reconsiderar seus valores e ampliar o sentimento de solidariedade, mas para os talentosos a exclusão pode vir a ser um sinal de perigo. Privados do referencial do grupo de pares, trabalhando a baixo nível de estimulação e produzindo menos do que são capazes, crianças e jovens talentosos vão aprendendo que suas necessidades e interesses não encontram resposta dentro do sistema e do modo de vida da escola.

Esse processo de constante autoexclusão facilita a absorção do jovem por outros grupos, onde sua capacidade e talentos sejam desafiados e estimulados, grupos esses marginais, ou opostos à direção desejada pela sociedade. Assusta pensar sobre a quantidade e qualidade de inteligência, criatividade, liderança e outros talentos, invariavelmente encontrados nas esferas do crime organizado, tráfico de drogas, corrupção e exploração social de toda espécie.

Como profissionais da Educação temos que zelar para que todas as crianças sob nossa responsabilidade venham a receber o que precisam, para se tornarem o máximo que podem chegar a ser. Para os mais capazes isso implica em trabalhar ativa e intencionalmente para desenvolver o seu potencial, dentro de um referencial produtivo e satisfatório, para ele mesmo e para a sociedade de modo geral. Essa é a mensagem da Escola Inclusiva.

Bibliografia

ALENCAR, E.M.L.S. & FLEITH, D.S. (2001). *Superdotação*: determinantes, educação e ajustamento. São Paulo: EPU.

ANTIPOFF, H. (1992). *A educação do bem dotado*. Rio de Janeiro: Senai [Coletânea de obras escritas por Helena Antipoff. Vol. V].

FREEMAN, J. & GUENTHER, Z. (2000). *Educando os mais capazes –* Ideias e ações comprovadas. São Paulo: EPU.

GAGNÉ, F. (1994). Are Teachers Poor Talent Detectors? *Gifted Child Quarterly*, vol. 8 (3), p. 124-126.

GALLAGHER, J. & GALLAGHER, S. (1994). *Teaching The Gifted Child*. Boston: Allyn and Bacon.

GUENTHER, Z. (2006a). *Desenvolver capacidades e talentos*: um conceito de inclusão. 2. ed. rev. Petrópolis: Vozes.

_____ (2006b). *Capacidade e talento*: um programa para a escola. São Paulo: EPU.

_____ (2002). Identificando crianças bem dotadas – Uma abordagem "non testing". *Saber Educar*, 7, p. 93-106. Porto: ESE Paula Frassinetti.

_____ (1997a). *Educando o ser humano* – Uma abordagem da Psicologia Humanista. São Paulo: Mercado das Letras.

_____ (1997b). *Identificação do talento pela observação direta*. Lavras: Fapemig/Cedet/Ufla [Relatório de pesquisa].

11
Aspectos orgânicos, sociais e pedagógicos da Síndrome de Down
Focando o déficit ou o potencial?

Hugo Otto Beyer *

A Síndrome de Down possivelmente é uma das formas mais frequentes de deficiência mental no Brasil. Assim, estamos muito acostumados a conviver com pessoas com esta síndrome em diferentes lugares, seja nos espaços públicos, como supermercados, centros comerciais, entre outros, seja na escola. Felizmente, os alunos com Síndrome de Down não estão mais circunscritos à escola especial, porém vemos uma crescente presença destes alunos nas escolas do ensino comum. Este capítulo tem como principal finalidade ampliar a compreensão sobre a deficiência mental e, particularmente, sobre a Síndrome de Down.

A definição do conceito de deficiência

O termo alude a uma situação irreversível do ponto de vista médico. Diferentemente do conceito de doença, em que a situação da pessoa pode ser revertida através de medicação ou tratamento, em regra,

---

* Pós-doutorado e doutorado em Educação pela Universität Dortmund, UD, Alemanha; mestre em Educação pela Universidade Federal do Rio Grande do Sul; graduação em Pedagogia pela Faculdade Porto-alegrense de Educação/RS.

na deficiência o quadro permanece inalterado até o fim da vida da pessoa. Em outras palavras, enquanto não é possível a alteração estrutural, pode-se melhorar as condições funcionais da pessoa com deficiência nas áreas social, escolar e afetiva.

Historicamente, a educação especial se afirmou como uma área predominantemente terapêutica. Isto pode parecer paradoxal, já que ela se constitui em uma área educacional. Porém, a hegemonia da medicina, praticamente desde as origens da educação especial como tal, com o papel marcante desempenhado em sua história por médicos tais como Philippe Pinel, Jean Marc Itard e Eduard Seguin, influenciou boa parte das formulações conceituais e instrumentais desta área.

A predominância do modelo médico veio, assim, acirrar a determinação clínica da deficiência, resultando na tendência a se enfatizar os aspectos funcionais deficitários das pessoas com deficiência, pela comparação entre estados saudáveis e patológicos individuais. Porém, a definição da deficiência pode ser realizada a partir de outros modelos teóricos, como é o caso do prisma sócio-histórico vygotskyano.

Para o russo Lev S. Vygotsky (1896-1934), a deficiência não deve ser definida apenas pela consideração das ausências funcionais decorrentes da deficiência, isto é, o cego não tem como obstáculo somente o fato de não enxergar, o surdo de não ouvir, e assim por diante, porém os impedimentos maiores são aqueles decorrentes das barreiras sociais. Por exemplo, para Vygotsky (1997), a deficiência visual, antes de ser uma deficiência orgânica, é uma deficiência social.

Outros autores problematizam o conceito de forma semelhante, como é o caso de Pierre Vayer (1984), Erving Goffman (1988) e Günther Cloerkes (1997).

Como se define a deficiência mental?

Os principais aspectos a serem considerados são os de natureza intelectual, evolutiva e funcional.

Quanto à inteligência, salienta-se a condição intelectual menos privilegiada. Tradicionalmente, definia-se a DM como sudotação intelectual. Porém, tal definição está praticamente ultrapassada. A história dos procedimentos de classificação da inteligência para determinar o atraso mental remonta ao início do século XX (1905), quando Alfred

Binet foi requisitado pelo Ministério de Educação da França para elaborar um instrumento que se mostrasse fidedigno, tendo em vista a avaliação das crianças para as escolas do ensino comum ou especiais daquele país. Binet construiu, assim, o primeiro teste de inteligência. Um século depois, ao menos em nosso país, tal procedimento está longe de ser o único critério para determinar a deficiência mental.

Quanto às condições de desenvolvimento, verifica-se nas crianças com deficiência mental um ritmo mais lento no desenvolvimento e um alcance parcial da maturidade humana. Especialmente os trabalhos de Bärbel Inhelder trazem informações a respeito. Inhelder foi a pesquisadora genebrina que trouxe a metodologia de pesquisa piagetiana para a esfera dos sujeitos com deficiência mental. No livro *O diagnóstico do raciocínio em deficientes mentais* (1971), ela realiza um estudo experimental com 80 pessoas com deficiência mental. Com elas, aplicou os testes piagetianos tal e qual os mesmos vinham sendo aplicados com crianças e adolescentes considerados normais. Os principais resultados de sua pesquisa foram os seguintes:

a) A progressão cognitiva evidenciada através dos testes é a mesma entre crianças com deficiência mental e as ditas normais, ou seja, não há uma progressão diferenciada entre os níveis do desenvolvimento cognitivo nos dois grupos.

b) A progressão cognitiva das crianças com deficiência mental evidenciou-se mais lenta, ou seja, enquanto crianças "normais" atingiriam as etapas evolutivas na cronologia defendida pela teoria piagetiana, crianças com deficiência mental estariam atingindo tais etapas com defasagens cronológicas variadas, conforme as condições (intensidade) da sua deficiência mental.

c) O terceiro aspecto talvez tenha sido o mais importante das conclusões teóricas de Inhelder: além da progressiva lentidão no desenvolvimento cognitivo das crianças com deficiência mental (conceito de "viscosidade genética"), também ocorreria um lento mas inexorável processo de paralisação do crescimento intelectual. A isto ela chamou de oclusão ou interrupção evolutiva. A criança com deficiência mental não atingiria, assim, os últimos níveis do desenvolvimento cognitivo. Seu embasamento empírico, decorrente da sua pesquisa, demonstrou que a maioria das crianças e adolescentes não atingiu o estágio operatório concreto, e nenhuma delas demonstrou o pensamento operatório formal.

Qual a implicação deste enfoque para a avaliação dos alunos com deficiência mental? Um psicólogo ou educador imbuído desta perspectiva tenderá a acentuar os aspectos intelectuais deficitários, por um lado, e, por outro, a pouca probabilidade da superação dos mesmos na aprendizagem escolar. Se formos coerentes com a abordagem piagetiana, que entende ser a aprendizagem decorrente do desenvolvimento, a expectativa pedagógica se encolherá diante do prognóstico avaliativo.

Contrariamente a esta perspectiva, porém, as pessoas com deficiência mental, hoje, têm acesso à escola especial ou regular. Alguns pais pensam que a escola deve ensinar apenas a leitura, a escrita e a matemática. Embora haja a necessidade dos conteúdos acadêmicos básicos para as crianças com Síndrome de Down, um bom programa educacional deve prepará-las para todas as áreas da vida. Algumas delas têm encontrado lugar no mercado de trabalho, quando jovens ou adultas. A sua independência, porém, ainda é relativa e supervisionada.

E a Síndrome de Down?

A Síndrome de Down é uma condição orgânica ocasionada pela presença de um par extra de cromossomos (par 21) nas células do organismo. Por isto, esta síndrome é também conhecida como trissomia (isto é, três) do par 21. A síndrome foi descoberta por Sir John Langdon Down em 1866, e a anomalia cromossômica foi descoberta pelo Prof. Jérome Lejeune em 1959.

Como o cromossomo 21 extra se encontra nas células de toda criança com Síndrome de Down, ele exerce uma influência na formação do corpo em todas essas crianças de forma semelhante. A anomalia cromossômica causa a alteração e mal funcionamento de diversos órgãos. Ela afeta o cérebro e esta é a causa das dificuldades intelectuais. Porém, a intensidade com que se manifestam estas alterações é altamente variável de uma pessoa para outra. A frequência do surgimento da síndrome varia por volta de 1/1000 nascimentos vivos.

Como principais características físicas estão: a cabeça um pouco menor, o rosto com um contorno ovalado, os olhos levemente puxados, o pescoço mais grosso. Salienta-se a hipotonia ou fraqueza muscular, por exemplo, na língua e no coração. A aplicação de bons programas de saúde tem conseguido aumentar a esperança de vida na casa dos 60 anos, na maioria dos países europeus. No Brasil faltam pesquisa e informações correspondentes neste sentido, porém é atualmente inquestionável o fato de que a expectativa de vida para os brasileiros com Síndrome de Down tem aumentado. Ao mesmo tempo, a esmerada atenção psicoeducativa, que se inicia a partir do nascimento, permite descobrir o desenrolar de múltiplas capacidades que as pessoas com esta síndrome possuem em distintas áreas da vida humana.

Pueschel e colaboradores (1993), no livro *Síndrome de Down – Guia para pais e educadores*, nos apresentam alguns aspectos evolutivos, que passo a considerar abaixo, aproximando os mesmos dos diferentes momentos de escolarização e de socialização da criança.

A estimulação precoce do bebê com Síndrome de Down

A intervenção precoce objetiva promover o desenvolvimento sensório-motor e social do bebê, buscando criar condições melhores para que a criança pequena aproveite ao máximo as aprendizagens que vivencia em seu mundo social. Podemos aqui considerar que, se na criança dita normal a aprendizagem das atividades motoras requer uma boa parcela de prática e experiências, mais aplicação será necessária ainda para uma criança com Síndrome de Down.

Esta criança tem que ultrapassar um grande número de obstáculos que desaceleram o ritmo de sua aquisição de habilidades motoras. Por exemplo, a fraqueza muscular e o tônus muscular pobre ou a hipotonia dificultam o uso dos membros e do tronco. A criança de zero a três anos deve ser acompanhada, assim, num programa de estimulação precoce, devendo ser atendida por fisioterapeuta, fonoaudióloga, pedagoga e terapeuta ocupacional. A família deve ser atendida pelo setor de psicologia. E deve participar, preferencialmente, de forma ativa de todo processo de estimulação, devendo continuar o trabalho em casa, conforme as orientações dos profissionais.

Os anos pré-escolares da criança com Síndrome de Down

Ela pode aprender muito na pré-escola. Assim como as crianças ditas normais apresentam talentos variados, as crianças entre 3 e 5 anos com Síndrome de Down apresentam uma larga abrangência de desenvolvimento, por exemplo, nas habilidades da vida diária, na coordenação motora grossa e fina e na convivência social.

A pré-escola é o contexto ideal para sua inclusão na rede comum de ensino, sendo que a maior vantagem está na exposição precoce à linguagem das outras crianças. É importante que haja interação frequente entre os educadores e os pais. A participação dos pais é bem-vinda e deve ser encorajada, já que auxilia na transferência das aprendizagens realizadas na escola para o lar.

É importante ressaltar o quão necessário é que as crianças com esta síndrome não fiquem alijadas da educação pré-escolar. Pesquisas já têm apontado para o fato de que muitos dos alunos que, mais tarde, nas séries iniciais do ensino fundamental, vêm a apresentar dificuldades na aprendizagem, são crianças que não foram escolarizadas previamente, isto é, não frequentaram uma pré-escola.

Os anos escolares e o aluno com Síndrome de Down

Para surpresa de muitos pais, a maioria das crianças com Síndrome de Down se adaptam bem à escola, sem maiores problemas. A questão da adaptação pode ser feita da seguinte maneira: "A escola está pronta para receber essas crianças?" Este questionamento é pertinente, pois nos faz atentar para o que de fato constitui a essência do projeto pedagógico inclusivo, ou seja, a demanda no sentido da adaptação pedagógica da escola face à criança e suas necessidades educacionais específicas.

De forma correspondente, como muitas das funções de desenvolvimento e aprendizagem esperadas da criança dita normal não são observadas em crianças com Síndrome de Down, será preciso que o programa educacional escolar seja adaptado às suas habilidades e necessidades especiais. É importante que as situações de aprendizagem na escola promovam nessas crianças uma identidade pessoal positiva, sua autoestima e o respeito para consigo e para os colegas (o que vale também para os demais, no sentido de uma reciprocidade saudável e construtiva).

Alguns pais pensam que a escola deve ensinar apenas a leitura, a escrita e a matemática. Embora haja a necessidade dos conteúdos acadêmicos básicos para as crianças com Síndrome de Down, um bom programa educacional deve prepará-las para todas as áreas da vida.

É importante que elas sejam colocadas em uma situação onde consigam um desempenho escolar no mínimo satisfatório ou ao menos que se evite, preventivamente, a perpetuação do erro e do fracasso. Cada criança tem seu próprio potencial que deve ser explorado, avaliado e depois desafiado. As crianças se sentem bem com o bom desempenho escolar, o que faz aumentar sua autoestima e as motiva para novas aprendizagens.

Como o maior objetivo para qualquer pessoa com deficiência, dentre elas a pessoa com Síndrome de Down, é uma gradual e crescente autonomia, é importante que o aluno com Síndrome de Down seja educado no contexto da escola regular. A inclusão nesta escola lhe oferece a oportunidade de aprender a interagir com pessoas em várias situações de vida.

A educação inclusiva, para que seja bem-sucedida, requer procedimentos específicos de natureza pedagógica (veja mais em BEYER, 2005):

a) adaptação curricular de pequeno e grande porte; aqui deve-se pensar nas principais implicações para o aluno com a Síndrome de Down, ou, de maneira ampliada, para os alunos com deficiência mental;

b) correspondentemente, deve-se elaborar uma didática apropriada ao aluno com esta síndrome, isto é, uma aprendizagem que vá do concreto ao abstrato (sem, entretanto, descuidar com as possibilidades cognitivas de uma abstração crescente por parte deste aluno), que respeite o ritmo apropriado no ensino e a necessidade eventualmente da repetição dos conteúdos trabalhados;

c) como já comentamos acima, o currículo escolar deve contemplar temas que variem dos acadêmicos aos funcionais (tudo o que é pertinente para a vida diária e para a ampliação da esfera social da criança com a Síndrome de Down);

d) terminalidade específica ou diferenciada, quando for o caso.

A adolescência e a vida adulta da pessoa com Síndrome de Down

A adolescência é um período de transição que significa a finalização da infância e o início de uma etapa desconhecida da vida adulta. Mudanças fundamentais ocorrem nas áreas física, mental e emocional. Embora a maioria dos jovens enfrentem bem a adolescência, este período também tem sido descrito como uma época de difícil ajustamento. Para jovens com Síndrome de Down, os desafios da adolescência se intensificam. As mudanças físicas são, muitas vezes, dramáticas, à medida que vivenciam um surto de crescimento e um despertar da sexualidade.

Ao enfrentar as tarefas de se tornar independentes e da separação da família, ainda sentem necessidade de proteção e orientação da unidade familiar. Assim, estabelece-se um conflito entre o desejo pela liberdade e independência, por um lado, e a necessidade de segurança e dependência, do outro.

Quanto à sexualidade, é importante informar o jovem com Síndrome de Down sobre as mudanças corporais que ocorrerão, para que ele possa conhecê-las antes de sua manifestação e ter condição de lidar com elas adequadamente.

Por último, é importante destacar o direito de integração social da pessoa com Síndrome de Down. Em uma época em que se escuta falar com frequência sobre a inclusão dos grupos minoritários na sociedade, também as pessoas com necessidades especiais devem ter seus espaços sociais construídos e defendidos. Assim, todos os sujeitos implicados são chamados a realizar esta tarefa: as próprias pessoas com Síndrome de Down, seus familiares, os educadores, os empresários e os gestores do poder público.

Quanto ao inalienável direito que têm de participação plena na vida da sociedade, não há dúvida. É responsabilidade da sociedade como um todo colaborar para que as pessoas com Síndrome de Down possam escolarizar-se o mais plenamente possível e caminhar rumo a uma autonomia pessoal e social significativa.

Bibliografia

BEYER, H.O. (2005). *Inclusão e avaliação na escola de alunos com necessidades educacionais especiais*. Porto Alegre: Mediação.

GOFFMAN, E. (1988). *Estigma:* notas sobre a manipulação da identidade deteriorada. 4. ed. Rio de Janeiro: LTC.

INHELDER, B. (1971). *El diagnostico del razonamiento en los debiles mentales*. Barcelona: Nova Terra.

PUESCHEL, S.M. (org.) (1993). *Síndrome de Down*: guia para pais e educadores. Campinas: Papirus.

VAYER, P. (1984). *Na idade da aprendizagem escolar*. Porto Alegre: Artes Médicas.

VYGOTSKY, L.S. (1997). *Obras escogidas* – Vol. V: Fundamentos de defectologia. Madri: Visor.

12
Tecnologias para a inclusão da pessoa com habilidades diferentes

Secundino Correia *

1. Resumo

As questões da inclusão estão ligadas à acessibilidade[1], ao desenho universal e à ergonomia. O desenho universal tende a ser naturalmente inclusivo, favorecendo a biodiversidade humana natural e contribuindo para uma melhoria da qualidade de vida para todos.

Na sociedade do conhecimento, a inclusão passa cada vez mais pelo acesso às TIC: acesso ao computador, à internet, ao software.

Ajudas técnicas para todos e software inclusivo são o desafio desta e das próximas décadas.

2. Desenho universal e escola inclusiva

Entende-se por Desenho Inclusivo ou Universal um conjunto de preocupações, conhecimentos, metodologias e práticas que visam a concepção de espaços, produtos e serviços, utilizáveis com eficácia,

---

* Mestre em Sistemas e Tecnologias da Informação na Educação pela Faculdade de Ciências e Tecnologia da Universidade de Coimbra; licenciado em Filosofia pela Faculdade de Letras da Universidade de Coimbra.

1. O símbolo de acessibilidade na web indica que um determinado sítio contém funcionalidades de acessibilidade para cidadãos com necessidades especiais, para diferentes ambientes, situações, equipamentos e navegadores. O símbolo deve incluir a definição alt="símbolo de acessibilidade na web" e ser colocado na página de entrada do sítio.

segurança e conforto pelo maior número de pessoas possível, independentemente das suas capacidades.

O desenho universal tende a ser naturalmente inclusivo e não discriminatório, resultando numa maior ergonomia para todos. É pois errado o conceito de que o desenho universal acarreta custos adicionais em benefício de uma minoria. Por vezes, os custos de desenvolvimento e produção iniciais poderão ser maiores; no entanto, não beneficiam apenas uma minoria, mas toda a população, aumentam a produtividade de todos, previnem riscos de mau uso e desconforto prolongado, quase imperceptíveis, evitam acidentes. Consequentemente, a médio e longo prazos, traduzem-se numa redução muito substancial de custos, num aumento de produtividade e numa vida melhor para todos.

Todos nos deparamos já com passeios onde não é possível circular de guarda-chuva aberto sem realizar autênticas acrobacias, pondo em risco a nossa segurança e a dos outros e colocando-nos de mau humor logo pela manhã. Agora imaginemos como pode circular nesse mesmo passeio um invisual, alguém que se desloca numa cadeira de rodas ou simplesmente um pai transportando o seu filho numa cadeira para bebês.

Sempre que alguém concebe, desenvolve e produz algo deve ter preocupações de desenho universal e inclusivo: edifícios públicos, prédios habitacionais, meios de transporte, telemóveis e outros equipamentos electrônicos, eletrodomésticos, mas também bens culturais, incluindo livros e software e a lista poderia continuar indefinidamente... Trata-se de uma questão de cidadania, de racionalidade de custos e de melhoria significativa da qualidade de vida para todos.

2.1. Ergonomia

A ergonomia, do grego érgon, "trabalho" + nómos, "uso, costume, norma", é definida na Infopédia como uma "disciplina científica cujo objetivo é estudar as características laborais, de forma a adequar o local de trabalho e o equipamento ao trabalhador, gerando mais conforto, segurança, eficiência e produtividade" (http://www.infopedia.pt/).

A ergonomia surgiu originalmente para incrementar a produtividade, reduzindo os fatores que originam cansaço e desconforto no trabalhador e introduzindo melhorias no ambiente de trabalho. O seu sentido foi-se ampliando e, hoje, refere-se também ao estudo da interface homem-máquina, quer do ponto de vista fisiológico, quer do ponto de vista psicológico.

A webopedia (http://www.webopedia.com) define-a como a ciência que estuda o desenho de objetos seguros, confortáveis e melhor adaptados à diversidade do ser humano. Um dos ramos da ergonomia é, por exemplo, o desenho de mobiliário que previna efeitos nocivos na coluna vertebral, problemas musculares e de postura. Mobiliário ajustável pelo utilizador, em altura e na reconfiguração dos diferentes módulos, permite um maior conforto para todos (nem todos temos a mesma altura, por exemplo) e ajusta-se com facilidade também a utilizadores de cadeiras de rodas.

No campo da informática, a ergonomia desempenha um papel fundamental, por exemplo, no desenho de monitores que previnam problemas de visão, periféricos alternativos ao teclado e mouses convencionais que evitem lesões por esforços repetitivos (LER) e a síndrome do túnel carpal, software de mais fácil navegação e utilização. Um outro termo que por vezes se usa para ergonomia é Engenharia Humana.

A ergonomia vai muito para além de uma maior adaptabilidade à anatomia do ser humano. A psicologia é também um elemento-chave na disciplina. A carga de trabalho mental, o erro humano, a maneira como os seres humanos percebem o ambiente que os cerca e as tarefas que eles executam, tudo isto são elementos a ter em conta pelos ergonomistas (http://pt.wikipedia.org/wiki/Ergonomia).

2.2. Tecnologias assistivas ou ajudas técnicas

O referencial teórico herdado do modelo organizador da Educação Especial colocou, no passado, uma forte ênfase nas tecnologias como suporte à ação médica e à reabilitação. A ação terapêutica colocava a ênfase na doença e nas estratégias de minimização de problemas decorrentes da incapacidade.

Hoje, percebemos que a reabilitação só tem sentido quando orientada para a vida independente e para a inclusão. Para os profissionais da saúde/reabilitação, a inclusão exige uma revisão de conceitos e práticas, valorizando o sujeito, visto já não como paciente, mas sim como ator da própria reabilitação, colocando o foco no seu potencial funcional, na valorização de seus desejos e de suas habilidades e não na sua deficiência.

A nova nomenclatura de tecnologias assistivas ou ajudas técnicas aponta para uma categorização baseada numa abordagem funcional. Algumas modalidades de ajudas técnicas poderão ser, entre outras:

• recursos de comunicação aumentativa e alternativa;

• recursos de mobilidade;

• recursos para adaptação de veículos;

• órteses e próteses;

• recursos para adequação postural;

• recursos de acessibilidade – arquitetura e desenho universal;

• recursos de acessibilidade – acesso ao computador e ao software.

2.3. As ajudas técnicas na promoção da escola inclusiva

TODOS apresentamos algum tipo de desajustamento em relação à norma, em termos sociais, motores, do tipo de inteligência predominante, dos estilos de aprendizagem preferenciais, das capacidades preponderantes. Uma escola e uma sociedade inclusiva apostam na biodiversidade, valorizam a diferença e as potencialidades de cada um.

Uma escola plural para todos, por oposição à escola elitista da Era Vitoriana e à escola igualitária pós-Revolução Francesa, tem por principal missão assegurar oportunidades iguais para cada um, atendendo às suas diferentes capacidades, desenvolvendo ao máximo o seu próprio potencial e a inclusão no grupo.

As ajudas técnicas, entendidas como instrumentos de promoção desta igualdade de oportunidades, devem ser desenhadas de forma a garantirem a sua função na realidade complexa e tantas vezes contraditória que é a escola.

Conceber, adaptar ou aplicar uma qualquer solução de tecnologia assistida deve implicar e responsabilizar a teia de relações que a criança estabelece na escola, sejam os professores, os técnicos de apoio, os amigos ou a família e contribuir para explorar o seu potencial como pessoa, sem criar segregações ocultas.

As ajudas técnicas para crianças não devem ser cópias mais pequenas de equipamentos desenhados para adultos, mas desde o ato da concepção e do desenho devem ser tomadas em consideração as necessidades fisiológicas e pedagógicas do contexto em que essas crianças vivem.

Todas as crianças necessitam de brincar e as crianças com deficiência não são exceção. Ajudas técnicas desenhadas para crianças devem ser equipamentos funcionais e robustos, mas sobretudo devem estimular e ajudar ao jogo, à interação com os colegas e à faceta lúdica do comportamento infantil.

Para aqueles cuja autonomia é condicionada por inúmeras barreiras arquitetônicas, dificuldades em utilizar meios de transporte público ou privado e manifestas desvantagens no acesso à informação, a utilização de um computador e o acesso à internet podem significar uma liberdade até aí apenas sonhada (acessibilidade espaçotemporal).

As tecnologias da informação são importantes alternativas para um grande número de pessoas com paralisias, amputações, dificuldades de controle dos movimentos, cegueira e surdez, para aprendizagem, acesso à informação, ao lazer e ao exercício de uma atividade (acessibilidade ao software).

As deficiências motoras podem ser provocadas por artrites, tendinites, enfartes, paralisias cerebrais, esclerose múltipla e paralisia ou perda de membros ou dedos, entre outros motivos. Estes utilizadores recorrem a vários sistemas específicos que ampliam ou eliminam a utilização do teclado e do mouse (acessibilidade motora).

São muitas ainda as barreiras que impedem uma acessibilidade universal. As barreiras podem ser físicas, sensoriais e organizacionais, impedindo o acesso à sala de aula, à leitura de um texto com autonomia, às tecnologias digitais, ao direito a um currículo adaptado... e tudo isto apesar da boa vontade de muitos dos atores intervenientes.

Os fatores de exclusão podem ter origem no meio ambiente, devido ao desenho inadequado dos percursos, dos meios de transporte, do edifício escolar, do mobiliário, do material didático, do equipamento informático, das ajudas técnicas inexistentes ou desadequadas.

3. Acesso às tic e inclusão

As tecnologias da informação (hardware e software) são muitas vezes desenhadas, esquecendo a diversidade de possibilidades de acesso que os vários utilizadores apresentam. De fato, muitas pessoas apresentam dificuldades de utilização do teclado, do mouse, etc. devido à tetraplegia, problemas no controle efetivo das mãos, perda dos membros superiores, paralisia cerebral, cegueira ou baixa visão.

Assim, ao desenhar sistemas de informação, deverão prever-se uma série de possibilidades alternativas de acesso (ao nível do hardware e do software), contemplando a acessibilidade motora, a acessibilidade auditiva, a acessibilidade visual e a acessibilidade cognitiva. Muitas soluções inclusivas deveriam ser implementadas logo ao nível do sistema operativo. Embora ainda haja um longo caminho a percorrer nesta área, o Windows XP já oferece alguns recursos de acessibilidade que muitos desconhecem e que, em muitos casos, poderão resolver ou, pelo menos, atenuar as dificuldades de acesso ao computador.

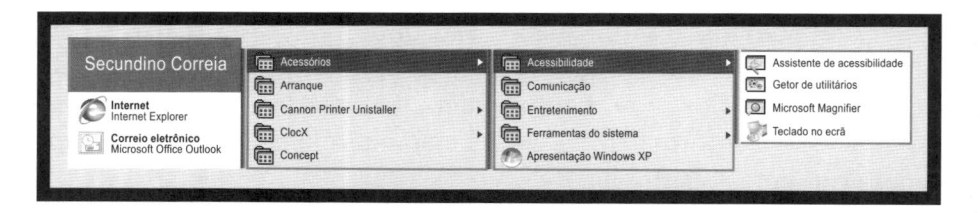

3.1. Acessibilidade motora

Sempre que as formas de acesso tradicional ao computador através do teclado e do mouse não são as mais adequadas, é possível utilizar periféricos alternativos muito diversificados. Tais periféricos podem ser teclados de conceitos ou teclados expandidos, teclados virtuais, emuladores de mouse, mouses adaptados, comutadores ou switches, comando através da voz...

A tecnologia dos **emuladores de mouse** tem sido uma daquelas em que maiores avanços tecnológicos se tem registado. Desde os capacetes com apontador (altamente exclusivos), passando pelos mouses de cabeça (head way) até às microcâmeras capazes de seguir os movimentos da cabeça (head tracker e smartnav), ou mesmo da íris, já se fez um percurso enorme. Os mouses atuais são completamente inclusivos, existindo mesmo jogos que funcionam utilizando a mesma tecnologia, em vez do mouse tradicional.

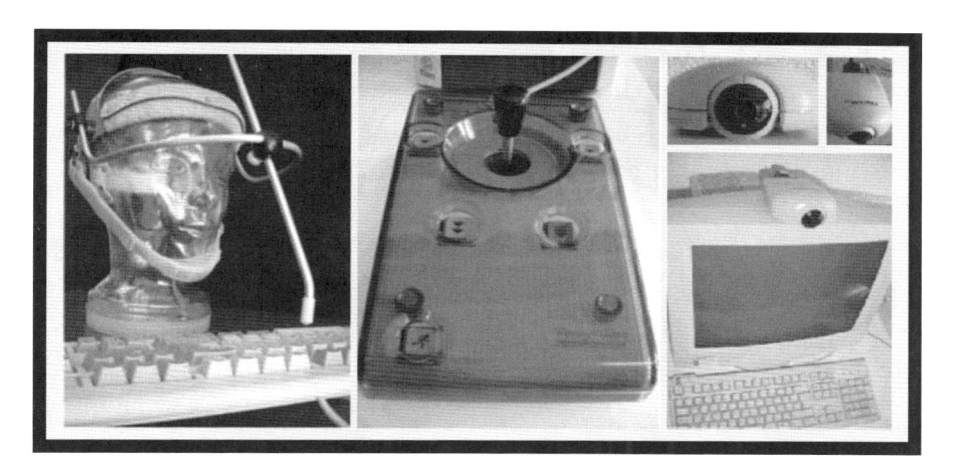

Os teclados virtuais (emuladores de teclado e mouse), associados a técnicas de varrimento, possibilitam o controle total de um computador através de um simples comutador ou interruptor. Quando aliados a um preditor/acelerador de palavras, como é o caso do Eugênio ou do ETM, a tarefa de escrever torna-se fácil, mesmo utilizando um único comutador (http://www.projetoetm.com.br/).

Um preditor de palavras pode ter dois objetivos: aprendizagem e/ou aceleração da escrita. Destina-se a pessoas com incapacidade física ou cognitiva. O Eugênio analisa a vizinhança do cursor e sugere um número configurável de palavras que, na sua opinião, são mais relevantes no contexto. Este agente foi concebido para acelerar o processo de escrita a pessoas com limitações motoras.

Caso o preditor de palavras esteja sendo usado para acelerar a escrita, quando a palavra pretendida surgir na lista de palavras preditas, o utilizador pode completar a palavra automaticamente. Desta forma, evita a necessidade de escrever integralmente todos caracteres que formam a palavra. Quando usado na aprendizagem da leitura e da escrita, o aluno pode ler as várias alternativas sugeridas.

O Eugênio, além de ser um teclado virtual configurável para utilizar diferentes formas de varrimento, possui também a facilidade de leitura quando utilizado em conjunto com um sintetizador de fala compatível com a interface SAPI 4.

O programa foi desenvolvido em colaboração entre a Escola Superior de Tecnologia e Gestão (Estig) de Beja, o Laboratório de Sistemas de Língua Falada (L²F) do Inesc ID e o Centro de Reabilitação de Paralisia Cerebral de Beja (CPCB). A utilização do programa é gratuita para uso particular (http://www.l2f.inesc-id.pt/~lco/eugenio/).

Outro periférico alternativo ao teclado e ao mouse muito utilizado é o teclado de conceitos ou teclado expandido.

Os teclados de conceitos são uma alternativa à forma tradicional de inserir informação no computador, substituindo, em muitos casos com vantagem, o teclado e/ou o mouse. São extremamente úteis para crianças mais novas e para aprendizes com necessidades educativas especiais.

Estes periféricos facilitam e promovem a aprendizagem, a interação, a discussão e a descoberta, através do duplo efeito visual do ecrã e das lâminas do teclado. Estas podem variar em cor, gráficos, texto e símbolos, criando uma interface estimulante e clara, facilitadora do trabalho e geradora de ideias produtivas.

Sobre o teclado de conceitos colocam-se "lâminas" (overlays) que podem ser folhas de papel, de cartolina, acetatos. Ao pressionar uma determinada zona da lâmina, o utilizador ativa uma das células (ou conjunto de células) que, por sua vez, manda executar uma função a realizar pelo programa do computador.

Estas lâminas podem ser elaboradas pelo professor ou educador, de acordo com o tema e o programa que está sendo explorado. Podem ser criadas recorrendo a caracteres alfanuméricos, símbolos ideográficos ou ícones, utilizando os mais variados processos (manuscritos, recortes, pintura, fotografia, edição electrônica, etc.). Os programas Escrita com Símbolos, InVento, Board Maker e Concept Plus têm funcionalidades próprias que facilitam a edição de lâminas para qualquer teclado de conceitos.

O teclado de conceitos é um periférico de entrada que funciona como alternativa ao teclado convencional ou em conjunção com ele e/ou com o mouse. É composto por duas componentes distintas:

• Componente física – Possui um "tabuleiro" com uma membrana digital de tamanho A3 ou A4 (há outros formatos), que pode ter 128 ou 256 células de contato. Estas células são programáveis individualmente ou em blocos. Tem ligação à porta série ou USB e não necessita de fonte de alimentação.

• Componente lógica – Possui um software de adaptação, controle e exploração de programas já existentes e um sistema autor que possibilita o desenvolvimento de aplicações interativas. Este software é de programação simples e acessível (em ambiente Windows).

O teclado de conceitos, devido ao seu vasto espectro de utilização e ao caráter altamente inclusivo, apresenta imensas vantagens. Entre elas, podem destacar-se as seguintes:

• evita a fobia a computadores, uma vez que o utilizador pressiona uma lâmina de papel e não tem de andar à procura das teclas no teclado convencional;

• não é necessário utilizar o mouse ou o teclado convencional, ao trabalhar com um programa;

• restringe o acesso apenas aos programas e opções desejados;

• não exige um elevado nível de controle motor;

• pode simplificar operações complicadas;

• permite ultrapassar dificuldades de linguagem e comunicação;

• pode ser utilizado para desenvolver material personalizado;

• permite que o professor/educador oriente os seus recursos para responder a necessidades específicas dos seus alunos/aprendizes;

• permite poupar tempo, ao conjugar teclas de função que se utilizam muitas vezes.

3.2. Acessibilidade auditiva

No que respeita à acessibilidade auditiva, há ainda um longo caminho a percorrer e as tecnologias emergentes precisam ainda de se estabilizar e democratizar. Campos promissores são a conversão automática de texto em Língua Gestual. Esta tecnologia utiliza avatares[2] 2D ou 3D para traduzir, de forma automática, qualquer texto em Língua Gestual. Não se trata de soletrar as palavras através de gestos,

---

2. Segundo a Infopédia, um avatar é a representação gráfica de um utilizador numa comunidade virtual.

o que é relativamente simples, mas sim de traduzir, por exemplo, um texto escrito em Português para Língua Gestual Portuguesa ou LIBRAS. Esta tarefa depara-se com os mesmos problemas que qualquer outro sistema de tradução automática, nomeadamente a compreensão do contexto. Apesar de tudo, neste domínio têm sido feitos avanços significativos. Esta tecnologia aliada ao reconhecimento da fala permitirá à comunidade de surdos uma acessibilidade muito ampla a documentos scripto-áudio-visuais muito diversificados, possibilitando a legendagem automática de documentos vídeo e tradução de documentos texto e/ou áudio em Língua Gestual.

Softwares de tradução automática de texto em símbolos poderão também ser úteis para uma compreensão mais aprofundada de diversos tipos de textos. A este título podemos citar, como exemplos, o Escrita com Símbolos, o InVento e o Webwide (http://www.widgit.com/products/webwide/index.htm).

No sítio http://lgp.fl.ul.pt/ estão referenciados vários recursos em Língua Gestual Portuguesa, nomeadamente um dicionário e algumas histórias traduzidas.

No Brasil consultar http://www.acessobrasil.org.br/libras/ ou http://www.dicionariolibras.com.br/.

3.3. Acessibilidade visual

Existe uma série de normas de acessibilidade que visa atender à forma peculiar como as pessoas com baixa visão ou invisuais acedem à informação digital, nomeadamente a que se encontra na internet ou em Cd-rom.

Algumas soluções tentam minimizar problemas de acesso como sejam ecrãs maiores e softwares de ampliação de ecrã; outras são específicas para invisuais, como sejam linhas Braille na base do teclado que permitem ler o que se encontra no ecrã. Outras ainda são inclusivas, sendo utilizadas com vantagem por invisuais ou não, como sejam, por exemplo, os leitores de ecrã que usam síntese de voz.

A síntese de voz aliada ao reconhecimento de caracteres (vulgo, OCR) permite já, hoje em dia, ler de forma automatizada qualquer texto impresso. As editoras devem ser incentivadas a disponibilizar versões eletrônicas dos livros impressos, o que facilita ainda mais a sua leitura por síntese de voz. Em Portugal já existem duas vozes sintéticas de boa qualidade que falam Português Europeu: a Madalena da ScanSoft e a Amália da Loquendo. Ambas são distribuídas pela Cnotinfor em alguns dos seus produtos. No Brasil o Dosvox foi pioneiro e existem já várias vozes disponíveis. O aparecimento de novas vozes sintéticas, incluindo infantis, irá possibilitar o aparecimento de novas aplicações educacionais ao nível da alfabetização.

Em nível da acessibilidade visual, existem ainda sistemas que convertem texto impresso em texto Braille. De louvar é a iniciativa do Certic, da Utad[3], o MECBraille, que envia, gratuitamente, por correio convencional, cartas impressas em Braille. O serviço pode ser acedido a partir do endereço http://www.acessibilidade.net/mecbraille/.

Mais recursos podem ser encontrados, em Portugal, na Unidade de Equipamentos Tiflotécnicos da Acapo (http://www.acapo.pt), na Tiflotécnica – Ajudas Técnicas para Deficientes Visuais (http:// www. tiflotecnia.com) e na ElectroSertec (http://www.electrosertec.pt/).

3.4. Acessibilidade cognitiva

Por vezes, as barreiras que impedem o acesso à informação e dificultam a comunicação são de natureza cognitiva. Quando falamos ou escrevemos, as nossas palavras atuam como símbolos do que queremos dizer, mas as pessoas impossibilitadas de utilizar palavras da forma tradicional precisam de utilizar outros sistemas de símbolos que lhes sejam acessíveis, para que possam passar as suas mensagens aos demais.

Existem diversos sistemas de símbolos para ajudar as pessoas a se comunicarem. Estes sistemas fazem parte da chamada Comunicação Alternativa e Aumentativa, ou CAA, abreviadamente. Estes sistemas podem ser sem ajuda ou com ajuda. Estes últimos podem usar baixa ou alta tecnologia.

Dentre os sistemas com ajuda de alta tecnologia, destacam-se diversos programas de símbolos disponíveis para computador. Alguns desses programas permitem conceber e imprimir quadros de comunicação, que podem depois ser utilizados como baixa tecnologia. São normalmente utilizados por terapeutas, professores, educadores. Ou-

---

3. Universidade de Trás-os-Montes e Alto-Douro, Centro de Engenharia de Reabilitação em Tecnologias de Informação e Comunicação.

tros podem ser utilizados como auxiliares de desenvolvimento da literatura, quer para escrita, quer para utilização de correio eletrônico. São concebidos sobretudo para pessoas com dificuldades de comunicação e/ou aprendizagem. Nesta área, o Escrita com Símbolos é um dos programas mais versáteis que existe atualmente.

Estes programas podem funcionar em conjunção com teclados de conceitos ou comutadores e podem utilizar também sistemas de varrimento.

4. Software inclusivo

Em sintonia com o conceito de desenho universal aplicado a produtos, serviços, sistemas e ambientes, entende-se por software inclusivo todo aquele que é concebido, desenvolvido e comercializado, de modo a ser acessível ao maior número possível de utilizadores, incluindo pessoas com deficiência. Software inclusivo é também aquele que atende aos diferentes tipos de inteligência de cada um e proporciona acessos multicanal. Com o intuito de promover o conceito e as práticas de desenvolvimento de software inclusivo, foi constituída, em junho de 2002, sob a liderança do engenheiro Francisco Godinho, do Certic, da Utad, a Anasoft (Aliança Nacional para a Acessibilidade do Software). (http://www.acessibilidade.net/software/anasoft.php).

Apresentamos em seguida alguns títulos de software pioneiros na área do software inclusivo.

4.1. Escrita com símbolos

É um processador integrado de textos e de símbolos para crianças e adultos com dificuldades na utilização de texto. Contribui para a total autonomia do utilizador e facilita a aquisição de competências básicas da leitura e escrita. É um excelente auxiliar de expressão e comunicação. Possui diversas ferramentas que têm como finalidade facilitar a aprendizagem e a comunicação de crianças e adultos com dificuldades de comunicação e o trabalho do educador ou professor na organização de atividades.

Incorpora um sintetizador de voz em português (Madalena, na Europa e Raquel, no Brasil) que permite ler tudo o que está escrito.

O programa inclui:

• 4.000 símbolos SPC da Mayer & Johnson e 5.500 símbolos Rebus;

• tutorial interativo e ajudas dinâmicas para construção de grelhas interativas;

• exemplos de atividades: grelhas de escrita, grelhas para impressão, modelos;

• dicionário de significados com imagens alternativas;

• verificador de ortografia pictográfico para aprendizagem e compreensão da linguagem;

• sintetizador de voz em português.

O Escrita com Símbolos destina-se a crianças, jovens e adultos, de todos os níveis de ensino e educação.

Os símbolos podem ajudar diferentes tipos de utilizadores e serem motivo de inclusão. Entre outros assinalamos:

• Crianças até aos 6 anos que ainda não utilizam a linguagem escrita podem começar a ler, reconhecer e ordenar símbolos para comunicar ideias.

• Crianças com dificuldades de reconhecimento de palavras, soletração ou compreensão ou que, simplesmente, necessitem de motivação para escrever, podem ser estimuladas e auxiliadas através das imagens, dos símbolos e do som (por exemplo, crianças com dislexia).

• Adultos e jovens com dificuldades de aprendizagem podem utilizar símbolos como forma de acesso à leitura e à escrita, adquirindo assim independência e autonomia.

• Pessoas que utilizam sistemas de comunicação aumentativa e alternativa (CAA) como recurso normal para a comunicação.

O Escrita com Símbolos é uma Ajuda Técnica reconhecida pelo Secretariado Nacional da Reabilitação e Integração das Pessoas com Deficiência, com o código ISO 21 21 – Suportes lógicos (software) de uso múltiplo.

É um produto recomendado e avaliado pelo Ministério da Educação de Portugal para as áreas temáticas da Língua Portuguesa e das Tecnologias, especialmente indicado para a comunicação aumentativa e alternativa.

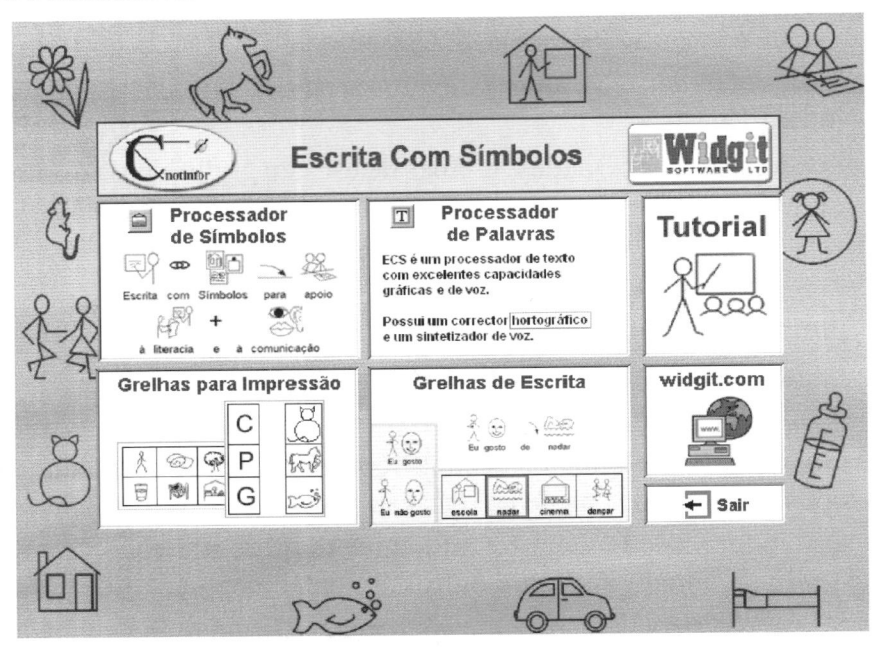

O Escrita com Símbolos possui formas diferentes de trabalhar:

• processador de símbolos: para uma escrita suportada com símbolos;

• processador de palavras: com todas as funcionalidades de um processador de texto corrente e com um verificador ortográfico pictográfico;

• grelhas para impressão: para construir livros e quadros de comunicação e fichas de trabalho com palavras e frases com símbolos;

• grelhas de escrita: para construir ambientes de comunicação dinâmicos e interativos com palavras, frases, sons, voz e/ou símbolos;

• tutorial: guia passo a passo de todas as funcionalidades do programa.

Existem diversas formas de utilizar o Escrita com Símbolos: livros de comunicação, informação de suporte ou apoio, materiais de aprendizagem da leitura e da escrita.

O Escrita com Símbolos pode ainda:

• apoiar a linguagem escrita, ajudando a perceber o significado das palavras;

• ajudar a compreender as diferenças entre palavras homônimas, homófonas e homógrafas;

• fornecer apoio na linguagem;

• fortalecer o desenvolvimento da linguagem, nos aspectos em que as imagens podem ajudar na sua compreensão;

• permitir que os alunos com capacidades limitadas em nível da leitura e da escrita consigam realizar as atividades do currículo.

No Escrita com Símbolos existem diversas ferramentas disponíveis:

• símbolos alternativos para a mesma palavra;

• possibilidade de diferentes palavras possuírem o mesmo símbolo;

• possibilidade de ouvir tudo o que está escrito, com um sintetizador de voz em português;

• utilização de modificadores, que permitem uma extensão do vocabulário disponível;

• possibilidade de acrescentar as próprias imagens e símbolos;

• possibilidade de adicionar som aos símbolos e imagens;

• construção de ambientes dinâmicos com grelhas interligadas.

O software possui ainda um outro programa: o Gestor de Recursos, que funciona como um programa de configuração de algumas funcionalidades do Escrita com Símbolos.

Processador de símbolos e processador de palavras

O processador de símbolos é um processador de texto que associa de forma automática e imediata uma imagem ou símbolo a palavras que sejam escritas pelo utilizador. Para cada palavra, o programa possui um ou mais símbolos associados. Esta associação encontra-se organizada nas diversas listas de palavras disponíveis (e naquelas que podem ser alteradas e criadas pelo utilizador). Assim, à medida que se escreve um texto, o mesmo vai sendo ilustrado pelas imagens correspondentes.

Além disso, o utilizador pode, a qualquer momento, ouvir tudo o que escreveu (letras, palavras ou frases) através do sintetizador de voz incorporado no programa. Esta ferramenta está disponível em todas as formas de trabalho do programa.

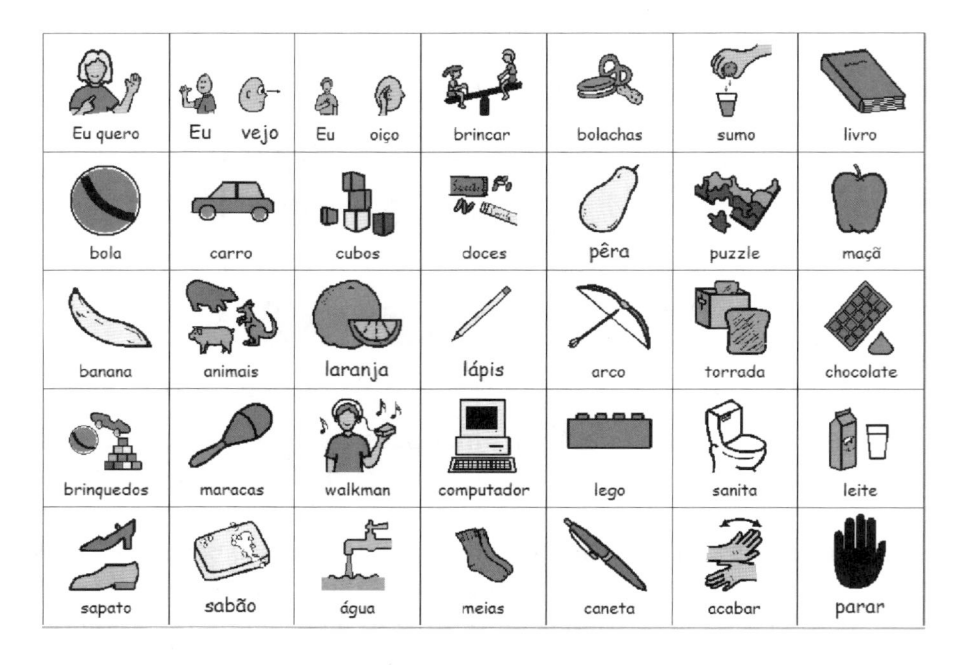

Encontra-se também disponível um corretor ortográfico ilustrado. Este fornece diversas alternativas ilustradas (com símbolos) para o erro ortográfico encontrado.

Grelhas para impressão

Com estas grelhas, podem-se construir quadros de comunicação e materiais de aprendizagem bastante úteis, tais como horários, fichas de trabalho, livros de comunicação, jogos. De um modo rápido, o utilizador apenas tem de escolher o número de células que pretende que a sua grelha possua, preencher o seu conteúdo e a grelha estará pronta para ser impressa.

O conteúdo das grelhas pode ser preenchido tal como se o utilizador estivesse a escrever no processador de símbolos, isto é, os símbolos vão aparecendo associados às palavras, à medida que o texto é escrito. As células das grelhas podem ter apenas palavras, apenas símbolos ou palavras/frases ilustradas com símbolos. O formato da grelha é perfeitamente adaptável à tarefa a realizar e as células da grelha podem ser regulares ou irregulares.

Estas grelhas podem ser impressas e utilizadas externamente ao computador.

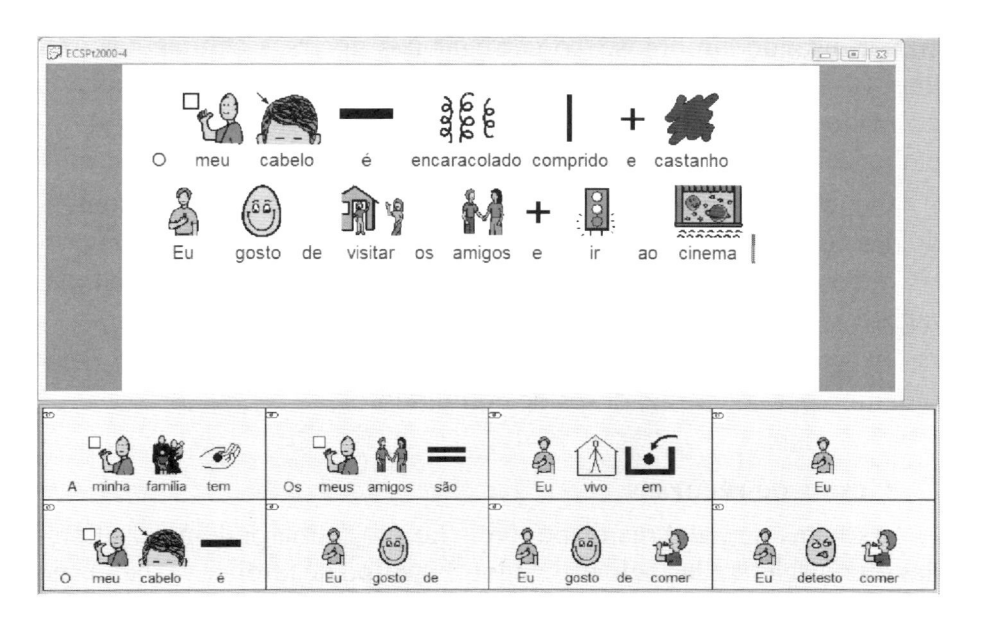

Grelhas de escrita interativas

São ambientes ou quadros de comunicação dinâmicos e interativos que possuem ligações entre as diversas grelhas que o compõem. Os utilizadores apenas necessitam de clicar com o mouse (ou outro dispositivo equivalente) ou comutador numa célula da grelha para escrever, usando símbolos. Ao carregar nas diversas células das grelhas, o seu conteúdo é enviado para uma janela de texto, pelo que o utilizador não necessita de recorrer ao teclado para realizar o seu trabalho. A cada célula pode estar associado texto, imagem, som e voz.

Depois de definido o ambiente, é necessário preencher o conteúdo das células, com texto e/ou símbolos. Pode haver células que possuam comandos ou controles (tais como apagar, inserir um novo parágrafo), para facilitar o seu acesso.

Estas grelhas podem ser definidas para possuírem varrimento automático para os utilizadores de comutadores.

Gestor de recursos

As listas de palavras disponíveis no programa podem ser alteradas ou reorganizadas pelo utilizador. Este tipo de tarefa é realizada no Gestor de Recursos. Este programa permite ainda criar novas listas de palavras (incluindo mesmo novas palavras e novos símbolos que não estejam disponíveis inicialmente com o software) e gerir os recursos (imagens e sons) a utilizar no Escrita com Símbolos.

Alguns exemplos de atividades que podem fazer no Escrita com Símbolos.

Neste programa, podem fazer-se coisas tão diversas como:

- grelhas e quadros de comunicação;
- fichas de trabalho;
- histórias e diários;
- listas de compras, horários, lembretes;
- avisos e etiquetas.

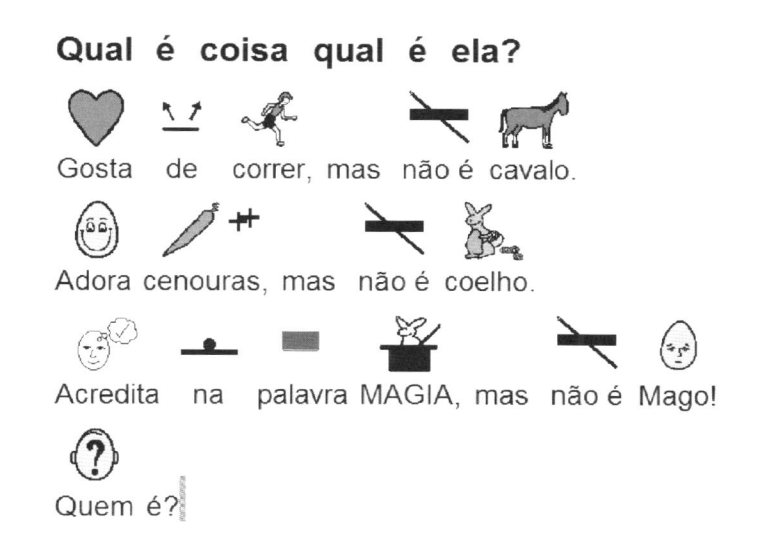

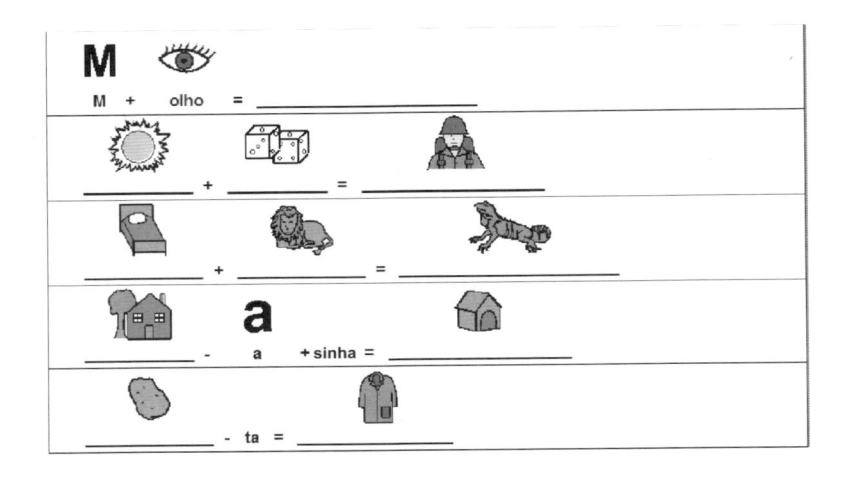

Acessibilidade

A interação do utilizador com este programa pode ser realizada através de:

• teclado de conceitos, podendo as lâminas ou quadros de comunicação ser construídos com as grelhas de impressão (alternativa ao teclado convencional);

• mouse de bola, joystick ou apontador de cabeça (alternativas ao mouse convencional);

• switches ou comutadores (manípulos ou interruptores de pressão variável): dispositivos para utilizadores com dificuldades físicas de acesso a computadores, de controle do ambiente ou de comunicação que permitem simular as funções do mouse e utilizar o método de varrimento para trabalhar no computador.

No caso do utilizador escolher a opção de varrimento auditivo, à medida que o cursor passa em cada célula, o seu conteúdo é lido pelo sintetizador de voz.

4.2. InVento

O InVento é um programa de publicação que permite construir e imprimir cartazes, folhetos, livros, materiais pedagógicos, fichas de trabalho, quadros de comunicação de uma forma muito simples e rápida. Tem a vantagem de suportar imagens e/ou símbolos como ajuda à leitura. Vem com o conjunto de símbolos Widgit Rebus, que possui cerca de 6.000 símbolos em preto e branco e a cores. Possui também uma biblioteca com mais de 1.500 imagens e fotografias coloridas. Estas podem ser utilizadas individualmente ou em conjunto, permitindo construir cenários para ilustrar a escrita. Também é possível utilizar as próprias imagens. Inclui um sintetizador de voz em português (Madalena em Portugal e Raquel no Brasil) que permite ler tudo o que está escrito.

O InVento destina-se a crianças, jovens e educadores/professores, cobrindo todos os níveis de ensino desde a Educação pré-escolar, passando pelo Ensino Básico e Secundário, até à Educação de Adultos.

É uma Ajuda Técnica reconhecida pelo Secretariado Nacional da Reabilitação e Integração das Pessoas com Deficiência, com o código ISO 21 21 – Suportes lógicos (software) de uso múltiplo.

O InVento é um editor de texto que permite desenvolver algumas competências curriculares básicas, entre as quais:

- criação livre de textos;
- produção de diversos materiais, utilizando expressão escrita e imagens, por exemplo: livros, panfletos, jornais, cartazes, banda desenhada, etc.;
- construção de jogos e atividades variados realizados em papel ou no computador para a consolidação de conhecimentos;
- identificação de erros ortográficos;
- compreensão das relações entre sons e letras.

Com todas as funcionalidades de um processador de texto e de um processador de símbolos e permitindo extrema liberdade na disposição da informação no documento, o InVento é um software inclusivo através do qual é possível adaptar qualquer texto a qualquer público, permitindo:

- ler tudo o que está escrito com um sintetizador de voz em português;
- escrever texto ilustrado por símbolos, imagens e/ou fotografias;
- utilizar balões de fala e molduras para caixas de texto e imagens;
- aceder a uma galeria com mais de 1.500 imagens para ilustrar os trabalhos realizados;

• usar cerca de 6.000 símbolos da coleção Widgit Rebus coloridos e em preto e branco;

• inserir e utilizar as próprias fotografias digitais ou imagens digitalizadas;

• imprimir os trabalhos realizados em qualquer formato: A5, A4, A3; livro pronto a dobrar; ou folhas soltas;

• construir grelhas para horários, fichas de trabalho ou quadros de comunicação, com texto e/ou símbolos.

Símbolos coloridos e símbolos em preto e branco

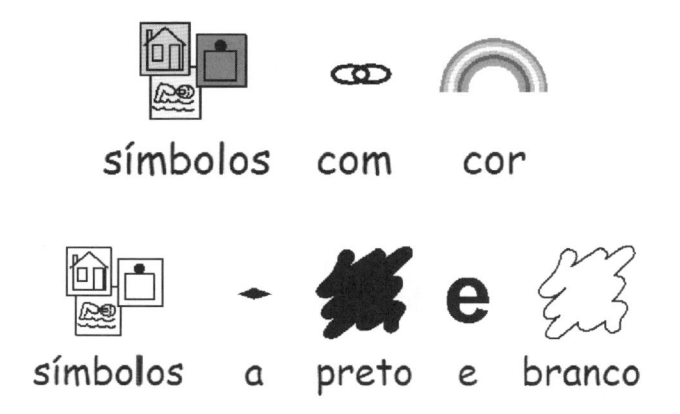

O InVento permite utilizar os símbolos Widgit Rebus coloridos e/ou em preto e branco. Estes símbolos estão continuamente a ser desenvolvidos para responder a novas situações e necessidades.

Ao utilizar símbolos coloridos, pode-se escolher a tonalidade da pele nos símbolos representativos de pessoas.

A cor dos símbolos pode ser alterada com um simples clique na paleta, o que se traduz numa grande versatilidade na construção de atividades.

Balões de fala, símbolos e imagens

Os balões de fala ajudam a ilustrar o texto. Eles podem conter apenas texto ou texto e símbolos. Num mesmo documento podem-se combinar imagens, símbolos e texto.

Acessibilidade

O InVento, sendo um software inclusivo de uso geral, tem uma série de características que o tornam um software acessível:

• possui um sintetizador de voz em português que permite ler tudo o que está escrito no documento;

• permite combinar texto com símbolos e imagens, o que pode facilitar a leitura e escrita;

• o tamanho da letra a utilizar no programa pode ser aumentado; a utilização das cores é diversificada; estas duas funcionalidades permitem a utilização deste programa por pessoas com dificuldades de visão;

• aceita periféricos alternativos, como teclados de conceitos, mouses de bola, joysticks e force-feedback joysticks;

• é um programa que depende muito do mouse ou de outro periférico com as mesmas funcionalidades, embora existam algumas funcionalidades controladas pelo teclado como Tab, Alt+F4, Ctrl+C, Ctrl+V e outras opções dos menus.

4.3. Aventuras 2 no mundo das palavras, dos sons e das imagens

O Aventuras 2 é um ambiente virtual de aprendizagem interativo inclusivo que pretende favorecer o desenvolvimento de competências de leitura e escrita.

Totalmente configurável para responder às potencialidades de cada utilizador, pode ser usado em populações com deficiência mental e dislexia, majoritariamente crianças e jovens. É excelente para ser utilizado no ensino regular ou em contextos de sala de aula e/ou extraescolar. Pode ainda ser utilizado com adultos que sofreram acidentes cerebrais, em contextos de reaprendizagem.

Trata-se de um ambiente aberto que permite ao utilizador ir construindo um portfólio, o seu caderno, que, de certa forma, é o espelho do conhecimento que possui acerca da língua escrita.

Incorpora um sintetizador de voz em português europeu (Amália) de excelente definição.

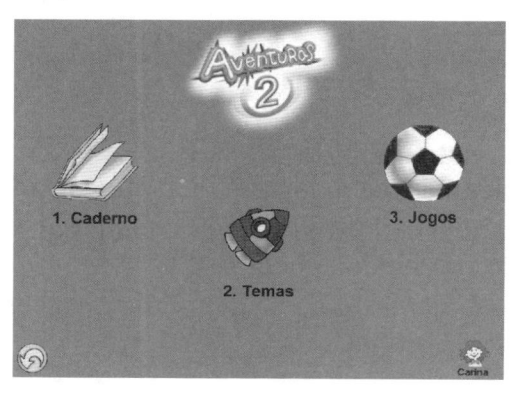

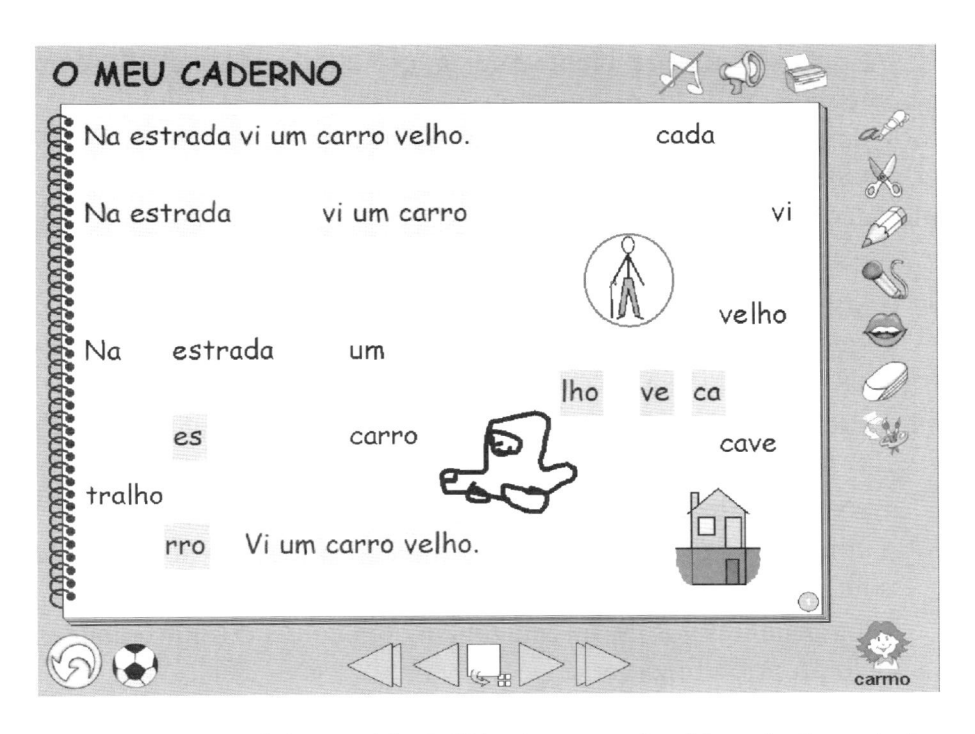

O Aventuras 2 é uma Ajuda Técnica reconhecida pelo Secretariado Nacional da Reabilitação e Integração das Pessoas com Deficiência, com o código ISO 21 21 – Suportes lógicos (software) de uso múltiplo, que permite desenvolver competências como:

- comunicação oral e escrita;
- compreensão da leitura e aquisição de vocabulário diversificado;
- expressão oral e escrita de forma confiante, autônoma e criativa;
- discriminação visual.

Este software inovador oferece um conjunto diversificado de temáticas que poderão ser trabalhadas em contexto de sala de aula orientadas pelos professores ou autonomamente pelos seus utilizadores. Permite ao professor/educador preparar e organizar atividades de leitura e escrita, baseadas em casos especiais de leitura ou em dificuldades específicas. Possibilita ao utilizador a construção e ampliação do seu caderno de palavras, sílabas, frases, desenhos, sons e histórias. Trata-se de um software que trabalha com qualquer conteúdo, seja este produzido pelo professor/educador ou pelo próprio utilizador.

A ideia global do ambiente é deixar que o utilizador trabalhe com a complexidade da língua portuguesa, como se estivesse num laboratório de ensaio e aprendizagem. Oferece-lhe instrumentos para, a pouco e pouco, ir mecanizando, estruturando e compreendendo essa complexidade. Entre as principais características, podemos apontar:

• possibilidade de trabalhar textos, frases, palavras e fonemas;

• utilização de um sintetizador de voz (Text-To-Speech) em português europeu (Amália), para possibilitar uma interação pedagógica de elevado alcance com o utilizador;

• interface limpa, funcional e intuitiva, no que respeita aos ícones das ferramentas e ao sistema de navegação;

• programa de desenho fácil integrado;

• utilização de ferramentas como modo de interação no ambiente sobre os objetos existentes;

• jogos interativos de aprendizagem com conteúdos introduzidos pelo próprio utilizador;

• criação de uma biblioteca de imagens, sons e palavras dirigida à população alvo;

• programa de configuração que personaliza a aplicação às necessidades de cada utilizador;

• opção de varrimento para utilização de periféricos de acessibilidade;

• preparado para utilizar ecrãs tácteis, teclados de conceitos e quadros interativos;

• personalização da aplicação de acordo com a própria voz, através de um gravador de som incorporado;

• configurações individualizadas para cada utilizador, mesmo que trabalhem no mesmo computador.

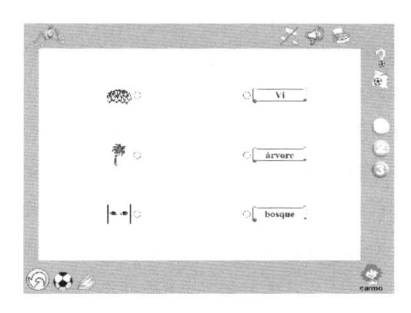

 O Jogo da Aranha possui três níveis distintos. Nível 1 – unir imagens iguais; Nível 2 – associar uma imagem às palavras apresentadas; Nível 3 – ligar as imagens às palavras correspondentes.

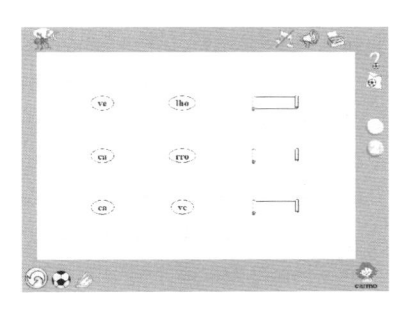

 **O Jogo da Formiga** permite formar palavras com duas sílabas. Basta arrastar as sílabas corretas para o manuscrito de modo a formar a palavra. Pode ser formada qualquer palavra. Pode ser formada qualquer palavra com as sílabas existentes, desde que ela conste do dicionário.

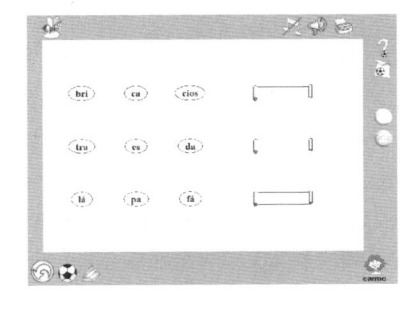

 O Jogo da Abelha tem como objetivo formar palavras com três sílabas. O modo de funcionamento é semelhante ao Jogo da Formiga, mas, neste caso, todas as sílabas aparecem do lado esquerdo dos manuscritos.

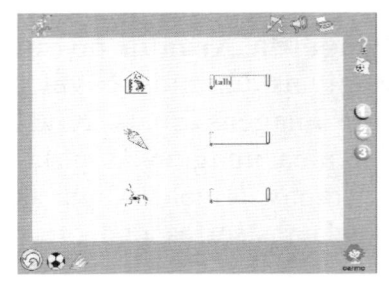

O Jogo do Macaco tem como objetivo escrever as palavras sugeridas pelas imagens ou sons. Possui três níveis: Nível 1 – escrever as palavras sugeridas pelas imagens ou sons; Nível 2 – escrever a palavra sugerida pela imagem; Nível 3 – escolher entre as duas imagens apresentadas a que se encontra em falta na frase e escrevê-la no espaço em branco.

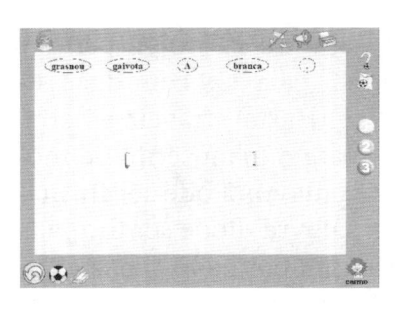

O jogo do Gato tem como objetivo construir ou completar uma frase ou segmento de frase através da ordenação correta das palavras que a constituem. As palavras de uma ou mais frases são misturadas e espalhadas na parte superior da folha do caderno, bem como os sinais de pontuação. Ao utilizador cabe ordenar as palavras de forma correta e colocar os respectivos sinais de pontuação nos seus lugares. O jogo tem três níveis, Nível 1 – completar um segmento de frase constituído por dois elementos; Nível 2 – completar uma frase ou segmento constituído por três elementos; Nível 3 – construir uma ou duas frases, ordenando as palavras e sinais de pontuação apresentados.

Temas e jogos

O Aventuras 2 contém 16 cadernos com temas previamente elaborados e que poderão funcionar como uma base para novas aprendizagens e/ou sua consolidação. Estes temas abordam um conjunto diversificado de temáticas, casos especiais de leitura e escrita, alimentação, animais... e podem ser utilizados e explorados por cada utilizador. Depois de entrar num tema, este poderá ser alterado como o utilizador desejar, podendo efetuar as mesmas operações que realiza no seu próprio caderno. O professor pode, no menu de configuração, selecionar determinado tema para cada utilizador, tendo em atenção as suas necessidades e conteúdos específicos que pretende trabalhar.

Existem cinco jogos diferentes (cada um deles com vários níveis) que podem ser configurados de acordo com as características individuais de cada utilizador e têm como base o caderno individual de cada utilizador ou um determinado tema. Em cada jogo existem vários níveis.

Configuração e acessibilidade

O Aventuras 2 possui um programa de configuração que permite personalizar a aplicação às necessidades individuais de cada utilizador. Pode personalizar a impressão, a utilização de periféricos (escolher entre 4 tipos de periféricos, definir a taxa e o tipo de varrimento); ligar ou desligar os sons; definir o que é necessário para que uma frase seja considerada válida; ativar ou desativar o ajuste automático dos objetos na página; escolher se o sintetizador de voz vai estar disponível e qual a voz que vai ser utilizada; selecionar a fonte, o tipo e o tamanho da letra em que os textos vão ser escritos no caderno; escolher as ferramentas de edição disponíveis no caderno; selecionar o número de palavras, frases ou segmentos de frase a utilizar em cada jogo; definir o tema a ser usado nos jogos, antes de entrar no caderno de cada utilizador.

Existe ainda um dicionário com cerca de 14.000 palavras. Sempre que for escrita uma palavra que não conste deste dicionário, aparece uma mensagem indicando que a palavra não faz parte do dicionário. Estas palavras, no entanto, podem ser adicionadas pelo professor. Basta, para isso, escolher a opção dicionário.

O Aventuras 2 foi concebido para ser utilizado em contexto da educação formal e não formal, nos casos de Necessidades Educativas Especiais (NEE) e na educação de adultos. Para facilitar a sua utilização com um público tão diversificado, permite:

• compatibilidade com diversos periféricos de acessibilidade: comutadores (switches ou manípulos), apontador ou mouse de cabeça, mouses especiais (mouse de bola e joystick);

• utilização de um teclado virtual para controle total do programa, utilizando apenas o mouse e/ou comutadores;

• varrimento para utilização de periféricos de acessibilidade;

• controle do programa através de teclados de conceitos;

• possibilidade de usar tamanhos de letra grandes;

• todo o texto pode ser falado, através de síntese de voz em português europeu;

• a interação pode ser feita totalmente através do teclado.

4.4. Outros recursos

O software acima indicado foi apresentado com algum detalhe pela sua relevância e interesse e, sobretudo, por se adaptar às diferentes potencialidades dos utilizadores, a diferentes níveis etários e a diferentes graus de ensino e, ainda, devido ao fato de poderem também ser usados por educadores e terapeutas na criação de atividades e fichas de atividades.

Existem muitos outros softwares criados a pensar nas necessidades educativas especiais, alguns dos quais são alternativa aos indicados, como o Board Maker e o Speacking Dinamically. Mencionamos, também, o software desenvolvido pela Carla e Pedro Faria (http://www.papim.com) e pela Cercifaf (http://www.cercifaf.org.pt/mosaico.edu/). A Cercifaf mantém, desde há algum tempo, um sítio: o MOSAICO.EDU. Este é um espaço informativo estruturado em três módulos – 1º Ciclo do Ensino Básico, Educação Especial e Ciber@ctividades. Pauta-se por ser polivalente e diversificado e insere-se num quadro de apoio ao ensino e aprendizagem no 1º Ciclo do Ensino Básico, privilegiando as intervenções pedagógicas, clínicas e terapêuticas no âmbito da Educação Especial. Pretende-se que seja um espaço de cariz pedagógico, promotor da utilização das TIC em contextos educativos, funcionando como plataforma de divulgação e debate de experiências e de projetos, facilitando a partilha de informação.

De realçar ainda o trabalho notável desenvolvido pelo Certic da Utad[4]. Este centro editou 2 CDs (Kit para Necessidades Especiais) compilando, quase exaustivamente, informação sobre software para necessidades educativas especiais, incluindo nos mesmos versões demo ou versões gratuitas, bem como informação muito completa sobre as ajudas técnicas disponíveis em Portugal. Versões integrais dos CDs encontram-se no sítio http://www.acessibilidade.pt O último

---

4. Ver nota 3 na p. 265.

CD, editado em março de 2004, encontra-se no endereço http:// www.acessibilidade.net/at/kit2004/. O Certic editou ainda um manual acompanhado de um CD, "Tecnologias de Informação Sem Barreiras no Local de Trabalho", em agosto de 2005.

Rendemos aqui a nossa homenagem ao Engenheiro Francisco Godinho e a toda a sua equipe de trabalho pelo pioneirismo e dedicação às causas da acessibilidade, do desenho universal e da inclusão.

No Brasil, trabalho notável tem sido feito por muitas universidades e associações. Apontamos entre muitas outras a Acessibilidade Brasil: http://www.acessobrasil.org.br/

5. Referências

http://brasil.cnotinfor.pt

http://lgp.fl.ul.pt/

http://pdi.cnotinfor.pt

http://pt.wikipedia.org

http://www.acapo.pt

http://www.acapo.pt/

http://www.acessibilidade.net/

http://www.acessibilidade.net/trabalho/

http://www.acessobrasil.org.br/

http://www.anditec.pt/

http://www.cnotinfor.pt/

http://www.cnotinfor.pt/inclusiva/

http://www.deb.min-edu.pt/especial/

http://www.electrosertec.pt/

http://www.euroacessibilidade.com/

http://www.infopedia.pt/

http://www.l2f.inesc-id.pt/~lco/eugenio/

http://www.papim.com

http://www.projetoetm.com.br/

http://www.tiflotecnia.com

http://www.webopedia.com

13
Aprender e ensinar
Família e escola: uma inclusão necessária

Isabel Cristina Hierro Parolin *

O localizador

Localizo o leitor em direção ao olhar que, nesse trabalho, direciono ao tema Aprendizagem e Inclusão, objetivando ser compreendida no recorte que faço de um tema complexo e abrangente. Destaco ainda que uma das premissas desse trabalho é a crença de que a família e a escola dos aprendizes são parceiras indispensáveis na tarefa de promover a inclusão escolar.

Manterei o foco nos alunos que, apesar de não estarem em situação de deficiências, sofrem segregação, preconceitos e são excluídos da possibilidade de aprender por sua singularidade. Alunos que frequentam escolas regulares e apresentam alguma desvantagem, quer seja de ordem biológica ou emocional, quer seja de cunho sociocultural ou socioeconômico.

Por meio desse texto, tenho a intenção de compartilhar com o leitor um fragmento da minha experiência como psicopedagoga clínica e consultora de instituições públicas e privadas na área da aprendizagem.

* Pedagoga, psicopedagoga e mestre em Psicologia da Educação; psicopedagoga clínica e consultora institucional de escolas públicas e privadas; professora de cursos de pós-graduação, palestrante para pais e educadores; autora e coautora de diversos livros, dentre eles: *Aprendendo sempre: em casa e na escola* e *Aprendendo a incluir e incluindo para aprender*, ambos da Ed. Pulso. Site: www.isabelparolin.com.br

Trabalho com crianças e jovens que são apontados pelo sistema educacional ou por suas famílias como alunos/filhos que precisam de atendimento diferenciado, sendo caracterizadas como crianças com necessidades educacionais especiais.

Meu trabalho tem sido com crianças e jovens que têm dificuldade:

• em desenvolver autonomia em seu pensar e em sua forma de aprender;

• em se sentirem incapazes de aprender e acreditarem nisso, assim como creem seus pais e professores;

• em conviver com as diferenças com o outro e com as peculiaridades de um grupo;

• para aprender e desenvolver as habilidades de ler, escrever e resolver problemas, por não terem tido oportunidades;

• em algum aspecto de seu desenvolvimento emocional, orgânico, físico ou em sua forma de pensar;

• em sua organização pessoal, por estarem inseridos em instituições desorganizadas, podendo ser a família ou a escola;

• por ocuparem o lugar de quem não sabe.

A psicopedagogia entende a aprendizagem como um processo em que devam acontecer diferentes articulações entre o sujeito e a sua história pessoal e a história do contexto em que ele está inserido; entre o que é íntimo e peculiar e o que faz parte do seu grupo. Tudo isso permeado por um jogo entre o saber e o não saber; entre o desejo de conhecer e a falta desse desejo; entre o eu e o outro; entre a informação e o conhecimento; entre o sujeito que sabe e que media as aprendizagens e o sujeito que se constrói nessa relação.

O clima emocional, o tom e a temperatura em que acontece o encontro entre o aprendiz e o ensinante é que iluminará o cenário em que as aprendizagens se deflagram, quer seja em casa ou na escola.

A premissa de que a pessoa que aprende muda a sua forma de ser e de conviver com o mundo, além de provocar mudanças através da sua influência, está presente ao longo do trabalho. Na realidade, contudo, a constatação evidente de que essa crença não se substancia em muitas das ações inclusivas é o fomento que me anima a participar desse livro, com encaminhamentos que contribuam para novos pensamentos e novas práticas e, quiçá, provocar aprendizagens e as decorrentes mudanças.

A escuta mobilizadora

Caso 1

> Preciso de ajuda! Não sei o que fazer. A escola diz que está tudo bem! Meu filho não está aprendendo nada, apesar de estar frequentando escola regular e estar como Incluído. Ele ainda tem dificuldade para escrever, ler e compreender o que leu. E aí? Vai ficar assim? Estou preocupada com o futuro dele (mãe de R., de 9 anos da 3ª série de uma escola particular).

> Como ele tem muita dificuldade, facilitamos para ele, pois ele é Incluído aqui na escola. Não posso fazer nada a mais... Esperamos que com o tempo e o amadurecimento ele consiga aprender... (orientadora da escola particular em que está matriculado R.).

> Nem sei bem. Mas acabo conseguindo tirar nota e passo de ano. Agora, aprender direito não tô aprendendo não! A escola é difícil e eu não consigo... (R., 9 anos).

Caso 2

> Encaminhei essa criança para avaliação porque acho que ela tem alguma coisa. Ela não acompanha a turma, parece não ter memória, tudo com ela é difícil. Ler e escrever então, nem pensar! Matemática é grego pra ela... A mãe ficou braba e não sei se ela vai levar a menina pros atendimentos. Ela não aceitou bem o encaminhamento, mas eu preciso de ajuda para poder ajudá-la (da professora da B. de uma escola pública de uma 2ª série).

> Não gostei nada da atitude da professora. Ela não sabe dar aulas? Minha filha é normal! Ela só é meio malandrinha e

um pouco infantil. Só isso! Acho que se a professora pudesse, ia reprovar ela. Estou pensando em mudar de escola. Como vou trazer minha filha aqui (pro atendimento) se trabalho o dia todo? A professora pensa que eu não tenho mais o que fazer? (mãe da B., de 8 anos).

Eu faço tudo que a profe manda. Às vezes eu acerto e às vezes não. Mas daí a professora apaga e faz o certo e daí eu acerto tudo! (B., 8 anos).

Aprender e ensinar/família e escola

Inclusão é um tema controverso e complexo, pois nos remete ao direito à educação e ao exercício da cidadania, à justiça social e, ao mesmo tempo, à formação de professores, a políticas públicas, à filosofia das escolas, quer sejam públicas ou particulares.

Nossa sociedade educacional tem sido excludente à medida que prioriza determinadas formas de aprender e de ensinar, quando determina critérios de avaliação que são parciais e circunstanciais, quando o tempo de aprender tem o rigor e o compasso que muitos aprendizes não podem acompanhar.

Rosita Edler, na apresentação do livro *Aprendendo a incluir e incluindo para aprender*, alerta:

> Inclusão educacional deve ser entendida como processo que permite colocar valores em prática, removendo-se as barreiras para a aprendizagem e para a participação de todos, estejam eles onde estiverem, desde que seja em escolas de orientação inclusiva, que ofereçam respostas educativas de boa qualidade para todos, com todos e por toda a vida (EDLER, 2006).

Apesar de tudo que se tem estudado, produzido e avançado em educação, ainda no Brasil, a escola e seus profissionais vivem um discurso (infelizmente) distanciado da prática.

Na prática, muitas escolas ainda têm se colocado como o modelo a ser seguido, ou seja, o aluno ou a família do aprendiz é que deve correr atrás do que a escola propõe e exige. Movimento este que contradiz o conceito de que o professor é o que promove aprendizagens, é o que busca compreender o universo do aluno e o que media a relação entre o aprendiz e o conhecimento. Nessa perspectiva, é o professor, na escola, e os pais, em casa, os responsáveis pela criação de um clima e um espaço favorável às aprendizagens de cada criança. Entendendo que "cada" se refere às particularidades, à individualidade e às necessidades de cada um. Dito de outra forma, é a escola que se encaminha em direção ao seu aluno, contrário ao movimento que mais temos encontrado, que é o aluno se movimentando em direção às exigências da escola.

Quando pensamos em Inclusão Escolar pensamos em alguns procedimentos que possam vir a orientar e organizar o processo inclusivo.

Iniciaremos o trabalho propondo a observação da forma de se relacionar da criança, das necessidades específicas que ela apresenta e da forma de aprender que ela manifesta.

Envolver os familiares e todo o grupo de profissionais da escola nesse levantamento de dados é essencial. Esse procedimento, além de aumentar as informações e a possibilidade de eficácia nas ações que serão propostas para aquele aprendiz, compromete todo o grupo criando o sentimento de pertença, de parceria, além das emoções que advêm do compartilhamento.

Em seguida, deve acontecer a reunião das diferentes observações e olhares e a elaboração do planejamento específico que atenda ao que foi observado. É interessante que esse planejamento seja feito, igualmente, com o grupo de educadores da criança/jovem e que seja distribuído em tarefas e prazos.

Posteriormente, devem ser realizados os procedimentos avaliativos que possam encaminhar os sistemas regulatórios necessários, e indicar se houve avanços e aprendizagens. Ou ainda, verificar se outros procedimentos são necessários para que haja êxito na proposta educativa.

Nessa perspectiva, a criança nunca estaciona, estará sempre sendo atendida a partir do que sabe e rumo ao que pode saber.

Contudo...

De nada valerão todos esses movimentos se o professor não estiver imbuído e instrumentalizado para essa empreitada; se a família do aprendiz não estiver conscientizada e pronta para colaborar e se a escola não estiver consciente de seu papel social e madura para aprender junto com o grupo.

Procedimentos Inclusivos são procedimentos que o professor possui para conquistar uma prática educativa exitosa. No entanto, faz-se necessário potencializar o professor. Oferecer todo o tipo de parceria, de ajuda e de informações para que ele se sinta bem em seu papel ensinante, motivado em sua tarefa educativa e apto para promover avanços na direção da construção de aprendizes que consigam se desenvolver e aprender sempre, em casa e na escola.

Se partirmos para os procedimentos inclusivos com receitas prontas e práticas anteriormente pensadas que deram certo para uma determinada criança, dificilmente lograremos êxito. A partir de rótulos já conhecidos e de trajetórias já caminhadas por outrem, e em outro momento, não estaremos procedendo de acordo com as teorias e propostas que objetivam superar as partes na composição de um todo maior e acabamos muito mais excluindo, rotulando e determinando, que incluindo e promovendo aprendizagens.

Um olhar nos casos 1 e 2

Ambos os relatos nos dão o universo de sofrimento, angústia e insegurança que estão no entorno de uma criança que não aprende conforme o desejo e expectativa de seus educadores. O sofrimento acaba sendo causado pela falta de conhecimento, ou, ainda, por preconceitos que impedem um novo pensamento e uma nova prática. Tanto as famílias quanto os professores se encontram num grande desencontro: eles têm em comum uma criança que precisa aprender e, igualmente em comum, o desconhecimento de como esse processo pode vir a acontecer de forma boa para todos.

Se no caso do R. (caso 1) percebemos a angústia e a impotência da mãe diante da condição de não aprendizagem de seu filho, no caso da B. (caso 2) vemos a mãe, igualmente, desesperada diante de uma situação que ela não quer, não pode e não se sente apta para acolher.

As duas professoras não possuem os instrumentos necessários para bem conduzir a situação. No caso de R., ela se exime do seu papel de ensinante: "Como ele tem muita dificuldade, facilitamos para ele, pois ele é Incluído." O fato dele "ser incluído" o exclui das oportunidades de aprender. No caso B. a professora pede ajuda, no entanto, não tem a parceria da mãe que pensa em mudar de escola como sendo o melhor procedimento diante da dificuldade.

No caso R., a professora nem sabe que precisa de ajuda e, no caso B., ela tem clareza dessa necessidade, mas, possivelmente, não obterá sucesso. A família de R. sabe que algo não está bem. A família de B. não pode nem pensar nessa possibilidade.

Tanto R. quanto B. estão distantes de terem as verdadeiras oportunidades para aprender as habilidades necessárias ao pleno exercício de sua cidadania. Ambos os casos exemplificam e são fruto de um desencontro do qual os adultos ignoram a repercussão: a professora que empurra o aluno para a série seguinte, a mãe que age fugindo do enfrentamento da difícil situação que ela e a sua filha se encontram.

Para que se possa atender de forma exitosa cada caso, é indispensável um grupo de medidas que são reflexivas, de busca de informações, de sensibilidade, de conhecimento, de parceria e de uma boa ação.

Para incluir

São os professores, por serem os profissionais da escola, que têm a maior e a melhor possibilidade de criar uma rede de oportunidades de aprendizagem que esteja centrada no aprendiz e em suas possibilidades. Geralmente as famílias ficam à mercê da escola, num movimento entre espectadores e torcida organizada.

No entanto, esse empreendimento requer um professor desenvolvido em seu papel profissional, que tenha tido, igualmente, uma rede de oportunidades de construir-se com base no conhecimento e na formação pessoal e que se sinta desejoso de desempenhar o seu papel educativo e em condições de bem executá-lo.

Facilmente podem-se gerar equívocos em torno das práticas inclusivas.

Colocar como foco "a doença e o laudo", esquecendo que as pessoas são diferentes, mesmo que pareçam iguais ou que tenham diagnósticos iguais, é um dos impeditivos do sucesso da inclusão escolar. Comparar determinada criança com a maioria delas é outro equívoco, assim como exigir que a professora aceite uma criança que ela não deseja atender é outra ação indesejável e infrutífera.

A psicopedagoga Laura (BARBOSA, 2006: 46) nos provoca:

> [...] excluir não é negativo por si só, e incluir não é sempre positivo. Ser diferente pode ser bom, mas também pode não ser; depende de como essa diferença vai ser encarada em determinado contexto histórico. Ser, ainda, incluído como alguém pertencente a um grupo pode ser positivo, mas pode ser o principal motivo de exclusão.

Parece mesmo que muito além do desejo de ensinar e incluir é essencial o conhecimento, um determinado conhecimento que instrumentaliza para uma determinada ação: a inclusão! Conhecimentos que são científicos e técnicos, mas que também são de vivência e de convivência, de humanização!

> Incluir não é deixar passar de ano, simplesmente "por ser incluído"; muito menos "estar junto com o grupo", como se apenas isso fosse suficiente, mas promover as aprendizagens necessárias e as devidas apropriações de conhecimentos, instrumento social indispensável para o exercício da cidadania. E que o prazer de participar dessa construção esteja distanciado dos valores de "ser bonzinho" ou da filantropia, mas os ligados à solidariedade e à consciência do dever cumprido (PAROLIN, 2007).

Promover a Inclusão escolar é promover justiça social.

No entanto, sabe-se que o ser humano, e em especial o professor, pode fazer muito mais que isso... Um professor educador é um construtor de pessoas e de formas diferentes de viver e conviver.

De volta ao começo

Retomo as palavras de Lya Luft (2006: 155) que nos serviu de ancoradouro para as reflexões aqui compartilhadas. "A vida não está aí para ser suportada ou vivida, mas elaborada. Eventualmente reprogramada. Conscientemente executada".

Sim, conscientemente executada. Na sociedade da aprendizagem e do conhecimento circulam palavras como globalização, politicamente correto, diversidade, ética, sociedade sustentável, dentre outras. Como aceitar que crianças não sejam contempladas com a sagrada oportunidade de aprender?

Inclusão escolar é gesto necessário, indispensável e urgente para corrigir distorções insuportáveis em nossa comunidade escolar.

A nossa tarefa como educadores, seja como pais ou professores, é dar o exemplo de respeito, solidariedade e tolerância. Somos nós, os adultos, que oferecemos os modelos necessários para se construir formas mais justas, respeitosas e dignas de conviver.

Até quando iremos entender e agir como se fosse uma fatalidade que nos atinge e imobiliza o fato de uma criança manifestar uma forma diferente de aprender e de Ser no mundo? Acredito que essa é uma reflexão ética e que precisa mobilizar ações éticas.

Ocorre-me encerrar citando Savater (2000: 156) "[...] e a única coisa que a ética sabe com certeza é que o vizinho, você, eu e os outros somos todos feitos artesanalmente, um a um, com amorosa diferença".

Pois, que saibamos viver as alegrias do mundo diferente e das diferenças.

Bibliografia

BARBOSA, L. (2006). O papel da psicopedagogia no processo de inclusão e de exclusão escolar. In: PAROLIN, I. (org.). *Aprendendo a incluir e incluindo para aprender*. São José dos Campos: Pulso.

EDLER, R. (2006). Prefácio. In: PAROLIN, I. (org.). *Aprendendo a incluir e incluindo para aprender*. São José dos Campos: Pulso.

LUFT, L. (2006). *Perdas e ganhos*. Rio de Janeiro: Record.

PAROLIN, I. (2007). Inclusão e psicopedagogia. In: *Agregando Saberes* – Evento ABPp. Paraná Sul.

SAVATER, F. (2000). *Ética para meu filho*. São Paulo: Martins Fontes.

COLEÇÃO EDUCAÇÃO INCLUSIVA
Coordenadora: Leny Magalhães Mrech

– *O acesso de alunos com deficiência às escolas e classes comuns:*
possibilidades e limitações
Moaci Alves Carneiro
– *Construindo as trilhas para a inclusão*
Márcio Gomes (org.)
– *Conviver com a Síndrome de Down em escola inclusiva: mediação pedagógica*
e formação de conceitos
Susana Couto Pimentel